W9-CKT-125

Walk the Fabilo way ...

Tô
C
Gât
T

SE & OTHMAR FASSBIND

Das Grosse Lehrbuch der

rten Artistik

The Complete Manual to

ake Artistik

Le grand manuel de

eaux Artistik

Il grande manuale delle

orte Artistik

FABILO®
EDITION

Impressum
Imprint
Impressum
Impressum

Herausgeber / Publisher / Publié par / Pubblicato da
© Copyright 2001 by

FABILO EDITION

FABILO EDITION
Louise & Othmar Fassbind
Sonnenrain 2

C.H.I.P.S.
10777 Mazoch Road
Weimar, TX 78962 U.S.A.
Tel: 979 263-5683
Fax: 979 263-5685
www.chipsbooks.com

Konzept & Realisation / Designed and produced by
Concept et réalisation / Concezione & realizzazione
LOUISE & OTHMAR FASSBIND

Buchdesign / Book design / Design / Design
HANNES OPITZ, MEDIEN DESIGN TEAM, ADLIGENSWIL

Fotograf / Photographer / Photographe / Fotografia
OTHMAR FASSBIND

Desktop / Desktop / Desktop / Desktop
ROLF EGGER

Aquarellkünstlerin / Water-colour artist / Aquarelliste
Pittore-acquarellista
DAWN HILL

Fotolithos / Lithographs / Lithographie / Litografie
RINGIER PRINT AG, ADLIGENSWIL

Druck / Printing / Impression / Stampa
ZÜRCHER DRUCK UND VERLAG AG, ROTKREUZ

Einband / Binding / Reliure / Rilegatura
BUCHBINDEREI BURKHARDT AG, ZÜRICH

Übersetzungen / Translations / Traductions / Traduzioni
Englisch / English / Anglais / Inglese
LOUISE FASSBIND

Französisch / French / Français / Francese
FRANÇOISE BUCHER

Italienisch / Italian / Italien / Italiano
DANIELE MORO

Lektorat der Originalfassung / Editor of original text
Lecteur de la version originale / Curatore del testo originale
WALTER PORTMANN

Decormasse© / Decorating Paste / Masse à decor
Massa da decorazione
MAX FELCHLIN AG, SCHWYZ www.felchlin.com

Quelle / DesktopSource / Source / Fonte
«The Experienced English Housekeeper» Elizabeth Raffald.
Publisher: Sothover Press
The British Sugarcraft Guild, LONDON www.bsguk.org
Joachim Habiger, Telford-Fotos / Photos / Photos / Fotografie
Othmar Baumli, Porträtaufnahmen / Portraits / Portraits / Ritratti

Das Werk, einschliesslich aller seiner Teile, ist urheberrechtlich geschützt. Jede Verwertung ist ohne Zustimmung der Fabilo Edition unzulässig. Dies gilt insbesondere für Vervielfältigungen, Übersetzungen, Mikroverfilmungen, Unterricht auf gewerblicher Basis und Einspeicherung und Verarbeitung in elektronische Systeme.

All rights reserved. No part of this publication may be reproduced, translated, stored on film used for teaching on a commercial basis or stored and processed in a retrieval system in any form or by any means without the prior permission of Fabilo Edition.

Tous les droits sont réservés. Aucune utilisation ne pourra être autorisée sans l'accord de la maison Fabilo Edition. Ceci est valable aussi bien pour les reproductions et traductions des textes que pour les photos ainsi que pour l'enseignement sur une base professionnelle et le traitement par des systèmes électroniques.

Tutti i diritti sono riservati. È vietata, senza l'autorizzazione di Fabilo Edition, qualsiasi riproduzione anche parziale, effettuata con qualsiasi mezzo (compresi i microfilms), come la traduzione, l'insegnamento su base professionale e la memorizzazione elettronica.

ISBN : 3-9520530-3-1

Printed in Switzerland

TX
771.2
.F38
2001

AUG 0 1 2003

Inhalt Contents Sommaire Sommario

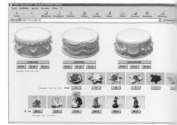

INHALT • CONTENTS • SOMMAIRE • SOMMARIO

INHALT • CONTENTS • SOMMAIRE • SOMMARIO

INHALT • CONTENTS • SOMMAIRE • SOMMARIO

33

33

37

25

7

Lektion Lesson Leçon Lezione

FAssBInd Louise & O°thmar

Editorial

Seien Sie originell! Lassen Sie sich inspirieren von der «Verbindung» der traditionellen englischen Techniken mit der modernen Zuckerartistik, um ganz neue Dimensionen im Tortendesign zu erreichen.

Lassen Sie sich führen! Unsere Erfahrungen mit der grossen Fülle an Techniken wird im Schritt-für-Schritt-Verfahren ausführlich erklärt und soll Ihnen helfen, dieses tolle Handwerk schnell zu erlernen. Wir sind überzeugt, dass auch Sie inspiriert werden, originelle Torten zu kreieren.

Das Dekorieren von Torten darf aber nicht nur eine Kunst sein, sondern muss auch die betriebswirtschaftlichen Aspekt eines Unternehmens erfüllen. Beim Planen einer Torte sind viele Faktoren in Betracht zu ziehen: die Vorbereitungszeit, die Geschmacksrichtung, die Kundenwünsche, das Budget und natürlich der Transport. Vor allem aber sollte man die Dekorationstechnik so auswählen, dass die persönlichen Fähigkeiten möglichst effizient eingesetzt werden können. Ob professioneller Tortenartist oder besessener Laie, die enorme Begeisterung an der Arbeit sollte sich in der Torte widerspiegeln.

Wir haben eine breite Palette an Designs integriert, vom klassischen bis zum zeitgenössischen Stil. Sobald die Grundtechniken beherrscht werden, können Sie die Ideen abändern, um Ihren eigenen Stil zu erarbeiten.
Vergessen Sie dabei nie, dass eine gewisse Portion Geduld für die Tortendekoration vorausgesetzt wird.

Seien Sie abenteuerlich! Haben Sie keine Angst vor Misserfolgen. Dies ist der einzige Weg zum süssen Erfolg.

Wir wünschen Ihnen auf diesem Weg viel Spass, Ausdauer und Erfolg!

Editorial

Be original! Let the «marriage» of traditional English techniques and contemporary Sugar Art inspire your cake designs to take on completely new dimensions.

Be guided by our experience and the wealth of techniques clearly illustrated in our book to learn this handicraft quickly. We trust that you, too, will be inspired to be original in creating unique cakes.

Cake-decorating should, however, not only be an art, but should also fulfil an economical aspect of a business. When planning your cake many factors must be taken into consideration. Preparation time, taste, customer's preferences, the budget and transportation are all important points. But above all, choose those techniques which emphasize your personal strengths. Whether you are a professional Confectioner or an obsessed amateur, your enormous enthusiasm should be apparent in the results.

We have included a wide-spectrum of designs from classic to contemporary. Once you have mastered the groundwork you will be able to adapt ideas and create your own style. Remember that cake-decorating demands a certain amount of patience.

And to conclude. Don't be afraid of failure. Be adventurous. Every now and again you'll strike lucky and the result will look stunning.

On this note may we wish you much happiness and success in your role as «matchmaker»!

Éditorial

Soyez original! Laissez-vous vous inspirer du «mariage» des techniques anglaises traditionnelles avec l'art du sucre moderne, pour atteindre de toutes nouvelles dimensions dans le «design» de vos gâteaux.

Laissez-vous guider! Notre expérience avec le grand nombre de techniques vous est expliquée par un procédé détaillé, pas à pas, qui doit vous aider à apprendre ce métier rapidement. Nous sommes certains que vous aussi serez inspirés à créer des gâteaux originaux.

La décoration des gâteaux ne doit pas seulement être un art, mais encore satisfaire à l'aspect commercial d'une entreprise. Lors de l'élaboration d'un projet de gâteau plusieurs facteurs sont pris en considération. Le temps de préparation, le goût, les désirs du client, le budget et bien sûr le transport sont des points importants. Mais avant tout on doit choisir la technique de décoration qui peut mettre le plus en valeur ses qualités personnelles. Que ce soit un artiste professionnel ou un amateur obsédé, l'enthousiasme énorme se reflète sur le résultat.

Nous avons intégré une large palette de modèles; du style classique au contemporain. Dès que vous saurez maîtriser les techniques de base, vous pourrez transformer les idées pour acquérir votre propre style. N'oubliez jamais que pour la décoration des gâteaux une certaine portion de patience est présumée.

Soyez aventureux! N'ayez pas peur des échecs. C'est le seul chemin vers un succès doux.

Nous vous souhaitons sur ce chemin beaucoup de plaisir, persévérance et succès!

Editoriale

Siate originali! Lasciatevi ispirare dall'unione tra le tecniche inglesi tradizionali e l'arte moderna dello zucchero, per raggiungere nuove dimensioni nel «design» delle vostre torte.

Lasciatevi guidare! La nostra esperienza nelle numerose tecniche vi sarà spiegata in modo dettagliato, passo per passo, onde permettervi di imparare rapidamente quest'arte. Siamo sicuri che pure voi sarete spronati a creare torte originali.

La decorazione delle torte non deve essere solamente un'arte ma altresi soddisfare l'aspetto commerciale di un'impresa. Nell'elaborazione di un progetto di torta vengono presi in considerazione diversi fattori. Il tempo di preparazione, il gusto, i desideri del cliente, il budget e naturalmente il trasporto sono fattori importanti. Ma innanzitutto bisogna scegliere la tecnica di decorazione che possa mettere maggiormente in risalto le proprie qualità personali. Sia nel caso di un artista professionista che di un semplice amatore, l'enorme entusiasmo si riflette sempre sul risultato.

Abbiamo inserito un largo spettro di modelli, dallo stile classico al contemporaneo. Una volta acquisita la padronanza delle tecniche di base, potrete trasformare le vostre idee per acquisire uno stile personale.
Ricordatevi sempre che nella decorazione di torte è indispensabile una buona dose di pazienza.

Osate! Non abbiate paura degli insuccessi. Questa è la sola strada verso un dolce successo.

Vi auguriamo, su questa strada, grande piacere, perseveranza e successo!

Louise & Othmar Fassbind

Die Geschichte des englischen Früchtekuchens ● The history of English fruit ca

Tradition

Das Anfertigen von Hochzeitskuchen ist eine alte Tradition und Symbol der Vereinigung. Es datiert aus der Römerzeit, wo ein Kuchen aus Weizenkörnern, Mehl, Salz, Honig und Wasser oder Wein anlässlich der Hochzeitszeremonie gegessen wurde. Die ersten Kuchen bestanden aus einfachen Zutaten und waren Symbole der Mythologie und der Magie früherer Religionen. Die herbstlichen Früchtekuchen wurden speziell wegen ihrer Haltbarkeit allen anderen vorgezogen und weil sie als Zeichen der Fruchtbarkeit galten. Das Servieren des Hochzeitskuchens galt als Geste, das Glück mit den Neuvermählten zu teilen.

Tradition

The Wedding Cake is an ancient tradition, symbolising union. It dates back to at least Roman times, when a cake made of wheat, flour, salt, honey and water or wine was eaten during the wedding service. The first cakes consisted of simple ingredients as symbols of the mythical and magical superstitions of ancient religions. Autumn cakes were particularly favoured due to the fact that they could be kept for a long time; the fruits and grains symbolising fertility. The Wedding Cake was served as a gesture for the wedding guests to share in the happiness of the newly-weds.

Tradition

La finition de gâteaux de mariage est une vieille tradition et un symbole d'union. Elle date de l'époque des romains, où les gâteaux étaient confectionnés avec de la farine, du sel, du miel et de l'eau ou du vin, pour être consommés lors de la cérémonie du mariage. Les premiers gâteaux étaient de composition très simple, et n'étaient que le symbole d'une mythologie et de la magie des religions ancestrales. Les fruits d'automne étaient spécialement sélectionnés pour leur durée de conservation, et leur pouvoir symbolique de fertilité. Servir ce gâteau de mariage, marquait une façon de partager le bonheur des nouveaux mariés.

Tradizione

La rifinitura delle torte nuziali è una vecchia tradizione e un simbolo del riavvicinamento delle idee. Essa risale all'epoca dei romani, quando le torte venivano confezionate con farina, sale, miele e acqua o vino; per poi essere consumate durante la cerimonia di nozze. Le prime torte erano di composizione molto semplice e non erano altro che il simbolo della mitologia e della magia delle religioni ancestrali. Venivano usati specialmente i frutti autunnali, sia per la loro lunga conservazione che per i loro poteri simbolici di fertilità. Servire questa torta di nozze era un'occasione per condividere con tutti i commensali la felicità della nuova unione.

L'histoire du gâteau anglais aux fruits ● La storia della torta inglese alla frutta

Exotische Zutaten

So wie sich Architektur und Bildhauerkunst veränderten und entwickelten, passte sich auch der Hochzeitskuchen den gesellschaftlichen Strömungen an. Dank der Vielfalt exotischer Zutaten, eingeführt durch erste Händler, veränderten sich die Rezepte radikal. Milchprodukte und regionale Produkte liessen sich mit exotischen Gewürzen des Fernen Ostens, mit Nüssen, Zitrusfrüchten, Datteln und Feigen des Nahen Ostens und Zucker aus dem Orient und aus dem Südens zusammenfügen. Während solche Köstlichkeiten aber im finsteren europäischen Mittelalter lediglich den Mönchen und Aristokraten vorbehalten waren, wurden sie erst im Laufe der Zeit durch den aufblühenden Handel für jedermann zugänglich.

Exotic Ingredients

The Wedding Cake adapted to social trends and evolved on a par with the architectural and sculptural trends of the day. Thanks to the feast of exotic ingredients introduced by early traders, the cake recipe developed to combine dairy produce and locally-grown products with exotic spices from the Far East, nuts, citrus fruits, dates and figs from the Middle East and sugar from the Orient and South. Whereas in the Dark Ages in Europe these fine wares were exclusively available to monks and the aristocracy, the increase in trading gradually meant that they were available to all.

Les ingrédients exotiques

Le gâteau de mariage se transforme et s'adapte à la société de pair avec les diverses évolutions de l'architecture et de sculpture. C'est grâce à la diversité des fruits exotiques, et aux premiers importateurs, que les recettes se voient transformées radicalement, les produits laitiers et les produits régionaux se mélangeant avec les épices du lointain Orient, les noix, agrumes, dattes, figues du proche Orient, et le sucre d'Orient et du Sud réunis. Pendant le Haut Moyen Age européen, ces denrées précieuses étaient réservées uniquement aux moines et aux aristocrates, et ce n'est qu'au moment du développement commercial que tout à chacun y eut accès.

Gli ingredienti esotici

La torta di nozze si trasforma e si adatta alla società seguendo di pari passo l'evoluzione dell'architettura e della scultura. È grazie alla diversità dei frutti esotici e ai primi importatori che le ricette si trasformarono radicalmente. I prodotti lattiferi e regionali si mescolarono con le spezie del lontano Oriente, le noci, gli agrumi, i datteri, i fichi del vicino Oriente e lo zucchero dell'Oriente meridionale. Nell'alto MedioEvo europeo, queste preziose derrate erano riservate solamente ai monaci e agli aristocratici. Solo al momento dello sviluppo commerciale tutti poterono accedervi.

Das prunkvolle Ausstattungsstück

Mit der wachsenden Beliebtheit der Nüsse und des Zuckers gewann auch «Marchepane» (Marzipan) an Popularität. Die Masse wurde in Holzformen gebacken, die mit geschnitzten religiösen Darstellungen verziert waren. Mehrstöckiges und gespritztes Konfekt wurde nach der Restauration im Jahre 1660 aus Frankreich nach Grossbritannien eingeführt. Dort trug Frau Elizabeth Raffald entscheidend zum Durchbruch des Hochzeitskuchen bei. Ihr Dienst in verschiedenen wichtigen Familien führte zur Eröffnung ihrer eigenen Konditorei und 1769 veröffentlichte sie ihre angesehenen Rezepte in «The Experienced English Housekeeper» («Die erfahrene englische Haushälterin»). Sie berichtet, dass «der schwere Kuchen der Braut … in der Regel mit einer dicken Schicht Marzipan überzogen, einer Zweitschicht Spritzglasur eingefasst und anschliessend verziert wurde». Weiter schreibt sie: «Die einzige, moderne überlebende Pracht (des Tisches des 18. Jh.) ist der mehrstöckige Hochzeitskuchen.»

An ornate extravaganza

As nuts and sugar become more popular, so did «marchepane», (marzipan), baked in embossed and carved wooden moulds often depicting religious teachings. Tiered and iced confection was introduced to Britain from France after the Restoration of 1660. In Britain, it was Mrs Elizabeth Raffald who greatly contributed to the development of wedding cakes. Having served as a housekeeper in various grand families, she set up her own confectionery shop and published her reputed recipes in «The Experienced English Housekeeper», in 1769. She recalls «Rich Bride Cake … is usually spread with a thick layer of almond icing, and over that another layer of sugar icing, and afterwards ornamente». Mrs Raffald reports that «the only modern survival of the splendour (of the 18th-century dinner table) is the multi-tiered Wedding Cake».

Une pièce pompeuse

Avec l'appréciation grandissante des noix et du sucre, c'est le massepain qui devient populaire. La masse fut cuite dans des formes en bois sculpté et présentée religieusement décorée.
C'est en 1660, après la Restauration, que ces pièces montées, décorées au cornet, sont importées de France en Angleterre. A ce moment-là, madame Elisabeth Raffald contribue au percement décisif du gâteau de mariage. Après avoir été en service dans différentes familles importantes, elle décide d'ouvrir sa propre pâtisserie et en 1769 elle publie ses recettes intitulées «The Experienced English Housekeeper» («La gouvernante anglaise expérimentée»). Elle dit, que «le gâteau riche de la mariée… est suivant la règle, recouvert d'une couche épaisse de massepain, puis d'une couche de glace royale et ensuite décoré». Elle écrit encore, «que le gâteau de mariage à plusieurs étages est la seule splendeur moderne qui survit (de la table du 18ème siècle)».

Una composizione «esagerata»

Con il crescente apprezzamento delle noci e dello zucchero, è il marzapane che diventa popolare. Il marzapane veniva cotto in forme modellate in legno e decorate con motivi religiosi. È nel 1660 che la Restaurazione infiltra in Inghilterra queste «confezioni a più piani» decorate. Da quel momento la signora Elisabeth Raffald prese la ferma decisione di introdurre la torta di nozze. Dopo aver prestato servizio in differenti famiglie importanti, deciderà di creare la sua propria pasticceria. Nel 1769 appariranno le prime ricette intitolate «L'esperta governante inglese». Dice tra l'altro che «questa pesante torta di nozze, seguendo la regola, è ricoperta da uno spesso strato di marzapane e da un ulteriore doppio strato di glassa reale, poi decorata». In seguito scrisse pure «l'unica sopravvissuta dello splendore (delle tavole imbandite del 18° secolo) è la torta di nozze a strati».

Ein Zeichen von Vereinigung

Trotz gewaltigen Veränderungen in den visuellen Gestaltungs-möglichkeiten hat sich die Bedeutung des Hochzeitskuchens nicht verändert. Das Zeichen von Vereinigung, früher dargestellt in der Kombination von dunklem und hellem Kuchen, wird heute noch respektiert. Der oberste Stock, als Zeichen des Bräutigams, wurde ursprünglich aus dunklem Früchtekuchen hergestellt und für die erste Taufe aufbewahrt. Die hellen Stöcke dagegen symbolisierten die Braut und bestanden oft aus Baumkuchen (Ursprung im vorchristlichen Griechenland). Diese wurden mit gesponnenem Zucker verziert und ursprünglich über dem Brautkopf zerkrümelt.

A Symbol of Unison

Although wedding cakes have visibly undergone radical changes through the ages, the fundamental meaning remains the same. The symbol of unison, illustrated in the early custom of combining light and dark tiers is still apparent today. The top, dark tier symbolising the Groom, was originally made of dark Plumb Cake, and set aside and kept for the christening of the couple's first child. The lighter tiers, symbolising the Bride, were often made of Baumkuchen (tree-cake) the classic German celebration cake with its roots in pre-Christian Greece. This was traditionally decorated with spun sugar ornaments. Originally this was crumbled over the bride's head.

Un signe d'union

Malgré de brutaux changements des différentes possibilités de l'aspect visuel, la signification du gâteau n'a pas changé. Le signe d'union est aujourd'hui encore, qu'on respecte la combinaison des gâteaux clairs et des gâteaux foncés. Le dernier étage, signe du marié, est confectionné avec le gâteau foncé aux fruits, et sera conservé jusqu'au premier baptême. Les étages de gâteaux clairs symbolisant la mariée, sont souvent confectionnés avec le gâteau «tronc d'arbre» d'origine grecque. A l'origine, ces gâteaux étaient ornés de sucre filé et émiettés sur la tête de la mariée.

Un simbolo del riavvicinamento

Malgrado i brutali cambiamenti del senso estetico, il significato di questa torta non è cambiato. Ancora oggi la combinazione tra torte chiare e torte scure è un simbolo del riavvicinamento. L'ultimo strato (o piano), simbolo delle nozze, è confezionato con la torta scura ai frutti e sarà conservato fino al primo battesimo. Gli strati con le torte chiare simbolizzanti il matrimonio, sono spesso confezionati con la torta a «tronco d'albero» di origine greca. In origine queste torte erano ornate di zucchero filato e venivano sbriciolate sulla testa della sposa.

Aberglaube

Dem Gast, der den im Kuchen versteckten Ring fand, wurde für ein Jahr Glück versprochen.

Kuchen wurde den ledigen Gästen bei ihrer Heimkehr mitgegeben und von diesen unter das Kopfkissen gelegt, um ihre Heiratschancen zu verbessern. Die Brautführerinnen glaubten, dadurch in der Nacht von ihrem zukünftigen Ehemann zu träumen. Vielleicht steckt diese Bedeutung noch heute in den Kuchenpaketchen, die Abwesenden zugestellt werden.

Superstitions

The guest who found the ring in the cake was said to be ensured happiness for a year.

Cake was given to unmarried guests on their homeward journey to be placed under their pillows to improve their chances of marrying. In the same way bridesmaids believed that they would then dream of their own future husbands. Perhaps this is the reason behind the «cake-boxes» sent out to absent guests at many weddings today.

Superstition

Un convive trouvant la bague dans le gâteau, se voyait promettre une année chanceuse.

Les invités célibataires recevaient au moment du retour, un morceau de gâteau, dont une partie était déposée sous le coussin du lit, afin d'augmenter les chances de mariage. Les demoiselles d'honneur croyaient, qu'à travers cette méthode, elles rêveraient de leur futur époux.

Peut-être que cette signification existe encore de nos jours avec l'envoi d'un petit coli contenant un morceau de gâteau aux invités absents.

Superstizione

Il commensale che trovava un anello nella torta, avrebbe avuto un'annata fortunata.

Gli invitati non ancora sposati ricevevano, al momento della partenza, un pezzo di torta e ne lasciavano un po' sotto il cuscino: questo sembrava aumentare le possibilità di matrimonio. I fidanzati invece credevano che con questo metodo avrebbero potuto sognare il loro futuro sposo.

È possibile che questo significato perduri ancora, attraverso il tradizionale invio di pacchetti speciali contenenti un pezzetto di torta nuziale.

Kultureller Austausch

Dank regem Austausch der verschiedensten Back-traditionen im Laufe der letzten hundertfünfzig Jahre sind uns heute der Genuss der «Croquembouche» aus Frankreich, «Baumkuchen» aus Deutschland, «Cheesecake» aus den Vereinigten Staaten und «Vacherins» aus der Schweiz bekannt. Der dunkle Früchtekuchen aber bleibt der Klassiker in Grossbritannien. Die Harmonie des Paares wird heute farblich mit der weissen Spritzglasur symbolisiert (anstelle des früher hellen Kuchens).

Cultural Exchanges

Thanks to the rich exchange in different ethnic baking traditions over the past 150 years we have become familiar with «Croquembouche» from France, «Baumkuchen» from Germany, Cheesecake from America and «Vacherins» from Switzerland. The dark fruit cake remains the classic English Wedding Cake. The white icing on the outside is representative of the paler bride's tiers of bygone days; thus symbolising unison.

Echange culturel

Grâce aux échanges culturels des différentes traditions pâtissières durant les cent cinquante dernières années, nous connaissons le plaisir du «croquembouche» de France, du «tronc d'arbre» d'Allemagne, du «cheese-cake» des Etats-Unis, et les vacherins de Suisse. Mais le gâteau foncé aux fruits reste le plus classique en Grande Bretagne. L'harmonie des couples est aujourd'hui symbolisée du point de vue couleur, avec la glace royale blanche (remplaçant les anciens gâteaux clairs.)

Scambio culturale

Grazie agli scambi culturali di differenti tradizioni pasticciere durante gli ultimi 150 anni, noi abbiamo potuto conoscere il piacere del «dolce caramellato» francese, del «tronco d'albero» germanico, della «torta al formaggio» statunitense e della «meringata» svizzera. Ma la torta scura alla frutta resta sempre la «Torta» per antonomasia degli inglesi. L'armonia della coppia viene oggi simbolizzata, per quanto riguarda il colore, con la glassa reale bianca che rimpiazza le vecchie torte chiare.

Den Kreis schliessen

Die Tradition verlangt, dass die Frischvermählten den ersten Schnitt feierlich gemeinsam machen. Der Bräutigam legt seine rechte Hand auf die rechte seiner Braut, die das Messer führt. Mit ihrer linken Hand auf seiner rechten, stecken sie gemeinsam die Messerspitze in die Mitte des untersten Stockes und schneiden langsam das erste Stück heraus. Es wird gemeinsam genossen, und damit ist das Paar durch den Kuchen auf ewig vereint!

Closing the Circle

It is a traditional ceremony for the bride and groom to make the first cut in the cake together.
The groom places his right hand over the right hand of his bride. Her left hand is then placed on top. She places the knife point at the centre of the bottom cake tier and slowly cuts the cake with the help of the groom. They may cut a slice and share it between them. Thus united in Wedding Cake!

Le cercle se ferme

La tradition exige que la première tranche du gâteau soit découpée par les jeunes mariés.
Le marié pose sa main droite sur celle de la mariée, qui guide le couteau, la main gauche de la mariée posée sur les deux mains, et ensemble, ils plantent la pointe du couteau dans le gâteau, pour en découper lentement la première tranche.
Dégustée en commun, ils sont ainsi unis éternellement.

Il cerchio si chiude

La tradizione vuole che la prima fetta di torta sia tagliata dalla giovane coppia unita.
Lo sposo posa la sua mano destra sopra quella della sposa, che guida il coltello. La mano sinistra della sposa è posata sulle due mani e, insieme, infilano la punta del coltello nella torta, per tagliare lentamente la prima fetta.
Gustandola assieme, saranno eternamente uniti.

Die Zutaten

- süsser Sherry
- dunkler Rum
- Mehl
- Butter
- Eier
- Zuckermelasse
- Orangensaft
- Orangenschale
- Rosinen
- Sultaninen
- Korinthen
- Datteln
- kandierte Kirschen
- gemischte Gewürze
- Haselnüsse
- Mandeln
- Aprikosenmarmelade
- Salz
- Marzipan

Ingredients

- Sweet sherry
- Dark rum
- Flour
- Butter
- Eggs
- Molasses sugar
- Orange juice
- Orange zest
- Raisins
- Sultanas
- Currants
- Dates
- Glacé cherries
- Mixed spices
- Hazelnuts
- Almonds
- Apricot jam
- Salt
- Marzipan

Ingrédients

- Sherry doux
- Rhum brun
- Farine
- Beurre
- Oeufs
- Cassonade
- Jus d'orange
- Zeste d'orange
- Raisins secs
- Raisins de sultan
- Raisins de Corinthe
- Dattes
- Cerises confites
- Epices mélangées
- Noisettes
- Amandes
- Confiture d'abricots
- Sel
- Massepain

Ingredienti

- Sherry dolce
- Rum scuro
- Farina
- Burro
- Uova
- Melassa
- Succo d'arancia
- Scorza d'arancia
- Uva sultanina
- Uvetta
- Uva passa
- Datteri
- Ciliegie candite
- Miscela di spezie
- Nocciole
- Mandorle
- Marmellata di albicocche
- Sale
- Marzapane

Traditioneller englischer Früchtekuchen

Den englischen Früchtekuchen für einen besonderen Anlass vorzubereiten, war schon vor langer Zeit ein Ritual. Viele reichhaltige Rezepturen wurden von einer Generation zur nächsten weitergegeben, von einer Kultur zur anderen überliefert. Das Brauchtum des Backens hat seinen Ursprung in den Festmahlen der alten Geschichte. Gewürze, getrocknete Früchte, Nüsse und weitere exotische Kostbarkeiten wurden speziell für diese besonderen Anlässe aufgespart. Der dunkle englische Früchtekuchen entspricht der englischen Tradition und spielt eine grosse Rolle am Hochzeitstag. Die Torte wird mit grossem Zeremoniell während dem ganzen Hochzeitessen direkt vor dem Brautpaar zur Bewunderung präsentiert. Wenn es Mitternacht schlägt, wird sie vom Brautpaar angeschnitten und jeder Gast bekommt ein dünnes Stückchen (den so genannten «Finger») zusammen mit einem Glas Champagner, um auf das Wohl des glücklichen Paares anzustossen. Abwesende Gäste teilen das Glück des Paares durch ein Stückchen Kuchen, welches ihnen sorgfältig per Post in einer speziell zu diesem Zweck angefertigten Schachtel überbracht wird.
Übrigens, der oberste Stock der Torte wird auf die Seite gelegt und erst bei der Taufe des Erstgeborenen genossen.

Traditional English Fruit Cake

Preparing a cake for a special occasion has long been a ritual. Many rich recipes have been passed on from one generation to the next; from one culture to the other. The tradition of baking has its origins in the feasts and festivals of the distant past. Spices, dried fruit, nuts and other exotic ingredients were reserved only for special occasions. The iced, fruit cake is true to English tradition and an important feature of the Big Day. It is displayed ceremoniously on the Top Table during the whole Wedding Reception for all to admire. Finally, as the clock strikes midnight the Bride and Groom cut the cake and each guest receives a fine slice, (a so-called «finger») along with a glass of champagne to toast the happy couple.
Absent guests are also able to share the couple's joy as they receive a slice of cake by post, carefully packed in special wedding-cake boxes.
The top tier, however, is set aside to mature as it is served at the Christening of the couple's first child.

Le traditionnel cake anglais aux fruits

Le cake anglais aux fruits est de longue date un rituel pour diverses circonstances. Beaucoup de recettes riches furent transmises de génération en génération et d'une culture à l'autre. La tradition de la cuisson a son origine dans les festins de l'Histoire ancienne. Les épices, les fruits secs, les noix, fruits exotiques et autres ingrédients nécessaires furent conservés spécialement pour cette circonstance. La couleur foncée du gâteau exprime la tradition anglaise et joue un rôle très important le jour du mariage. Au cours du repas, le gâteau est présenté avec cérémonie à l'admiration des mariés. Au coup de minuit les mariés coupent le gâteau et offrent à chaque convive une tranche fine («un doigt») ainsi qu'une coupe de champagne, afin de souhaiter santé et bonheur au jeune couple. Les invités absents partagent aussi le bonheur du couple, car ils reçoivent un morceau de gâteau emballé spécialement dans un carton préparé à cet effet et envoyé soigneusement par la poste.
Le dernier étage du gâteau sera conservé, et ne sera dégusté que lors du baptême du premier enfant.

La tradizionale torta alla frutta inglese (cake)

La torta inglese alla frutta è da molto tempo un rituale per diverse circostanze. Molte raccolte di ricette vengono passate di generazione in generazione e consegnate da cultura a cultura. Il metodo di cottura ha grande importanza, secondo la leggenda dei pranzi festivi. Le spezie, la frutta secca, le noci, i frutti esotici e altri ingredienti necessari sono conservati appositamente per questa circostanza. Il colore scuro di questa torta esprime la tradizione inglese e gioca un ruolo molto importante durante il giorno del matrimonio. La torta viene presentata molto cerimoniosamente agli sposi, e questo per tutta la durata del pranzo. Al tocco di mezzanotte, gli sposi tagliano personalmente la torta e ne offrono una fettina (dello spessore di un dito) a ogni invitato, accompagnata da una coppa di champagne, come augurio di salute e felicità per la giovane coppia. Gli ospiti assenti condivideranno la felicità della coppia quando riceveranno per posta un pezzetto di torta avvolto accuratamente in un apposito imballaggio
L'ultimo strato della torta verrà conservato, e sarà gustato solo al battesimo del primo figlio.

Zutaten:

Runder Kuchen von
20 cm Durchmesser oder
viereckiger Kuchen von
18 cm Durchmesser.

Butter, um die Form einzufetten
Pergamentpapier

20 g	Orangenschale, fein gerieben
5 cl	Orangensaft
500 g	Rosinen, kernlos
250 g	Sultaninen
250 g	Korinthen
60 g	Datteln, entsteint und gehackt
175 g	kandierte Kirschen
50 ml	dunkler Rum
100 ml	süsser Sherry
250 g	Zuckermelasse
250 g	Butter
4	Eier
250 g	Mehl
	Prise Salz
20 g	gemischte Gewürze (z.B. Lebkuchengewürze)
60 g	Haselnüsse, gemahlen
30 g	Mandeln, gehackt
30 g	Aprikosenmarmelade

Ingredients:

Makes one 20 cm round cake
or one 18 cm square cake

butter for greasing tin
greaseproof paper

20 g	finely grated orange zest
5 cl	orange juice
500 g	seedless raisins
250 g	sultanas
250 g	currants
60 g	dates, stoned and chopped
175 g	glace cherries, halved
50 ml	dark rum
100 ml	sweet sherry
250 g	molasses sugar
250 g	butter
4	eggs
250 g	plain flour
	large pinch of salt
20 g	mixed spices
60 g	ground hazelnuts
30 g	chopped almonds
30 g	apricot jam

Ingrédients:

Gâteau rond de 20cm de diamètre
ou gâteau carré de 18 cm de
diamètre.

Beurre, pour graisser le moule et
papier cuisson

20g	Zeste d'oranges finement râpé
5cl	Jus d'oranges
500g	Raisins sans pépins
250g	Raisins de sultan
250g	Raisins de Corinthe
60g	Dattes dénoyautées et hachées
175g	Cerises confites
50ml	Rhum brun
100ml	Sherry doux
250g	Cassonnade
250g	Beurre
4	Oeufs
250g	Farine
	Pincée de sel
20g	Mélange d'épices
60g	Noisettes moulues
30g	Amandes hachées
30g	Confiture d'abricots

Ingredienti:

Torta rotonda di 20 cm di diametro
o quadrata, di 18 cm di lato.

Burro, per spalmare la teglia, carta
da forno.

20g	Scorza d'arancia grattugiata fine
5cl	Succo d'arancia
500g	Uva passa senza semi
250g	Uva sultanina
250g	Uvetta
60g	Datteri, snocciolati e triturati
175g	Ciliegie candite
50ml	Rum scuro
100ml	Sherry dolce
250g	Melassa
250g	Burro
4	Uova
250g	Farina
	Una presa di sale
20g	Spezie miste (p.es. spezie per panpepato)
60g	Nocciole macinate
30g	Mandorle triturate
30g	Marmellata di albicocche

Zubereitung:
Method:
Préparation:
Preparazione:

1 Orangenschale, Orangensaft, Rosinen, Sultaninen, Korinthen, Datteln, kandierte Kirschen, Rum und Sherry in ein grosses Geschirr geben. Alles gut mischen, abdecken und an einem kühlen Ort während ein bis zwei Tagen mazerieren lassen. Von Zeit zu Zeit umrühren.

1 Put the orange zest and juice, raisins, sultanas, currants, dates, glacé cherries, rum and sherry into a large bowl. Stir well, then cover and leave in a cool place for 1-2 days, to allow to macerate, stirring occasionally.

1 Dans un récipient, mettre les zestes d'oranges, le jus d'oranges, les raisins, raisins sultans, raisins de Corinthe, dattes, cerises confites, rhum et sherry. Bien mélanger le tout, couvrir et laisser macérer au frais, 1-2 jours. Remuer de temps en temps.

1 Mettere la scorza d'arancia, il succo d'arancia, le diverse qualità di uva, i datteri, le ciliegie candite, il rum e lo sherry in un grande recipiente. Mescolare bene e conservare al fresco per uno o due giorni, avendo cura di mescolare di quando in quando.

2 Runde Backform mit 20 cm Durchmesser (oder 18 cm viereckig) fetten und mit doppeltem Pergamentpapier auslegen.

2 Line and grease a 20 cm round cake tin (or 18 cm square tin) with double-thickness greaseproof paper.

2 Beurrer un moule à charnière de 20cm de diamètre ou carré de 18cm de diamètre, et chemiser avec du papier cuisson double épaisseur.

2 Imburrare uno stampo per dolci rotondo dal diametro di 20 cm o quadrato dal lato di 18 cm e foderare con carta da cottura doppia.

4 Das gesiebte Mehl mit dem Salz und den Gewürzen mischen und vorsichtig unter die Butter-Eier-Mischung fügen.

4 Sift the flour, salt and spice together and carefully fold into the creamed mixture.

4 Mélanger les épices et le sel à la farine tamisée, et incorporer doucement au mélange «beurre sucre œufs».

4 Mescolare le spezie e il sale con la farina setacciata e incorporare delicatamente alla miscela «burro-zucchero-uova».

5 Nun werden die gemahlenen Haselnüsse und die gehackten Mandeln mit den mazerierten Früchten zusammen vorsichtig vermischt und in die Form abgefüllt. Die Oberfläche ausgleichen.

5 Add the ground hazelnuts and chopped almonds to the macerated fruit mixture. Stir carefully until well-mixed, and then transfer to the prepared tin, levelling the surface.

5 Ensuite ajouter délicatement les noisettes, les dattes hachées et les fruits macérés, remplir le moule en égalisant bien le dessus.

5 Quindi aggiungere delicatamente le nocciole, i datteri triturati e la frutta macerata, poi mettere in «forma» pareggiando bene la superficie della torta.

7 Nochmals während 60 Minuten backen.

7 Continue to bake for a further 60 minutes.

7 Continuer la cuisson encore 60 minutes.

7 Cuocere per altri 60 minuti.

8 Der Früchtekuchen muss so lange gebacken werden, bis als Probe die Messerspitze sauber herauskommt.

8 Bake the fruit cake until firm to the touch and a knife inserted into the centre comes out clean.

8 Le gâteau est cuit quand on pique avec une pointe de couteau et que celle-ci reste sèche.

8 La cottura è ultimata quando, introducendo la punta di un coltello la si estrae pulita, senza tracce di pasta.

3 Die Butter mit dem Zucker schaumig rühren. Die Eier nacheinander beifügen.

3 Cream the sugar and butter until light and fluffy. Gradually beat in the eggs.

3 Battre en mousse beurre et sucre. Ajouter les œufs un à un.

3 Lavorare il burro con lo zucchero fino a renderlo schiumoso. Aggiungere le uova, uno per volta.

6 Im vorgeheizten Ofen bei 150°C während 90 Minuten backen. Anschliessend mit doppeltem Pergamentpapier abdecken, um eine zu starke Verfärbung zu verhindern.

6 Bake in a preheated oven at 150°C for 90 minutes. Remove and cover with double-thickness greaseproof-paper, to prevent the top becoming too brown.

6 Dans un four préchauffé, cuire à 150°C pendant 90 minutes, puis recouvrir le dessus avec un double papier cuisson, afin d'éviter une trop forte coloration.

6 Nel forno preriscaldato cuocere a 150°C per 90 minuti, poi ricoprire con carta da cucina doppia, per evitare una colorazione eccessiva.

9 Nach dem Backen den Früchtekuchen in der Form auskühlen lassen. Auf Pergamentpapier und Aluminiumfolie legen und mit einer breiten Nadel regelmässig löchern.

9 Allow the cake to cool down in the tin. Turn out onto greaseproof paper and aluminium foil and pierce holes in a regular pattern with a skewer.

9 Après la cuisson, laisser refroidir le gâteau dans le moule. Poser sur une feuille de papier cuisson et une feuille d'aluminium, et perforer régulièrement avec une aiguille large.

9 A cottura ultimata, lasciar raffreddare la torta nello stampo. Trasferirla sopra un foglio di carta da cottura e uno d'alluminio, quindi bucarla con regolarità usando un ago da calza.

11 Das Beträufeln mit Sherry muss mindestens einmal pro Woche wiederholt werden. Zwei bis drei Wochen sollte dieser Vorgang weitergeführt werden. Stets gut einpacken.

11 Repeat the sherry brushings at least once per week. This procedure should be carried out for two to three weeks. Re-wrap well between brushings.

11 L'humidification avec le sherry se fait au minimum une fois par semaine et ceci durant deux à trois semaines en ayant soin de bien emballer le gâteau chaque fois.

11 Questa operazione deve essere eseguita almeno una volta la settimana, per due o tre settimane, avendo cura di imballare bene la torta dopo ogni procedimento.

Mr. Fabilo sagt:
Sofern die Absicht besteht, den obersten Stock für den ersten Nachwuchs aufzubewahren, muss er mindestens fünfmal mit Sherry zu je 50 cl beträufelt werden.

Mr. Fabilo says:
Should one intend to conserve the top tier for the christening of the first-born, it should be brushed at least five times with 50 cl sherry.

Mr. Fabilo dit:
Etant donné que le dernier étage doit être conserver jusqu'à la venue du premier enfant, il faut humidifier au moins cinq fois avec le Sherry.

Consiglio del sig. Fabilo:
Siccome lo strato superiore va conservato fino all'arrivo del primo figlio, bisogna inumidirla con lo sherry almeno cinque volte.

10 Mit süssem Sherry beträufeln. Pro Mal ca. 50 cl Sherry verwenden.

10 Brush with sweet sherry, allowing approx. 50 cl sherry each time.

10 Humidifier avec du sherry doux. Il faut environ 50 cl de sherry.

10 Spruzzare con lo sherry dolce, ne occorrono circa 50 cl.

12 In einem luftdichten Geschirr aufbewahren. Die Menge des Alkohols sollte den Gästen angepasst werden. Kinder haben andere Vorlieben als erwachsene Personen.

12 Store in an air-tight container. The amount of alcohol should be adapted to suit the guests. Children have other preferences than adults.

12 Conserver dans un récipient hermétiquement clos. La quantité d'alcool est en fonction des convives. Les enfants ont des préférences différentes à celles des adultes.

12 Conservare in un recipiente chiuso ermeticamente. La quantità di alcool dipende dagli invitati, le preferenze dei bambini sono diverse da quelle degli adulti.

Tortendekoration als Leidenschaft

Der Gipfel der Dekorationskunst

Der Tortendekoration nach englischem Stil sind keine Grenzen gesetzt. Der Schwierigkeitsgrad wird mit den Jahren den Fähigkeiten angepasst und die Üppigkeit des Dekors richtet sich nach der zur Verfügung stehenden Zeit. Ob man Tortendekoration als Hobby oder auf kommerzieller Basis betreiben will, muss jedermann selber entscheiden.

Cake-Decorating – a Passion

The Icing on the Cake

Cake-decorating in the English style has no limitations. The grade of difficulty may be adapted to suit your capacity over the years and the level of intricacy to suit the time available. Cake decorators must therefore make the choice between practising this handicraft as a hobby or on a commercial basis.

La passion de la décoration

Le sommet de l'art de la décoration

La décoration de gâteaux selon le style anglais n'a pas de frontière. Le degré de difficulté s'adapte au fil des années aux capacités et l'abondance du décor s'accorde au temps qui est à disposition. Chacun décide lui-même s'il veut exercer la décoration des gâteaux comme hobby ou sur une base commerciale.

La passione per la decorazione

L'apice dell'arte decorativa

La decorazione di torte di stile inglese non ha frontiere. Il grado di difficoltà si adatta, nel corso degli anni, alle capacità e l'abbondanza della decorazione si accorda al tempo disponibile. Ognuno può decidere da solo se preferisce esercitare la decorazione di torte come hobby o su base commerciale.

Ideenaustausch und Wettbewerb

Die eigenen Fähigkeiten mit anderen zu messen und dabei Ideen auszutauschen, auf nationaler oder sogar auf internationaler Ebene, ist hoch interessant. Diverse Verbände vermitteln ihren Mitgliedern mit Ausstellungen, Wettbewerben und Weiterbildungskursen die neuesten Trends und Techniken der Branche. Als Paradebeispiel darf «THE BRITISH SUGARCRAFT GUILD» erwähnt werden, die seit ihrem 20-jährigen Bestehen bewundernswerte Ziele erreicht hat. Mit ihren 6500 Mitgliedern aus 23 Ländern zählt die Gilde weltweit zu den grössten Organisationen im Bereich der Tortenartistik.
Natürlich hat der rege Austausch an Ideen und Techniken zu einer rapiden Entwicklung der Tortendekoration und zu einem hervorragenden Leistungsniveau geführt, das nirgendwo nur annähernd so hoch ist wie in Grossbritannien.

Exchanging ideas and competing

Measuring your own skills against others and exchanging ideas on a national or even international level is highly interesting. Various associations provide an invaluable service to their members in the form of organising exhibitions, competitions and courses and informing them about new trends and techniques.
A prime example is «THE BRITISH SUGARCRAFT GUILD», which has achieved quite astounding results throughout its 20-year history. Now boasting some 6500 members from 23 countries, it is certainly the largest guild in the world as far as cake artistic is concerned.
Naturally, the avid exchange of ideas and techniques has led to a rapid development in cake decorating and the standards reached in Great Britain are unsurpassable.

Echange d'idées et compétition

Mesurer ses propres capacités à d'autres et aussi échanger des idées, sur le plan national et même international, est hautement intéressant. C'est avec des expositions, des compétitions et des cours de perfectionnement que les différentes sociétés transmettent à leurs membres les nouvelles tendances et techniques de cette branche.

En première place il faut citer l'exemple de «THE BRITISH SUGAR-CRAFT GUILD» qui a, depuis ses 20 années d'existence, atteint des buts admirables. Dans le domaine du gâteau artistique la guilde représente, avec ses 6500 membres de 23 pays, une des plus grandes organisations sur le plan mondial. Naturellement l'échange avide d'idées et de techniques a conduit la décoration de gâteaux à un développement rapide et à un niveau de performance très avancé qui est incomparable en Grande-Bretagne.

Scambio d'idee e competizione

Confrontare le proprie capacità con gli altri e scambiare idee, sul piano nazionale e internazionale, è molto interessante. È tramite le esposizioni, le competizioni e i corsi di perfezionamento che le differenti società comunicano ai propri membri le nuove tendenze e tecniche di questo ramo. Al primo posto bisogna citare l'esempio della «THE BRITISH SUGARCRAFT GUILD» che ha, durante i suoi 20 anni di esistenza, raggiunto scopi ammirevoli. Nel campo della torta artistica la corporazione rappresenta, con i suoi 6500 membri di 23 paesi, una delle più grandi organizzazioni sul piano mondiale.
Naturalmente l'avido scambio di idee e di tecniche ha condotto la decorazione di torte a uno sviluppo rapido e a un livello di prestazioni molto elevato, incomparabile in Gran Bretagna.

Das Mekka der Tortenartisten

Die alle zwei Jahre in Telford, Grossbritannien, durchgeführte «British Sugarcraft Guild Show» ist ein wahres Beispiel des totalen Engagements und der Begeisterung der Menschen für dieses Handwerk. Die Fülle an ausgezeichneten Torten, Figuren und Blumenarrangements ist für die Augen der Mitbewerber und Besucher ein reines Fest. Der Anlass motiviert Teilnehmer aus aller Welt, in den verschiedene Kategorien ihre Fähigkeiten unter Beweis zu stellen. Mit den Besuchern zusammen zählt der Anlass über 80000 Liebhaber der Tortendekoration. Ob die Werke am TABLE OF HONOUR von den absoluten Profis oder am CYGNET TABLE OF EXCELLENCE zur Förderung des Nachwuchses ausgestellt werden, man muss diesen Event einfach miterlebt haben. Eine Reise zur nächsten Ausstellung gehört deshalb zur Pflichtweiterbildung jedes Tortenartisten.

The Cake-Decorators' Mecca

The biennial «British Sugarcraft Guild Show» held in Telford, Great Britain, is a true example of the wholehearted commitment and passion people attach to this handicraft. The wealth of superbly-decorated cakes, figurines and floral arrangements is a feast for the eyes for both competitors and visitors.
The event attracts competitors from across the globe to put their skills to the test in various categories. Some 80000 visitors come together all in all. From the absolute pros on the TABLE OF HONOUR to the CYGNET TABLE OF EXCELLENCE, introduced to encourage youngsters, it is certainly an event not to be missed. A visit to the next Show is a must for any budding cake-decorator.

La Mecque des décorateurs de gâteaux

La biennale «British Sugarcraft Guild Show» qui a lieu à Telford, Grande-Bretagne, est un exemple fidèle de l'engagement total et de l'enthousiasme des gens pour ce métier manuel. L'abondance de gâteaux primés, de figurines et d'arrangements floraux est une fête pour le regard des participants et des visiteurs. La manifestation motive les participants du monde entier à donner preuves de leurs capacités dans les catégories différentes. Avec les visiteurs, cela fait plus de 80000 amateurs de la décoration de gâteaux. Que ce soit les oeuvres de TABLE OF HONOUR d'excellents professionnels ou CYGNET TABLE OF EXCELLENCE pour l'encouragement de la nouvelle génération, c'est un événement à ne pas manquer. Une visite de la prochaine exposition fait partie des devoirs de perfectionnement de chaque artiste.

La Mecca dei decoratori di torte

La biennale «British Sugarcraft Guild Show» che ha luogo a Telford, Gran Bretagna, è un vero esempio del totale impegno e dell'entusiasmo della gente verso questo lavoro manuale. L'abbondanza di torte decorate, di figurine e di arrangiamenti floreali è una festa per gli occhi dei partecipanti e dei visitatori. La manifestazione motiva i partecipanti del mondo intero a dare prova delle proprie capacità nelle differenti categorie. Compresi i visitatori, essa conta più di 80000 amanti della decorazione di torte. Che si tratti delle opere di TABLE OF HONOUR, di eccellenti professionisti o del CYGNET TABLE OF EXCELLENCE per l'incoraggiamento della nuova generazione, è un avvenimento da non mancare. Una visita alla prossima esposizione fa parte dei doveri di perfezionamento di ogni artista.

Eine Nation auf dem Weg zur Ausstellung des süssen Hobbys.

A nation on a pilgrimage to the sweet hobby Show.

Une nation sur le chemin d'une exposition de ce hobby doux.

Una nazione avviata verso l'esposizione di questo dolce hobby.

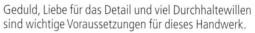

Geduld, Liebe für das Detail und viel Durchhaltewillen sind wichtige Voraussetzungen für dieses Handwerk.

Patience, a passion for detail and lots of stamina are essential criteria for this handicraft.

Patience, amour du détail et beaucoup d'ambition sont les critères essentiels pour ce métier manuel.

Pazienza, amore dei particolari e una grande perseveranza sono i criteri essenziali per questa arte manuale.

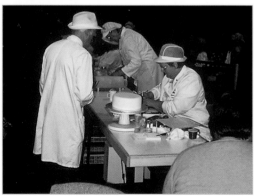

Live-Wettbewerb vor dem Publikum.

Live competitions before an audience.

Compétition en public.

Competizione in pubblico.

Ausstellungsarbeit eines 13-jährigen Mädchens.
Exhibit of a 13-year old girl.
Exposition d'un travail d'une jeune fille de 13 ans.
Esposizione di un lavoro eseguito da una ragazza di 13 anni.

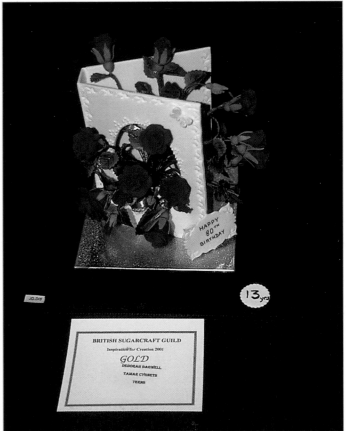

Jugendförderung

THE BRITISH SUGARCRAFT GUILD betreibt eine vorbildliche Jugendförderung. Um die heutige Jugend
beispielsweise von der sinnlosen « SMS-Manie» abzu-
halten, werden sie im Alter von 7 bis 16 Jahren bei den
CYGNETS (junger Schwan) aufgenommen, damit diese
tolle Tradition auch noch lange «weiterschwimmt».

Motivating youngsters

THE BRITISH SUGARCRAFT GUILD is exemplary in its
encouragement of youngsters. In order to spare them
from the senseless text messaging-mania of today,
children between the ages of 7 and 16 may join the
CYGNETS division, a sure guarantee that the tradition
will swim on for years to come!

Encouragement de la jeunesse

THE BRITISH SUGARCRAFT GUILD poursuit un encouragement de la jeunesse remarquable. Pour éloigner
la jeunesse d'aujourd'hui, par exemple de la «manie-
SFR», les jeunes de 7 à 16 ans sont reçus dans le groupe des CYGNETS (jeune cygne), une garantie sûre pour
que cette tradition puisse survivre encore longtemps.

Incoraggiamento della gioventù

THE BRITISH SUGARCRAFT GUILD persegue un
notevole incoraggiamento della gioventù. Per allontanare i giovani d'oggi, per esempio dalla mania degli
SMS, i ragazzi tra i 7 e i 16 anni sono accolti nel
gruppo dei CYGNETS (giovane cigno), una sicura
garanzia affinché questa tradizione possa sopravvivere
ancora a lungo.

Die kommerzielle Tortenartistik

Die Nachfrage nach dem englischen Dekorstil ist beim Publikum sehr gross. Wenn auch der Inhalt, der Englische Früchtekuchen, nicht allen Nationen mundet, für das Dekor allerdings findet man schnell Sympathie. Ausserdem spielt der Preis beim kommerziellen Tortengeschäft eine wichtige Rolle. Wenn der Kunde bei der Tortenpräsentation oder durch den Prospekt und den Internetauftritt innert wenigen Minuten wegen dem optimalen Preis- / Leistungsverhältnis auf Ihr Produkt eingeht, so sind Sie auf dem richtigen Weg.
Folgende Punkte müssen berücksichtigt werden:

Extrovertierte Präsentation
Um Erfolg zu haben, muss man sich für den Kunden Zeit nehmen. Dazu gehören Live-Präsentationen an Publikums- und Hochzeitsmessen. Hauptziel dabei ist, bei den Besuchern Achtung und Bewunderung zu wecken. Der Preis muss dabei nicht erwähnt werden. Es gibt gewiss eine Gesellschaftsschicht, die das Handwerk schätzt und diese wird zu einer sehr treuen Kundschaft.

Commercial Cake-Decorating

There is an undisputedly high demand for cakes decorated in the English style. Although the content, the English Fruit-Cake, does not appeal to every nation, the décor is readily appreciated. On a commercial basis one must, however, also consider the pricing factor. You are sure to be on the path to success if the customer reacts positively within minutes to your cake presentation, prospectus or internet information and is convinced by your fair pricing policy.
The following points must be taken into consideration:

Extrovert demonstrations
In order to be successful, one must take time for the customer. This includes live demonstrations at shows and wedding fairs. The aim here is to arouse awe and attention, without discussing prices. There is sure to be a section of society which appreciates your handicraft and these people will become your loyal customers.

Décoration de gâteaux commercialisée

Indisputablement la décoration de gâteaux, style anglais, est très demandée. Même si le contenu, le cake anglais, ne convient pas à toutes les nations, le décor par contre est tout de suite accepté. De plus le prix joue également un rôle important sur le plan commercial. Vous êtes sur le chemin du succès, si le client réagit de manière positive quelques minutes après la présentation des gâteaux ou du prospectus ou à la présentation sur internet.
Les points suivants doivent entrer en ligne de compte:

Démonstration professionnelle
Pour avoir du succès, il faut consacrer du temps au client. Cela comprend des démonstrations en direct, participations à des expositions publiques et de mariage. Le but principal est d'attirer l'attention et l'admiration des visiteurs sans discuter du prix. Il y a certainement une catégorie de la société qui apprécie le travail manuel et qui deviendra votre clientèle fidèle.

Decorazione di torte commerciali

Indiscutibilmente la decorazione di torte, di stile inglese, è molto richiesta. Anche se il contenuto, la torta alla frutta inglese, non è adatto a ogni nazione, la decorazione al contrario è universalmente ben accetta. Sul piano commerciale il prezzo ha naturalmente la sua importanza. Quando il cliente alla presentazione della torta o alla sua visione nel prospetto o nel portale Internet reagisce subito in maniera positiva, significa che ci troviamo sulla giusta strada verso il successo.
Sono da tenere in considerazione i seguenti punti:

Presentazione professionale
Per avere successo bisogna dedicare tempo alla clientela. Questo significa fare dimostrazioni in diretta, partecipare a esposizioni pubbliche e matrimoniali. Lo scopo principale è quello di attirare l'attenzione e l'ammirazione dei visitatori senza discutere del prezzo. C'è sicuramente una parte della società che apprezza il lavoro manuale e che diventerà la vostra fedele clientela.

Maître confiseur Pascal Agazzi renseigne une cliente devant son établissement ART DESSERT.

Il maestro pasticciere Pascal Agazzi informa una cliente davanti al suo negozio ART DESSERT.

Meisterconfiseur Pascal Agazzi vor seinem Geschäft ART DESSERT beim Informieren seiner Kundschaft.

Master Confectioner Pascal Agazzi, informing a customer in front of his shop ART DESSERT.

33

23

9

25

7

37

9

Lektion Lesson Leçon Lezione

Ideenvielfalt und persönliche Wünsche

Ohne Prospekt und Internet kann man heute keine Traumumsätze erreichen. Im Preis muss klar ersichtlich sein, für wie viel Geld welches Produkt erhältlich ist.

The range of ideas and personal requests

It is impossible to achieve high-flying profits nowadays without a prospectus and internet presentation. These should clearly state what each product costs.

Idées multiples et désirs personnels

De nos jours, il est impossible d'obtenir des recettes importantes sans prospectus et internet. Il faut montrer clairement au client ce qu'il reçoit pour quel prix.

Molteplici idee e desideri personali

Ai giorni nostri è impossibile ottenere un grande giro d'affari senza prospetti e Internet. Bisogna mostrare chiaramente al cliente ciò che riceve e a quale prezzo.

Fabilo International - Microsoft Internet Explorer

Datei Bearbeiten Ansicht Favoriten Extras ?

Zurück Vorwärts Abbrechen Aktualisieren Startseite Suchen Favoriten

Adresse http://www.fabilo.ch/

STANDARD			CLASSIQUE		
20 cm	25 cm	30 cm	20 cm	25 cm	30 cm

Preisangabe / Prices / Prix / Prezzi

Preisangabe / Prices / Prix / Prezzi Ø cm 5 9

Ø ↕ cm 10/17 15/17 10/25 08/16

Preisangabe / Prices / Prix / Prezzi

Fertig

Prospektbeispiel

Der Kunde kann dank dem Prospekt seine Dekoration selbst zusammen-stellen. Den gleichen Prospekt findet man auch im Internet, wo der Kunde seine Wünsch nur noch anklicken muss. Innert wenigen Stunden steht der Tortenkurier bereits vor der Haustüre des Kunden.

Aber auch persönliche Wünsche müssen berücksichtigt werden können, denn bei guter Ausführung wird der Preis immer bezahlt.

An example of a product

The customer can select the decoration of his choice thanks to the prospectus. The very same should also be available on the Internet, to allow the customer to click his choice. Within mere hours the cake courier should be standing on his doorstep. However, it is equally impor-tant that individual requests may be met. The customer is always prepared to pay, providing the standard of work is high.

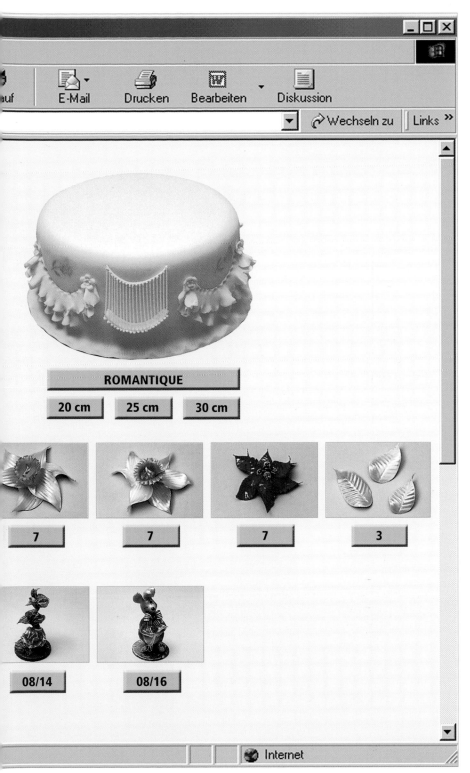

Neue Wege gehen

Die Tortenartistik kommerziell zu vermarkten, benötigt ein klares Konzept, Mut und Kontinuität. Der Zeitaufwand für die Dekoration muss vollumfänglich vom Kunden bezahlt werden. Wenn die Torte geschnitten und gegessen ist, ist die mühevolle Arbeit des Tortenartisten zerstört, und die Nachfrage bleibt bestimmt mässig.

Doch es gibt neue Möglichkeiten, die speziell angefertigte Torte für längere Zeit aufzubewahren und sie trotzdem geniessen zu können.

Paving new tracks

Marketing artistic cakes requires a clear concept, courage and continuity. The time spent on each cake must be financially covered by the customer. However, when a cake is cut and consumed after only a short while, destroying the cake-decorators work in the process, the demand for elaborate cakes will probably remain moderate.

But there are other ways of preserving the specially-made cake for a long time and enjoy the content at the same time.

Suivre de nouveaux chemins

La commercialisation de gâteaux artistiques nécessite une idée clair et nette, du courage et de la continuité. Le temps utilisé pour la décoration est à la charge du client. Si le gâteau est coupé et consommé rapidement, le travail laborieux du décorateur de gâteaux est déjà détruit et la demande restera certainement modérée.

Mais il y a d'autres possibilités de conserver plus longtemps ces gâteaux de fabrication spéciale et de quand même pouvoir les apprécier.

Seguire nuove strade

La commercializzazione di torte artistiche necessita idee chiare, coraggio e continuità. Il tempo occorrente per la decorazione è a carico del cliente. Se la torta viene tagliata e consumata rapidamente, la laboriosa opera del decoratore di torte è subito distrutta e quindi la domanda resterà moderata.

Ma esistono altre possibilità per conservare più a lungo queste torte di fabbricazione speciale, per poterle così meglio apprezzare.

Exemple de prospectus

Grâce au prospectus le client peut choisir sa décoration. On trouve aussi le même prospectus sur internet où le client n'a plus qu'à cliquer son choix. En l'espace de quelques heures le gâteau est livré au domicile du client. Mais aussi des désirs personnels doivent être pris en considération. Le client est toujours prêt à mettre le prix pour une bonne exécution.

Esempio di prospetto

Il cliente può scegliere la sua decorazione, grazie al prospetto. La stessa possibilità viene offerta su Internet, dove il cliente deve solamente cliccare la sua scelta. Nello spazio di poche ore la torta è consegnata al domicilio del cliente. Ma anche i desideri personali devono essere presi in considerazione. Il cliente è sempre pronto a pagare il giusto prezzo per una buona esecuzione.

Der versteckte Schatz

Obwohl die Dekoration einer Torte äusserst wichtig ist, darf der Geschmacksfaktor nie vernachlässigt werden. Die Torte sollte schliesslich genossen werden können. Es gibt Länder, wo es üblich ist, eine Vacherin- oder Moussetorte bei einem Hochzeitsfest zu servieren. Andere Länder bevorzugen einen Früchtecake oder eine Buttercremetorte. Die revolutionäre Tortenhaube ermöglicht dem Tortenartisten, die Torte seiner Wahl zu servieren. Ausserdem kann die Dekoration schon ein paar Tage im Voraus abgeschlossen werden. Dadurch werden sämtliche Wünsche des Kunden erfüllt – eine reizvolle Dekoration, die man aufbewahren kann, sowie der kostbare, leckere Schatz darunter.

The hidden treasure

Although the decoration on the cake is of overriding importance, a further primary consideration is the taste. It should be eaten and enjoyed by the guests. In certain countries it is traditional to serve a vacherin or mousse at a Wedding Reception. In other countries, butter-cream gateaux or fruit cake are preferred. The revolutionary cake cover allows the cake-decorator to serve the cake of his choice, perfectly decorated in advance. This revolutionary idea ensures that all aspects (an attractive, keep-sake decoration, and delicious hidden treasure underneath) have been covered to guarantee customer satisfaction.

Le trésor caché

Bien que la décoration d'un gâteau soit extrêmement importante, le facteur goût ne doit pas être négligé. En fin le gâteau doit pouvoir être savouré. Dans certains pays il est de tradition pour une réception de mariage, de servir un vacherin ou une mousse. D'autres pays préfèrent un cake anglais ou une tourte à la crème au beurre. Le couvercle révolutionnaire du gâteau permet au décorateur de servir celui de son choix. De plus la décoration peut être achevée quelques jours à l'avance. Ainsi tous les désirs du client seront satisfaits – une décoration pleine de charmes, que l'on peut conserver, ainsi que dessous un trésor précieux et friand.

Il tesoro nascosto

Anche se la decorazione di una torta è estremamente importante, il fattore gusto non dev'essere dimenticato. Alla fine la torta deve poter essere gustata. In alcuni paesi la tradizione vuole che si serva, durante il ricevimento di nozze, un vacherin o una mousse. Altre nazioni preferiscono la torta inglese o una torta alla crema di burro. Il rivoluzionario coperchio della torta permette al decoratore di servire quella di sua scelta. Inoltre la decorazione può essere eseguita con qualche giorno di anticipo. Così tutti i desideri del cliente saranno soddisfatti: una decorazione piena di grazia, che si possa conservare, e al di sotto un tesoro prezioso e gustoso.

Das Haubensystem

Die Tortenhaube wird gemäss Lektion 7 überzogen und nach Wunsch dekoriert. Bei der Präsentation muss nur noch die Hülse entfernt werden und die Torte kommt zum Vorschein.

The cake-cover system

Paste the cake-cover as described in lesson 7 and decorate as requested. When presenting the cake, simply lift the cover and the cake appears.

Le système couvercle

Recouvrir le couvercle du gâteau selon leçon 7 et décorer à volonté. Quand on présente le gâteau, il ne reste plus qu'à soulever le couvercle et il apparaît.

Il sistema del coperchio

Preparare il coperchio per la torta come alla lezione 7 e decorarlo a piacimento. Al momento della presentazione non bisogna fare altro che sollevare il coperchio e la torta apparirà.

Mr. Fabilo sagt:
Super, einfach genial und es funktioniert bereits in der Praxis!

Mr. Fabilo says:
What an ingenious idea and already working in practice!

Mr. Fabilo dit:
Quelle idée ingénieuse et qui fonctionne déjà en pratique!

Consiglio del sig. Fabilo:
Super, semplicemente geniale e che funziona già nella pratica!

Der Langzeiteffekt
Innerhalb von wenigen Tagen kann die Torte genossen werden, wie auch immer dies geschieht!
Nun kommt die Haube zum Einsatz; Wochen, Monate, sogar Jahre wird sie in der Wohnwand oder auf dem Bürotisch aufbewahrt. Einerseits als Erinnerung an das Ereignis, andererseits als attraktiver und preiswerter Werbeträger für Ihr Unternehmen.

The long-term effect
The cake may be enjoyed over a period of days in whatever manner chosen!
Now the cake-cover comes into its own; this can be displayed in the sideboard or on the office desk for weeks, months or even years. Not only as a reminder of a special event, but on the other hand as an attractive and economical means of advertising for your Company.

L'effet longue durée
Le gâteau est dégusté en quelques jours, comme cela a toujours lieu!
Alors le couvercle entre en jeu; il peut être conservé des semaines, des mois ou même des années sur le buffet ou sur le bureau. D'un côté en souvenir de l'évé-nement, de l'autre comme réclame attractive et avan-tageuse pour votre entreprise.

L'effetto di lunga durata
La torta viene degustata in pochi giorni, come sempre!
Ecco entrare in gioco il coperchio, che può essere con-servato per settimane, mesi o addirittura anni sulla cre-denza o sulla scrivania. Da una parte come ricordo dell'avvenimento, dall'altra come pubblicità attrattiva e vantaggiosa per la vostra azienda.

Die Überzugsmasse

Was wäre eine Hochzeitstorte ohne Zuckerguss? Eigentlich undenkbar! Obschon wir heute keinen Zuckerguss mehr verwenden, hat die Überzugsmasse sich als Dekorationsmittel im Lebensmittelbereich weltweit durchgesetzt.
Sie ist beliebt wegen der einfachen Verarbeitung und dem weissen, eleganten Aussehen. Nicht zu unterschätzen sind ihre konservierenden Eigenschaften. Der englische «Fruit-Cake» kann beispielsweise mehrere Jahre damit aufbewahrt werden, ohne dass die geringste Beeinträchtigung der Torte in Kauf genommen werden muss.
Die Überzugsmasse wird bereits im grossen Rahmen industriell hergestellt, doch es ist sehr wichtig, die Basis zu kennen, um die Masse im Notfall auch selbständig herstellen zu können.

Zutaten:

1000 g	Staubzucker
2 g	Tyclose (Pflanzenstärke)
40 g	eingeweichte Blattgelatine (4 Blätter)
80 g	Wasser
100 g	Pflanzenfett
100 g	Glukose (Sirup 45°Baumé)

Covering Paste

What would a Wedding Cake be without icing? Unthinkable! Although icing is no longer used today, but rather covering paste, this type of decoration has established itself worldwide in the catering field.
It's popularity lies in the simple techniques and elegant, white appearance. One should also not overlook it's excellent conservation properties. English fruit-cake, for example, may be kept for several years without the slightest impairment of quality.
Covering paste is already produced on a wide-scale in industry; nonetheless, it is important to be familiar with the basics in order to produce your own paste in an emergency.

Ingredients:

1000 g	icing sugar
2 g	Tyclose (vegetable starch)
40 g	sheet gelatine soaked in water (4 sheets)
80 g	water
100 g	vegetable fat
100 g	glucose (syrup 45° Baumé)

La pâte à recouvrir

Que serait un gâteau de mariage sans glaçage? Impensable! A l'heure actuelle le glaçage n'est plus guère utilisé, la pâte à recouvrir s'impose comme moyen de décoration dans le milieu alimentaire du monde entier.
Elle est très appréciée pour sa facilité d'utilisation, sa couleur blanche parfaite, et ses propriétés de conservation ne sont pas négligeables.
Par exemple le «cake-anglais», spécialité qui peut se conserver plusieurs années enfermée dans la pâte à recouvrir, sans se soucier de la qualité de son contenu.
Sa fabrication est déjà industrialisée, il est toutefois très important d'en connaître la recette de base, afin de pouvoir la fabriquer soit-même, en cas de nécessité.

Ingrédients:

1000 g	de sucre glace
2 g	de Tyclose (amidon végétal)
40 g	de feuilles de gélatine trempées (4 feuilles)
80 g	d'eau
100 g	de graisse végétale
100 g	de glucose (sirop à 45° Baumé)

La pasta da copertura

Che cosa sarebbe una torta nuziale senza glassatura? Impensabile! Anche se adesso la glassatura vien sempre più spesso sostituita dalla pasta da copertura, che si sta imponendo in tutto il mondo come mezzo di decorazione alimentare.
E' molto apprezzata per la facilità d'uso, per il colore bianchissimo e per la sua non indifferente conservabilità.
Per esempio il «cake-fruit», specialità inglese, si conserva diversi anni se è avvolto nella pasta da copertura, senza rovinare la qualità del contenuto.
Oramai la sua fabbricazione è industrializzata, ciononostante è importante conoscerne la ricetta base, in modo da poterla preparare da soli, se necessario.

Ingredienti:

1000 g	zucchero al velo
2 g	Tyclose (amido vegetale)
40 g	fogli di gelatina inumiditi (4 fogli)
80 g	acqua
100 g	grasso vegetale
100 g	glucosio (sciroppo a 45° Baumé)

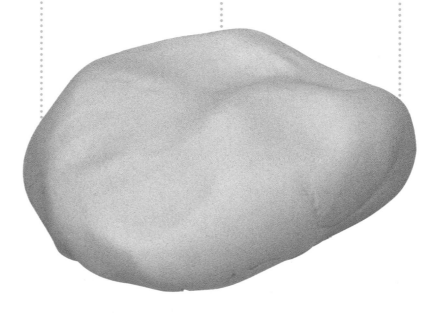

1 Blattgelatine im kalten Wasser einweichen. Wasser, Pflanzenfett und Glukose in einer Pfanne auf 50°C erwärmen.

1 Soak the sheet gelatine in cold water. Heat the water, vegetable fat and glucose in a pan to 50°C.

1 Tremper les feuilles de gélatine. Dans une casserole, chauffer l'eau, la graisse végétale et le glucose à 50°C

1 Inumidire i fogli di gelatina. In un pentolino riscaldare, a 50°C, l'acqua con il grasso e il glucosio.

2 Gesiebten Staubzucker und Tyclose vermengen.

2 Mix the sieved icing sugar with the Tyclose.

2 Mélanger le sucre glace et le Tyclose.

2 Mescolare lo zucchero con il Tyclose.

3 Die eingeweichte Gelatine ausdrücken und der warmen Wasser-Pflanzenfett-Glukose-Mischung beifügen, gut mischen und rühren, bis sich die Gelatine komplett aufgelöst hat. 1/3 der Mischung in den Krater des Staubzuckers leeren und mischen.

3 Add the squeezed gelatine sheets to the warm water-vegetable fat-glucose mixture. Mix and stir well until the gelatine is completely dissolved. Empty 1/3 of this mixture to a well in the icing sugar and mix.

3 Presser les feuilles de gélatine trempées et les rajouter au mélange eau, graisse végétale et glucose, en remuant suffisamment, jusqu'à dissolution complète. Verser 1/3 de ce mélange dans le centre de la fontaine de sucre glace, et travailler comme une pâte.

3 Comprimere i fogli di gelatina bagnati e aggiungerli alla miscela di acqua, grasso vegetale e glucosio, mescolando in modo che la gelatina sia ben incorporata al resto. Versare 1/3 di questa miscela nel centro della fontana di zucchero al velo e impastare.

4 Etwa 9/10 der Flüssigkeit beigeben. Während des Mischens Staubzucker von aussen dazugeben.

4 Add 9/10 of the liquid. Work in icing sugar from all sides when mixing.

4 Environ les 9/10 de ce mélange doivent être incorporés dans la pâte, tout en la travaillant avec du sucre glace.

4 9/10 ca di questa miscela devono essere incorporati alla pasta, sempre lavorandola con lo zucchero al velo.

Mr. Fabilo sagt:
Je nach Luftfeuchtigkeit benötigt die Überzugsmasse mehr oder weniger Flüssigkeit.

Mr. Fabilo says:
Covering paste requires variable amounts of liquid according to the ambient humidity.

Mr. Fabilo dit:
Selon l'humidité ambiante la pâte à recouvrir nécessite plus ou moins de liquide.

Consiglio del sig. Fabilo:
A dipendenza dell'umidità ambientale bisognerà aggiungere più o meno liquido.

5 Sämtlicher Staubzucker muss sich mit der Flüssigkeit binden. Wird die Masse zu trocken und zu fest, darf noch etwas Flüssigkeit dazugefügt werden.

5 All the icing sugar must be mixed with the liquid. Should the paste become too dry and hard, add more liquid.

5 Toute la quantité de sucre glace mélangée au liquide doit former une pâte homogène. Si toutefois la pâte devait être trop sèche et compacte, y incorporer un peu de liquide.

5 Tutto il quantitativo di zucchero al velo mescolato al liquido, deve formare una pasta omogenea. Nel caso in cui la pasta risultasse troppo secca e compatta, incorporarvi un po' di liquido.

6 Drei- bis viermal mit dem Handballen die Masse reiben.

6 Knead the paste three to four times with the ball of your hand.

6 «Fraiser» la pâte trois à quatre fois.

6 Impastate tre o quattro volte il tutto con il palmo della mano.

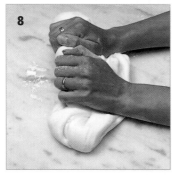

7 Sollte die Masse an den Händen oder auf dem Marmortisch noch kleben, wird Staubzucker beigestäubt.

7 Should the paste stick to your hands or the marble surface, add more sieved icing sugar.

7 Si la pâte devait coller dans la paume de la main ou sur le marbre, la retravailler avec du sucre glace tamisé.

7 Nel caso in cui la pasta si attaccasse alle mani o al tagliere, lavorarla nuovamente aggiungendo zucchero al velo setacciato.

8 Zum Schluss nochmals kräftig durcharbeiten. Sämtliche Staubzuckerreste müssen von der Masse aufgenommen werden.

8 And finally, work the paste well, ensuring that all the remaining icing sugar is incorporated.

8 Pour terminer, travailler encore une fois énergiquement. Tous les restes de sucre devront être incorporés à la pâte.

8 Quando è pronta, lavorarla ancora una volta energicamente eliminando lo zucchero eccedente.

10 Avvolgere questa palla di pasta in una pellicola trasparente, poi in un sacchetto ermetico e in un sacchetto di plastica prima di metterlo in un recipiente chiuso ermeticamente. Confezionata in questo modo e conservata in frigo con una temperatura di 4 - 8 °C, la pasta si conserva come minimo per 60 giorni; mentre che a una temperatura ambientale di 16 - 20 °C si conserva per 30 giorni. E' importante comunque lasciar riposare la pasta per 12 ore prima di utilizzarla per ricoprire una torta.

10 Die fertige Masse zu einer Kugel rollen, in Zellophan einpacken und zusätzlich in einen verschliessbaren Frischhaltebeutel legen. Bevor die Überzugsmasse in einen verschliessbaren Eimer gelegt wird, zusätzlich in einen Plastiksack einrollen. Diese Masse kann im Kühlschrank bei 4 - 8°C mindestens 60 Tage und bei Raumtemperatur von 16 - 20°C mindestens 30 Tage aufbewahrt werden. Wichtig! 12 Stunden ruhen lassen, bevor sie zum Überziehen von Torten verwendet wird.

10 Roll the finished paste to a ball, wrap in kitchen foil and place in an airtight bag. Before storing the paste in a bucket, wrap it well in a second plastic bag. The paste may be stored for at least 60 days when refrigerated at 4 - 8°C or for at least 30 days at a room temperature of 16 - 20°C. NB! Allow the paste to rest for 12 hours before covering the cake.

10 Former une boule avec la pâte terminée, la mettre dans du film alimentaire, puis dans un sachet hermétique, et encore dans un sac plastique, avant de la déposer dans un bac fermant hermétiquement. Cette masse se conserve ainsi minimum 60 jours au réfrigérateur à une température de 4 - 8°C, et pendant 30 jours, à une température ambiante, de 16-20°C. Il est très important de laisser reposer la pâte pendant 12 heures avant de l'utiliser pour recouvrir un gâteau.

9 Zum Test zieht man eine Stange Überzugsmasse in die Länge. Die elastische Masse lässt sich mehrere Zentimeter ziehen, bevor sie bricht.

9 To test the correct consistency of the paste, one should be able to stretch it a few centimetres before it breaks and not before.

9 Pour tester la consistance de la pâte, en tirer une bande. Une masse bien élastique se laisse étirer sur plusieurs centimètres avant de se rompre.

9 Per controllare la consistenza della pasta, tirarne un angolino. Una pasta ben elastica si allunga per parecchi centimetri, prima di spezzarsi.

Mr. Fabilo sagt:
Für die Herstellung dieser Masse darf man natürlich auch die Maschine verwenden.

Mr. Fabilo says:
One may also make use of an electric mixer to produce this paste.

Mr. Fabilo dit:
Il est bien entendu possible de fabriquer cette masse avec le mélangeur.

Consiglio del sig. Fabilo:
Naturalmente è possibile procedere anche con il miscelatore elettrico (mixer).

Mr. Fabilo sagt:
Der Hauptvorteil bei der industriell hergestellten Überzugsmasse liegt darin, dass sie mehrere Monate ungekühlt gelagert werden kann.

Mr. Fabilo says:
The main advantage of industrially-manufactured covering paste is that it may be kept for several months at room temperature.

Mr. Fabilo dit:
Le principal avantage de la pâte industrielle se résume à sa conservation à température ambiante qui est de plusieurs mois.

Consiglio del sig. Fabilo:
Il principale vantaggio rappresentato dalla pasta industriale è che la si può conservare svariati mesi a temperatura ambiente.

33

34

21

22

22

7

Lektion Lesson Leçon Lezione

Die industriell hergestellte Decormasse

Felchlin, der bekannte Schweizer Halbfabrikathersteller, hat schon früh das Bedürfnis der Tortenartisten erkannt und stellt die Decormasse seit mehreren Jahren unter dem Namen «Deco-Roma» her.
Die Hauptvorteile von «Deco-Roma» im Vergleich zur selbstgemachten Masse sind in erster Linie die hervorragende Dehnbarkeit und die 12-monatige Haltbarkeit. Diese Vorteile sind auf das spezielle Herstellungsverfahren zurückzuführen. Beim Mischen wird die Masse noch zusätzlich verfeinert, ein Vorgang, der manuell nicht erreicht werden kann.
Da bei der Tortendekoration eine erhebliche Menge dieser Decormasse verwendet wird, wirkt die Integration dieses Halbfabrikats aus betriebswirtschaftlichen Gründen positiv aus.

Industrially-manufactured Decorating Paste

Felchlin, the well-known Swiss manufacturer for semi-finished components, recognised the cake-decorators need early and has been manufacturing a decorating paste under the name of «Deco-Roma» for many years.
The main advantages of «Deco-Roma» over home-made covering paste are primarily the excellent elasticity and 12-month shelf-life guarantee. These advantages are made possible thanks to a special manufacturing process. The paste is improved during the beating process, a technique which cannot be applied manually.
Since considerable quantities of decorating paste are required when cake-decorating, the integration of this semi-finished product has a favourable effect economically speaking.

La fabrication industrielle de la masse à decor

Felchlin, le producteur suisse réputé pour les composants semi-finis, s'est vite rendu compte du besoin du décorateur et produit la masse à décor depuis plusieurs années sous le nom de « Deco-Roma ».
Les avantages principaux de « Deco-Roma », par rapport à la pâte maison sont tout d'abord l'extensibilité et les 12 mois de conservation. Ces avantages sont attribués au procédé de fabrication. Dans le mélangeur la masse à décor est en plus spécialement malaxée, un procédé qui ne peut se faire manuellement.
Etant donné qu'une quantité considérable de masse à décor est utilisée pour la décoration de gâteaux, l'intégration de ce semi-produit a un effet positif sur l'économie de l'entreprise.

La fabbricazione industriale della massa da decorazione

La Max Felchlin è il produttore svizzero noto in tutto il mondo per i suoi semilavorati di qualità. L'azienda si è subito resa conto dei bisogni del professionista della decorazione, e da molti anni produce una massa bianca da rivestimento con il nome di «Deco-Roma».
I principali vantaggi della massa «Deco-Roma» rispetto a quanto può ottenere un professionista in laboratorio sono sicuramente l'elasticità e i 12 mesi di conservazione. Questi vantaggi sono ottenuti grazie al procedimento di produzione. All'intero di un miscelatore la massa viene mescolata in modo particolarmente veloce, procedimento questo che non può essere eseguito manualmente. Grazie all'uso considerevole che viene fatto di questa massa nella decorazione di torte, i risultati della vendita di questo semilavorato hanno ripercussioni positive sull'economia dell'azienda.

Felchlin®
Switzerland

Felchlin Schweiz, ▶
Produktionszentrum.

Felchlin Switzerland,
manufacturing centre.

Felchlin Suisse,
centre de production.

Felchlin Svizzera,
centro di produzione.

◀ Um die 12-monatige Haltbarkeit zu
garantieren, wird bereits das
Mischen der Zutaten zu einer Kunst.

In order to guarantee 12-months
shelf-life, mixing the ingredients is
an art in itself.

Pour garantir les 12 mois de conservation, le mélange des ingrédients devient déjà un art.

Per garantirne i 12 mesi di conservazione, la miscelazione degli
ingredienti deve essere un'arte.

◀ Qualitätskontrolle, ein selbstver-
ständliches Markenzeichen von
Felchlin.

Quality control, a matter of course
for Felchlin.

Contrôle de qualité, un signe de
marque évident chez Felchlin.

Controllo di qualità, un punto
d'onore presso Felchlin.

◀ Bereit für den Versand zu Ihnen!

Ready for dispatch to you!

Prêt pour être envoyé chez vous!

Pronto per essere spedito presso
di voi!

Das Überziehen einer Tortenhaube

Für das Überziehen einer Tortenhaube gelten die selben Regeln wie für eine richtige Torte. Unter keinen Umständen dürfen sich Falten bilden. Bei den Kanten darf die Überzugsmasse nicht reissen oder eine grobe Oberfläche aufweisen. Abschnitte müssen sofort wieder im Eimer verpackt werden, um das Bilden von Krusten zu verhindern.

Covering a cake-cover

The same rules apply when covering a cake-cover as for a real cake. Under no circumstances should creases form.
The paste should not tear on the cake-edges or form an unsightly surface. Trimmings should be wrapped and returned to the bucket immediately to prevent crusting.

Recouvrir un couvercle à gâteau

Pour recouvrir un couvercle à gâteau les règles sont sensiblement les mêmes que pour un gâteau réel. En aucun cas il doit se former de plis. Dans les angles ou les bords, il ne doit pas se former de fissures et la surface doit être parfaitement lisse.
Les excédents de pâte après la découpe doivent immédiatement être remis avec le reste de la pâte, et conservés dans le bac, afin d'éviter toute formation de croûtes.

Copertura di un coperchio per torte

Per ricoprire un coperchio per torte si seguono le stesse regole che per una vera torta.
In nessun caso si devono formare pieghe. Gli angoli e i bordi non devono presentare screpolature. La superficie deve essere perfettamente liscia.
I resti di pasta devono essere immediatamente incorporati alla palla e conservati nel recipiente, per evitare la formazione della crosta.

1 Bei zu feuchter oder klebriger Überzugsmasse fügt man Staubzucker bei. Sollte sie jedoch zu trocken und brüchig sein, muss mit etwas Pflanzenfett die nötige Feuchtigkeit zurückgegeben werden.

1 Additional icing sugar should be added to the paste if it is too damp or sticky. Vegetable fat, on the contrary, should be added if the paste is too dry and crumbly, to restore the required humidity.

1 Lorsque la pâte est trop humide, rectifier la consistance avec du sucre glace tamisé. Si elle devient trop sèche ou cassante, rectifier la consistance en la travaillant avec un peu de graisse végétale.

1 Se la pasta è troppo umida, rettificarne la consistenza con zucchero al velo setacciato.
Se invece è troppo secca o friabile, rettificarne la consistenza lavorandola con un po' di grasso vegetale.

2 Die selbst gemachte Masse sollte mindestens 12 Stunden bei Zimmertemperatur ausruhen. Industriell hergestellte Masse kann wegen des hohen Anteils an Pflanzenfett sehr hart werden und sollte ebenfalls 12 Stunden vor Gebrauch bei Zimmertemperatur aufbewahrt werden. Vor dem Ausrollen die Masse von Hand oder mit der Maschine zweimal reiben.

2 Allow home-made paste to stand at room temperature for at least 12 hours. Industrially-manufactured paste may also be very hard due to the high fat content and should therefore be left to stand at least 12 hours before use. Before rolling out, work the paste twice by hand or with an electric-mixer.

2 La pâte à recouvrir faite soit-même, doit reposer minimum 12 heures à température ambiante, avant utilisation. La pâte industrielle, vue sa haute teneur en graisse végétale, devra également rester 12 heures minimum à température ambiante. Avant d'abaisser la pâte, la travailler deux fois à la main ou à la machine.

2 La pasta da copertura fabbricata artigianalmente deve riposare almeno 12 ore a temperatura ambiente, prima dell'uso. La pasta industriale, visto il suo alto contenuto di grasso vegetale, dovrà anch'essa rimanere 12 ore a temperatura ambiente prima dell'uso. Prima di stendere la pasta è bene lavorarla due volte, a mano o con l'apparecchio elettrico.

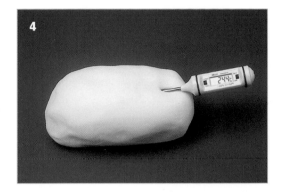

3 Um der Überzugsmasse etwas mehr Dehnbarkeit zu verleihen, vor dem Ausrollen noch wenig Pflanzenfett einarbeiten.

3 Work a little vegetable fat into the paste before rolling out to give it more elasticity.

3 Afin de donner un peu plus d'élasticité à la pâte à recouvrir, y incorporer un peu de graisse végétale, avant de l'abaisser au rouleau.

3 Per ottenere più elasticità nella pasta da copertura incorporatevi un po' di grasso vegetale, prima di spianarla col matterello.

4 Die ideale Verarbeitungstemperatur liegt zwischen 24 und 25°C.

4 The ideal working temperature is between 24 and 25°C.

4 La température idéale pour abaisser la pâte à recouvrir est de 24 et 25°C.

4 La temperatura ideale per spianare la pasta è tra 24 e 25 °C.

5 Zum Ausrollen arbeitet man am besten direkt auf dem Marmortisch. Ein nicht klebender Roller aus Polyäthylen mit etwas Maisstärke ergibt ein hervorragendes Resultat. Selbstverständlich kann auch mit der Maschine ausgerollt werden.

5 Rolling out is best done on a marble surface. For excellent results use a polythene rolling-pin with a little corn-flour. It is, of course, possible to roll out on the rolling-machine.

5 La meilleure solution pour abaisser la pâte à recouvrir est de procéder directement sur le marbre. Un rouleau anti-adhésif en polyuréthane enduit d'un peu de maïzena, vous donnera un résultat surprenant. Bien entendu la pâte peut être abaissée au laminoir.

5 Il modo migliore per spianare la pasta da copertura è di farlo direttamente sul tagliere di marmo. Un matterello anti-aderente di plastica cosparso con un po' di maïzena, darà dei magnifici risultati. Naturalmente si può usare anche la macchinetta.

6 5 mm dick gleichmässig ausrollen. Metallstäbe können dabei behilflich sein.

6 Roll out to a thickness of 5 mm. Metal rods may prove a useful aid.

6 Abaisser régulièrement à 5mm d'épaisseur. Un soutien avec les barres métalliques peut être très utile.

6 Spianare in modo regolare a 5 mm di spessore. Possono aiutare le bacchette di metallo.

7 Luftblasen mit einer Stecknadel aufstechen.

7 Burst any air bubbles with a pin.

7 Percer les bulles d'air à l'aide d'une épingle.

7 Eliminare con uno spillo le eventuali bolle d'aria che si formano mentre si spiana la pasta.

Mr. Fabilo sagt:
Keinen Staubzucker zum Ausrollen verwenden, die Krustenbildung wäre sonst zu intensiv.

Mr. Fabilo says:
Avoid icing sugar when rolling out as the crust formation would be too intensive.

Mr. Fabilo dit:
Ne pas utiliser de sucre glace pour abaisser cette pâte; le risque de formation de croûte serait inévitable.

Consiglio del sig. Fabilo:
Non utilizzare lo zucchero al velo per spianare la pasta, la formazione di una crosta granulosa sarebbe inevitabile.

8 Oberfläche mit der flachen Hand kreisend rollen. Die dadurch entstehende Wärme verhindert die groben und brüchigen Flächen bei den Kanten.

8 Rub the surface in a rotating movement with the palm of your hand. The warmth created avoids unsightly, crumbly surfaces on the cake edges.

8 Lisser la surface et les côtés avec le plat de la main; ceci empêche un refroidissement trop rapide de la pâte, et évite la déchirure de la pâte.

8 Lisciare la superficie con il palmo della mano, per evitare un troppo rapido raffreddamento e la conseguente screpolatura della pasta.

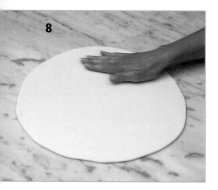

Mr. Fabilo sagt:
Handschmuck sollte nicht getragen werden! Selbst der Ehering kann unerwünschte Abdrücke hinterlassen.

Mr. Fabilo says:
Remove all jewellery for this purpose. Even your Wedding Ring may leave unwelcome imprints.

Mr. Fabilo dit:
Enlever tous les bijoux! Même l'alliance peut laisser des traces indésirables sur l'abaisse.

Consiglio del sig. Fabilo:
Togliere gli anelli durante questo lavoro, anche la sola fede nuziale può lasciare sgradevoli tracce sulla superficie spianata.

10 Mit beiden Händen die ausgerollte Masse über die Haube legen. Das Aufrollen mit dem Roller ist nicht erwünscht. Diese Methode hinterlässt unerfreuliche Abdrücke.

10 Lay the rolled out paste over the cake-cover using both hands. It is not advisable to use the rolling-pin at this stage as this leaves unsightly marks.

10 Poser l'abaisse sur le gâteau avec les deux mains. Enrouler l'abaisse sur le rouleau pour la poser sur le support est déconseillé. Cette méthode laisse des traces peu attrayantes.

10 Adoperando le due mani posare la pasta spianata sulla torta. Non arrotolatela sul matterello per eseguire questo lavoro, rimarrebbero delle tracce indesiderate sulla superficie.

9 Die ganze Tortenhaube mit Pflanzenfett bestreichen.

9 Brush the top and sides of the cake-cover with vegetable fat.

9 Enduire toute la surface du couvercle à gâteaux avec de la graisse végétale.

9 Spalmare completamente la superficie del coperchio, con il grasso vegetale.

11 Mit dem Schwamm vorsichtig anlegen und dabei mit der Gegenhand behutsam die Masse nach unten ziehen.

11 Use a sponge to smooth the paste onto the sides gently, with the other hand carefully easing the paste downwards.

11 Appliquer la pâte sur le couvercle à gâteaux avec l'éponge et avec l'autre main la tirer délicatement vers le bas.

11 Appoggiare la pasta al supporto usando delicatamente la spugnetta, facendola scendere lentamente con l'altra mano.

12 Die Luft wird beim Anlegen herausgedrückt. Falten dürfen sich nicht bilden.

12 Any air is thus dispersed. No creases should be allowed to form.

12 En apposant l'abaisse avec l'éponge on chasse l'air.
Il ne doit pas se former de plis.

12 Aiutandosi con una spugnetta si fa uscire l'aria che si forma tra la pasta di copertura e il supporto. Nella copertura non devono formarsi pieghe.

14 Die überflüssige Masse mit dem Tortenring durchtrennen.

14 Remove any surplus paste by cutting with a cake-ring.

14 Enlever l'excédent de pâte avec un cercle à gâteau.

14 Togliere la pasta eccedente con un anello per torte.

16 Für den Abschluss mit dem Modellierwerkzeug «Bärentatzen» rundherum markieren.

16 To conclude, mark around the edge with the «bear's paw» modelling-tool.

16 Marquer le bord de base tout autour du gâteau avec l'ébauchoir patte d'ours.

16 Segnare il bordo di base della torta con l'utensile a «zampa d'orso».

15 Den Boden nach aussen dünn ausglätten.

15 Smooth the base out thinner at the edges using the smoothers.

15 Amincir le fond vers l'extérieur.

15 I bordi della base della torta devono essere regolati con i levigatori.

17 Hervorstehende Masse beim Tortenboden im Winkel von 90° abspachteln.

17 Use a spatula at 90° to remove any projecting trimmings.

17 Découper l'excédent de pâte avec la spatule métallique à angle de 90°

17 Tagliare le eccedenze di pasta con la spatola metallica a 90°.

13 Mit den Glättern die Oberfläche ausgleichen.

13 Smooth over the surfaces using the cake-smoothers.

13 Egaliser la surface à l'aide des lisseurs.

13 Livellare la superficie con i levigatori.

18 Tortenboden mit einer selbstklebenden Brokatborte abdecken.

18 Apply a self-adhesive brocaded tape to finish off the cake-board neatly.

18 Décorer le bord du plateau de soutien du gâteau avec une bande de décors adhésive.

18 Decorare il bordo del piatto della torta con una striscia di decorazioni adesive.

Überziehen eines englischen Kuchens

Ursprünglich wurde in der Tortenartistik stets der traditionelle englische Kuchen zum Überziehen verwendet. Den Grund, weshalb die Torte auf diese Art und Weise vorbereitet wird, finden Sie ausführlich in der Lektion 1 beschrieben. Wir zeigen hier ausführlich das Überziehen eines englischen Kuchens, da diese Tradition noch in vielen Ländern streng befolgt wird.

Covering an English Fruit Cake

Originally only the traditional, English Cake was used for covering in Cake Artistik. The reasons behind this particular method of preparation of the cake are described in detail in Lesson 1. We show you how to cover the cake here in detail, as it is a tradition still religiously practised today in many countries.

Comment recouvrir un cake anglais

De longue date déjà, cette méthode est employée pour recouvrir un gâteau anglais. Vous trouverez leçon 1, les bases, l'art et la manière de recouvrir un gâteau. Nous montrons ici de façon détaillée, comment recouvrir un gâteau anglais, tradition fortement suivi par de nombreux pays.

Come ricoprire una torta inglese

Da lungo questo metodo viene impiegato per la copertura della tipica torta (cake) inglese. Nella lezione 1 troverete il sistema base per ricoprire una torta. Qui di seguito mostriamo in modo dettagliato come ricoprire una torta inglese, tradizione molto seguita in numerosi paesi.

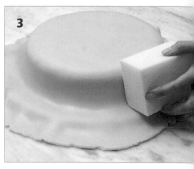

1 Den gebackenen Früchtekuchen nach Lektion 3 zubereiten und, wenn nötig, oben etwas zuschneiden.

1 Prepare the Fruit Cake as described in Lesson 3, and even off the top if necessary.

1 Comme à la leçon 3, si besoin rectifier une fois cuit le dessus du cake aux fruits, en coupant légèrement.

1 Come alla lezione 3, se necessario, pareggiare la superficie tagliandola leggermente.

3 Marzipan auf 5 mm dick gleichmässig ausrollen, über den Kuchen legen und mit dem Schwamm vorsichtig anlegen, damit keine Falten entstehen.

3 Roll out the marzipan 5 mm thick. Lay over the cake and gently press onto the sides with a soft sponge, to avoid any unsightly creasing.

3 Etaler régulièrement le massepain à 5mm d'épaisseur, le poser sur le gâteau, le coller avec précaution afin d'éviter toute formation de plis.

3 Spalmare con regolarità uno strato di 5 mm di pasta di mandorle (marzapane), aiutandosi con una spugnetta. Sistemare la pasta con cautela, senza formare pieghe.

2 Mit erwärmter Aprikosenmarmelade ausgiebig bepinseln.

2 Brush generously with warm apricot jam.

2 Au pinceau, badigeonner le gâteau avec de la confiture d'abricots chauffée.

2 Ricoprire la torta, usando il pennello, con marmellata di albicocche riscaldata.

4 Die weiteren Schritte gemäss Lektion 7, Bild 11 bis 14, ausführen. Mit den Glättern die Oberfläche ausgleichen.

4 Repeat steps 11 to 14 of Lesson 7. Smooth the surface using the smoothers.

4 Procèder aux autres opérations comme à la leçon 7, photos 11 à 14.

4 Continuare come alla lezione 7, immagini da 11 a 14. Pareggiare la superficie con gli appositi levigatori.

6 Nun wird die Torte auf die gleiche Art wie bei Lektion 7 mit der Überzugsmasse eingeschlossen.

6 Cover the cake with covering paste in the same manner as Lesson 7.

6 Ensuite comme leçon 7, enfermer ce gâteau en le recouvrant de pâte à recouvrir.

6 Quindi, come nella lezione 7, la torta viene racchiusa in uno strato di pasta da copertura.

Mr. Fabilo sagt:
Sofern der Kuchen gut mit Sherry getränkt wird und kompakt, wie in dieser Lektion erklärt, überzogen wird, bleibt der oberste Stock der Torte tatsächliche mehrere Jahre haltbar, eben so lange, bis das erste Baby kommt!

Mr. Fabilo says:
Providing the cake is sufficiently brushed with sherry and covered in a compact manner, as described in this lesson, the top tier may be set aside for the arrival of the first baby, even if this event does not happen for some years.

Mr. Fabilo dit:
Lorsque le gâteau bien imbibé de sherry et bien compact, est recouvert comme expliqué dans cette leçon, le gâteau supérieur se conserve effectivement plusieurs années, au moins jusqu'à la venue du premier enfant!

Consiglio del sig. Fabilo:
Quando la torta viene ben imbevuta di sherry e ricoperta come spiegato in questa lezione, si conserva svariati anni, almeno fino all'arrivo del primo figlio!

5 Nochmals mit erwärmter Aprikosenmarmelade bepinseln.

5 Brush with warm apricot jam again.

5 Badigeonner encore une fois avec la confiture d'abricots chauffée.

5 Con il pennello aggiungere uno strato di marmellata di albicocche.

7 Traditioneller englischer Früchtekuchen im Querschnitt – Mythos der Konditorei.

7 A cross-section of Traditional English Fruit Cake – a confectionery myth.

7 Coupe transversale d'un cake anglais traditionnel – un mythe de la confiserie.

7 Sezione di una tradizionale torta inglese, un mito per i pasticcieri.

Kneifen mit Siegelzangen

Die Einfachheit kann überzeugen. Dies trifft ganz speziell beim Kneifen mit den Siegelzangen zu. Der Effekt ist verblüffend und die Einfachheit übertrifft jede Erwartung. Dank den Gummiringen an den Siegelzangen beträgt der Abstand dazwischen immer gleich viel. Die Gleichmässigkeit wird dadurch viel besser.

Crimping work

Simplicity speaks for itself. This is particularly true when working with crimpers. The results are amazing and simplicity surpasses all expectations. The rubber bands on the crimpers determine that the distance between the «pinchers» is always exactly the same. They ensure that the pattern produced is much more precise.

Pincer avec les pinces à décors

La simplicité peut convaincre. Ceci concerne principalement le travail avec les pinces à décors. L'effet est aussi surprenant qu'inattendu. Grâce à l'anneau en caoutchouc dont est équipée la pince à décors, l'espace créé entre deux motifs sera toujours le même. L'exactitude en sera ainsi renforcée.

Decorare con le pinze da decorazione

L'utilizzazione di questo utensile è convincente nella sua semplicità. L'effetto è tanto convincente quanto inatteso.Grazie all'anello di gomma di cui sono dotate queste pinze, lo spazio creato tra due motivi rimane sempre uguale. Questo rafforzerà la precisione dell'esecuzione.

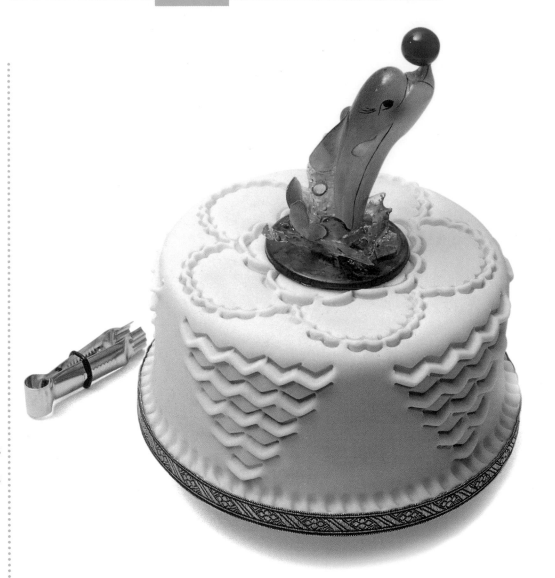

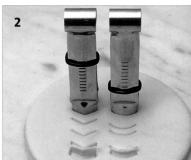

1 Siegelzangen mit Gummiring erleichtern das Kneifen, die Gleichmässigkeit ist garantiert.

1 Crimpers with rubber bands make crimping simple, as exactness is guaranteed.

1 Les pinces à décors munies de l'anneau en caoutchouc, facilitent le travail et la régularité des intervalles en sera garantie.

1 Le pinze da decorazione, munite dell'anello di gomma, facilitano il lavoro e la regolarità degli intervalli è garantita.

2 Je weiter oben der Gummiring, desto breiter und höher wird das Gekneifte.

2 The higher the rubber band is positioned, the wider and deeper the crimped pattern will be.

2 Plus l'anneau sera placé vers le haut de la pince, plus l'espace sera large et haut.

2 Situando l'anello di gomma verso l'alto, lo spazio tra le righe sarà maggiore e più profondo.Spostandolo nella direzione contraria si avrà l'effetto opposto.

3 Für einen zarten marmorierten Überzug wird 20% der Masse mit Pastenfarbe eingefärbt.

3 For a delicate marbled effect colour 20% of the paste with paste-colour.

3 Pour une couverture à effet marbré fin, colorer 20% de la pâte avec du colorant pâtes.

3 Per ottenere un tenue effetto marmorizzato nella pasta da decorazione, colorare il 20% della stessa con del colorante alimentare.

Mr. Fabilo sagt:
Seid mit der Dosierung der Farben zurückhaltend. Zarte Farben werden im Allgemeinen von der Kundschaft bevorzugt.

Mr. Fabilo says:
Moderate the dosage of colour added as customers, in general, prefer delicate shades.

Mr. Fabilo dit:
Soyez prudent avec le dosage des colorants. La clientèle préfère les couleurs pastelles.

Consiglio del sig. Fabilo:
Prudenza nel dosaggio dei coloranti. I colori tenui sono più graditi dalla clientela.

4 Die dunklen Teile ungleichmässig verteilen.

4 Distribute the darker parts irregularly over the paste.

4 Répartir les couleurs foncées de façon inégale.

4 I colori scuri vanno distribuiti in maniera irregolare.

5 Grob durchkneten, je mehr geknetet wird, desto feiner und heller wird das marmorierte Muster.

5 Knead slightly. The more you knead, the finer and subtler the marbled effect will be.

5 Pétrir grossièrement, plus on pétrit les masses, plus fines deviennent les marbrures.

5 Mescolare grossolanamente perché più si mescolano le masse meno si vedono le marmorizzazioni, poiché si assottigliano.

6 5 mm dick gleichmässig ausrollen.

6 Roll out evenly to a thickness of 5 mm.

6 Abaisser régulièrement à 5mm d'épaisseur.

6 Stendere in modo regolare, con uno spessore di 5 mm.

7 Überziehen der Tortenhaube gemäss Lektion 7, Bild 7 bis 18.

7 Cover the cake-cover according to lesson 7, pictures 7 to 18.

7 Recouvrir un couvercle à gâteau selon la leçon 7, images 7 à 18.

7 Ricoprire un coperchio come spiegato nella lezione 7 (immagini: da 7 a 18).

8 Mit einem Papierstreifen den Umfang messen und durch fünf teilen. Die Breite der V-Siegelzange wird fünfmal zusammengerechnet und Anfang und Ende mit einer Markierung auf der Überzugsmasse leicht eingekerbt. Es ist darauf zu achten, dass ein Abstand zum folgenden Muster besteht.

8 Measure the circumference with a strip of paper and divide into five sections. Calculate five times the width of the V-crimper and gently mark beginning and end of this pattern section in the paste. Be sure to leave a gap before commencing with the next series of V-shapes.

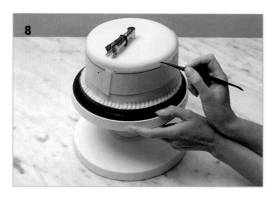

8 Prendre la dimension du gâteau avec une bande de papier, et diviser en cinq parties. La largeur du motif en V de la pince à décors sera additionnée cinq fois et marquée légèrement sur la pâte à recouvrir, en début et en fin de parcours. Sachez que vous influencez le parcours à suivre avec le modèle en papier.

8 Riportare la dimensione della torta su una striscia di carta, quindi dividerla in cinque. La larghezza dell'apertura a V delle pinze da decorazione verrà così contata cinque volte. Marcare leggermente la pasta da ricoprire, all'inizio e alla fine del percorso. Fate attenzione a lasciare un intervallo tra un campione e l'altro.

9 Die offene Siegelzange zuerst 3 mm in die Überzugsmasse stecken, dann zusammendrücken.

9 Open the crimpers and press 3 mm into the covering paste before squeezing the «pinchers» together.

9 Enfoncer la pince à décors ouverte 3 mm dans la pâte, puis pincer, pour obtenir le motif.

9 Immergere le pinze da decorazione aperte, per 3 mm, nella pasta di copertura. Poi premere per ottenere il motivo.

10 Gezielt gekneift ist halb dekoriert.

10 Crimp consistently and you're half way there.

10 Pincer avec précision est à moitié décoré.

10 Un lavoro preciso nell'uso delle pinze corrisponde a una buona metà della decorazione.

Mr. Fabilo sagt:
Vor dem Kneifen sollte der Gummiring positioniert werden und bis zum Schluss am gleichen Ort gehalten werden. Eine Verschiebung des Ringes macht das Muster sofort ungleichmässig.

Mr. Fabilo says:
Set the position of the rubber band before commencing your crimping. It is imperative that the rubber band remains in position until completion to avoid any irregularity in your work.

Mr. Fabilo dit:
L'anneau en caoutchouc doit rester dans la même position du début à la fin. Le moindre déplacement de l'anneau provoque immédiatement un travail irrégulier.

Consiglio del sig. Fabilo:
L'anello di gomma deve essere posizionato all'inizio del lavoro e deve rimanere fisso fino alla fine. Il minimo spostamento dell'anello provoca immediatamente un lavoro irregolare.

11 Vom gewünschten Muster zuerst eine Papierschablone herstellen und mit einer Stecknadel fixieren.

11 Make up a paper template of the desired pattern and fix in position with a pin.

11 Après choix du modèle, découper celui-ci dans du papier et le fixer avec des épingles.

11 Dopo aver deciso il modello, tagliarlo nella carta e fissarlo con gli spilli.

12 Anschliessend der Schablone entlang kneifen. Vorsicht! Mit der Gegenhand nicht zu fest halten. Dies ergibt sonst unerwünschte Abdrücke.

12 Crimp around the edge of the template. NB! Avoid pressing too hard with the other hand as this gives unwelcome imprints.

12 Marquer la masse en suivant le modèle. Attention, ne pas trop appuyer en soutenant le modèle avec l'autre main, ceci laisserait des traces indésirables.

Mr. Fabilo sagt:
Die Papierschablonen immer aufbewahren. Das gleiche Tortendekor kommt bestimmt wieder!

Mr. Fabilo says:
Keep your templates in a safe place. The same cake is bound to come up again!

Mr. Fabilo dit:
Conserver les modèles en papier. Ce sont souvent les mêmes motifs qui reviennent.

Consiglio del sig. Fabilo:
Conservate i modelli in carta. Vengono quasi sempre utilizzati gli stessi motivi.

12 Segnare la pasta seguendo il modello. Attenzione: non premere troppo con l'altra mano sul modello, questo creerebbe tracce indesiderate.

13 Nachdem die Torte überzogen ist, sollte sie sogleich gekneift werden. Je nach Luftfeuchtigkeit bildet sich bereits nach 30 Minuten eine Kruste. Durch die brüchige Oberfläche wird das Kneifen unmöglich und unansehnlich.

13 Once a cake has been covered crimping work must be carried out without delay. A crust can form within 30 minutes depending on the ambient humidity. Crimping on a crusted surface is not only difficult to execute, but the results are disappointing.

13 Il est préférable de faire les décors à la pince tout de suite après avoir recouvert le gâteau, car selon l'humidité qui règne dans la pièce, il se forme rapidement une croûte, le travail à la pince à décors devient impossible et insignifiant.

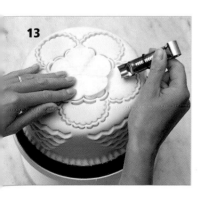

13 La decorazione con le pinze deve essere eseguita subito, appena la torta è ricoperta. L'umidità ambientale forma subito, in 30 minuti, una crosta superficiale che rende impossibile e senza senso il lavoro con le pinze da decorazione.

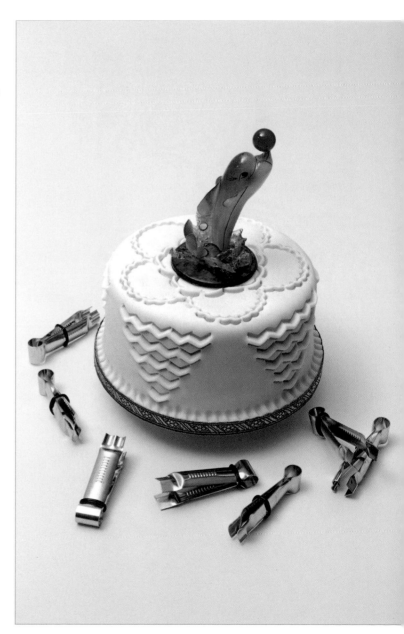

Schablonen-technik

So vielseitig wie das Kneifen mit der Siegelzange ist, so vielseitig kann die Schablonentechnik eingesetzt werden. Namen, Tiere, Blumen oder was auch immer zu schablonieren ist, der Markt bietet zu jedem Thema die richtigen Schablonen an.

Stencilling

Stencilling, just like crimping, may be employed in diverse ways. Names, animals, flowers or whatever stencil you desire, there is sure to be the design of your choice on the market.

Technique aux pochoirs

Nous obtenons de nombreuses possibilités avec les pinces à décors; il en existe autant avec les pochoirs, qui s'harmonisent parfaitement. Noms, animaux, fleurs ou autres motifs, on trouve sur le marché le modèle nécessaire à chaque sujet.

L'arte dello stencil

Con le pinze da decorazione si hanno svariate possibilità; ne esistono altrettante con la tasca, che si accordano perfettamente. Nomi, animali, fiori e numerosi altri motivi adatti per le diverse occasioni esistono nelle tasche presenti in commercio.

1 Mit Hilfe von Bandeisen und Papierschablonen das gewünschte Muster übertragen. Nach dem Kneifen kann noch zusätzlich eine Mittellinie eingekerbt werden.

1 Mark the desired pattern with the help of metal hoops and paper templates. Crimp around the markings adding an additional line through the centre to complete.

1 A l'aide de bandes métalliques ou de modèles en papier, reproduire le sujet souhaité. Après le décors à la pince, il est toujours possible d'intégrer un modèle intermédiaire.

1 Con l'aiuto di strisce metalliche o di modelli di carta, riprodurre il soggetto desiderato. E' sempre possibile introdurre un modello intermedio, anche dopo la decorazione con le pinze.

2 Die Rose wird wie folgt aufgetragen: Schablone mit zwei Stecknadeln befestigen und gemäss Gegenseite fein ausstreichen.

2 The rose is transferred as follows: Fix the template in position with two pins and gently spread with colour as shown on opposite page.

2 La rose se reproduit comme suit: fixer le pochoir avec deux épingles, et étendre finement selon la page opposée.

2 Ecco come si riproduce una rosellina con la tasca: chiudere la tasca con due spilli, introdurvi una quantità minima di crema colorata e riprodurre il motivo.

3 Zuerst seitlich, dann oben schablonieren.

3 Stencil the sides first and then the top.

3 D'abord les côtés, puis le dessus.

3 Cominciare il lavoro ai bordi, poi proseguire verso l'alto.

Mr. Fabilo sagt:
Spritzglasur ist nicht geeignet zum Schablonieren.

Mr. Fabilo says:
Royal Icing is unsuitable for stencilling.

Mr. Fabilo dit:
La glace royale n'est pas recommandée pour le travail au pochoir.

Consiglio del sig. Fabilo:
Non utilizzate la glassa reale per il lavoro con la tasca.

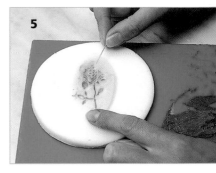

1 Pflanzenfett oder Buttercreme mit Pastenfarbe gut mischen.

1 Mix vegetable fat or butter cream well with paste colour.

1 Bien mélanger la graisse végétale ou la crème au beurre avec le colorant pâtes.

1 Mescolare bene il grasso vegetale o la crema di burro al paste colorante.

2 Rosenschablone auf die gewünschte Grösse zuschneiden. Um die Rose werden zwei Zentimeter Rand benötigt, damit nichts über den Schablonenrand hinaus mit Pflanzenfett oder Buttercreme beschmutzt wird.

2 Trim the rose stencil to the required size, leaving a two centimetre edge around it to ensure that no vegetable fat or butter cream is spread over the edge of the stencil.

2 Couper le pochoir au motif de roses, à la dimension souhaitée. Environ deux centimètres de bords de pochoirs sont nécessaires afin d'éviter toutes taches avec la crème au beurre ou la graisse végétale.

2 Tagliare alla grandezza desiderata il modello con il motivo a rosette. Sono necessari circa due centimetri di bordo onde evitare di macchiare con la crema di burro o il grasso vegetale.

3 Die Schablone mit zwei Stecknadeln im Bereich der Rose fixieren. Wenig Pflanzenfett oder Buttercreme an die Spitze des Spachtels nehmen und im gewünschten Bereich fein und gleichmässig abziehen.

3 Fix the stencil in position with two pins next to the rose. Smooth a little vegetable fat or butter cream onto the edge of a spatula and carefully apply to the desired area evenly.

3 Fixer le pochoir au niveau de la rose à l'aide de deux épingles. Prendre un peu de graisse végétale ou de crème au beurre avec la pointe de la spatule et l'étaler finement et régulièrement à l'endroit voulu.

3 Fissare il modello a rosette con l'aiuto di due spilli. Con l'aiuto di una spatolina riprodurre il motivo, utilizzando pochissima crema di burro o grasso vegetale e facendo fuoriuscire il contenuto delicatamente e con regolarità.

5 Um die Schablone zu entfernen, Stecknadel herausziehen. Schablone unten leicht festhalten, Stecknadelspitze unter die Schablone führen, anschliessend vorsichtig abheben. Achtung! Schmiergefahr!

5 To remove the stencil firstly take out the pins. Whilst holding the stencil gently at the base with one hand, slide the tip of the pin in under the stencil at the other end and carefully flip off. NB! Risk of smudging!

5 Pour enlever le pochoir, retirer les épingles. Retenir le bas du pochoir et avec la pointe de l'épingle soulever le pochoir et le retirer délicatement. Attention, il y a risques de taches!

5 Per togliere il modello bisogna togliere gli spilli. Tenere il fondo dello modello e, con la punta dello spillo, sollevarlo e toglierlo lentamente. Attenzione a non macchiare!

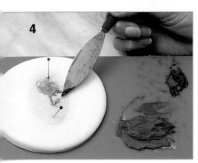

4 Es darf auch mehrfarbig schabloniert werden. Wichtig ist jedoch, dass das Pflanzenfett oder die Buttercreme nur in geringen Mengen an der Spitze des Spachtels geführt wird.

4 One may stencil in several colours. However, it is important that only small quantities of vegetable fat or butter cream are smoothed onto the spatula at one time.

4 Il est possible de décorer au pochoir à l'aide de plusieurs couleurs. Il est impératif de ne prendre qu'une infime quantité de graisse végétale ou crème au beurre sur la pointe de la spatule.

4 E' possibile eseguire un lavoro con il modello, utilizzando svariati colori. E' importantissimo avere solo una piccolissima quantità di grasso vegetale o di crema di burro sulla punta della spatola.

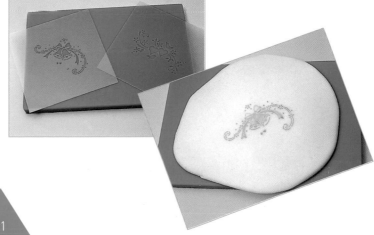

Direktes Kneifen

Nachdem die Rüschen angesetzt sind, wird direkt darüber mit der Siegelzange gekneift.

Direct crimping

Once the frills have been attached, crimp directly along the top.

Pincement direct

Après la fixation des volants, pincer directement par-dessus avec la pince à décor.

Decorare direttamente con le pinze

Quando le increspature sono fissate, applicare direttamente la decorazione con le pinze.

Umrahmtes Kneifen

Zwei Zentimeter von der aufgesetzten Seitendekoration im gleichen Muster kneifen.

Framed crimping

Imitate the side decoration with crimpers two centimetres above the previously attached design.

Pincement encadré

A deux centimètres environ du décor principal reproduire le second décor avec la pince.

Decorare a cornice

A circa due centimetri dalla prima cornice, riprodurre la seconda decorazione con le pinze.

Kneifen als Hauptmuster

Das Muster wird zuerst fein eingekerbt, anschliessend mit der gewünschten Siegelzange gekneift.

Crimping as a main design

Mark the design carefully first and then crimp with the desired crimpers.

Pincement comme modèle principal

Marquer légèrement le modèle puis le reproduire avec la pince choisie.

Decorazione principale con le pinze

Segnare leggermente il modello, poi riprodurlo con le pinze prescelte.

Kneifen und Spritzen

Die Verbindung von gekneiften und gespritzten Seitendekorationen wird aus rationellen Gründen in der Praxis immer öfters angewendet.

Crimping and piping

The combination of crimping and piping for side-decorations is increasingly used in the practice for economical reasons.

Pincement et décor à la douille

Pour des raisons rationnelles, on combine de plus en plus le décor à la pince avec le décor à la douille.

Pinze e tasca

Sempre più spesso si ama combinare la decorazione con le pinze a quella eseguita con la tasca.

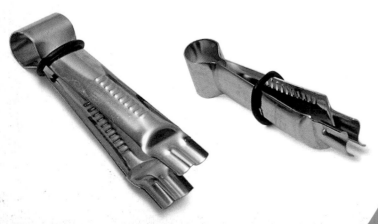

30
29
29
16
7
33
10
21
Lektion Lesson Leçon Lezione

Band mit Schleife

Wie bei den Rüschen in der Lektion 15 benötigen wir eine Masse, die schnell trocknet, um die Form des Bandes und der Schleife halten zu können. Nach nur 10 Minuten Trocknungszeit können die Schleifen bereits gefaltet werden, ohne, dass sie dabei die Form verlieren. Dazu werden 50% Blumenmasse und 50% Überzugsmasse gut vermischt, eingefärbt und gemäss kommender Anleitung weiterverarbeitet.

Ribbons and Bows

As for the frills shown in lesson 15, a quick-drying paste is required to maintain the shape of the ribbon and bows. After just 10 minutes drying-time the bows may be folded without losing their shape. For this purpose mix 50% flower paste with 50% covering paste, colour and work according to these instructions.

Rubans et nœuds

De même que pour les ruches, leçon 15, nous utilisons une masse séchant rapidement, pour que les rubans et les nœuds gardent leur forme. Après seulement 10 minutes de séchage, il est possible de plisser les rubans sans risquer de détériorer la forme. Pour cela nous mélangeons correctement 50% de pâte à fleurs avec 50% de pâte à recouvrir, la teinter, et poursuivre le travail.

Nastro con fiocco

Come per le increspature, lezione 15, utilizziamo una pasta di rapido essiccamento che possa trattenere bene il nastro e il fiocco che servono alla decorazione. Dopo solo 10 minuti di essiccamento, è possibile piegare i nastri senza rovinarli. Per fare questo dobbiamo mescolare bene 50% di pasta da fiori con 50% di pasta da copertura e colorarla, prima di eseguire il lavoro.

1 Den Umfang der überzogenen Torte mit einem Papierband einfassen. Das Papierband ist 1 cm höher als der Tortenrand. Anschliessend in drei Abschnitte einteilen und markieren.

1 Wrap a strip of paper around the covered cake. The strip of paper should be 1 cm higher than the edge of the cake. Divide into three sections and mark the cake.

1 Entourer le pourtour du gâteau avec une bande de papier. Celle-ci doit avoir 1cm de plus que le bord du gâteau. Diviser cette bande en trois parties, puis marquer.

1 Avvolgere il contorno della torta con una striscia di carta che deve sopravanzare il bordo di 1 cm. Dividere questa striscia in tre parti e segnare.

2 50% Blumenmasse und 50% Überzugsmasse gut miteinander vermischen, einfärben und dünn ausrollen. Die Masse darf jedoch nicht so dünn ausgerollt werden, dass sie durchsichtig wird.

2 Mix 50 % flower paste with 50% covering paste, colour and roll out thinly. The paste should not, however, be rolled out so thin that it becomes transparent.

2 Mélanger 50 % de pâte à fleurs et 50% de pâte à recouvrir, colorer et rouler mince. La pâte ne doit toutefois pas être si mince qu'elle soit transparente.

2 Mescolare e colorare 50% di massa da fiori con 50% di massa da copertura, poi spianarla sottilmente. Lo spessore non deve comunque permettere di vedere attraverso la pasta.

3 1/3 des Papierstreifens der Abmessung dient als Schablone. Mit dem Schneidinstrument ausschneiden.

3 1/3 of the paper strip is used as a template. Using the cutting instrument, cut out a rectangle.

3 1/3 de la bande de papier est utilisé comme patron. Couper à l'ébauchoir à découper.

3 1/3 della striscia citata precedentemente servirà come modello. Tagliarlo con il taglierino da cucina.

Mr. Fabilo sagt:
Zum Ausschneiden immer das Schneidinstrument verwenden, ja kein Messer! Das grüne Ausrollbrett wäre mit einer Messerklinge sogleich zerstört.

Mr. Fabilo says:
Always use the cutting instrument rather than a knife when cutting! The green work board would be destroyed at once with the blade of a knife.

Mr. Fabilo dit:
Pour couper utiliser toujours l'ébauchoir à découper, surtout pas de couteau! La planche verte serait vite abîmée.

Consiglio del sig. Fabilo:
Non adoperate mai un normale coltello per tagliare i nastri, rovina irrimediabilmente la spianatoia verde.

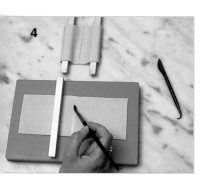

4 Einen feinen Strich Tyclose-Klebstoff in der Mitte anbringen und die Enden über die nicht klebenden Metallstäbe legen. In dieser Position 10 Minuten trocknen lassen.

4 Brush a fine line of Tyclose-glue in the centre and fold the ends over the non-stick metal rods. Stick in position and leave to dry for 10 minutes.

4 Passer un trait fin de colle-Tyclose au milieu et placer les bords sur les barres métalliques anti-adhésives. Laisser sécher pendant 10 minutes.

4 Passare un leggero strato di colla alimentare (Tyclose), chiudere al centro e ricordarsi di appoggiare i bordi sulle strisce metalliche anti-aderenti . Lasciar seccare per 10 minuti.

5 Beim Herausziehen der Metall-stäbe darf die Schleifenform nicht zusammenfallen, sonst muss noch zugewartet werden. Zuerst werden die Enden nach unten gerollt.

5 When the metal rods are removed the bow shape must hold; otherwise you will have to wait a little longer. Then tuck the ends underneath.

5 Le noeud ne doit pas se déformer quand on retire les bandes métalliques, sinon attendre plus longtemps. Puis les bords sont roulés vers le bas.

5 Controllare che il nastro non si deformi quando si tolgono le strisce metalliche, eventualmente lasciar seccare ancora un po'. Cominciare ad arrotolare partendo dai bordi.

6 Gegen die Mitte stossen, wobei für die Bildung der Mittelfalte mit dem Zeigefinger der Gegenhand von unten nach oben gestossen werden muss.

6 Press both ends towards the centre pushing the one side up with your index finger (working from underneath) to produce the middle crease.

6 Presser vers le centre, pour la formation du pli du milieu. Les index des deux mains pressent l'un contre l'autre.

6 Chiudere verso il centro, inserire gli indici sotto e rialzarli lenta-mente fino a che si congiungono.

7 Zum Schluss mit beiden Zeigefin-gern fest zusammendrücken, damit sich nichts mehr lösen kann.

7 And to conclude, press both indexes tightly together to ensure the bow holds well.

7 Pour finir bien serrer les deux index l'un contre l'autre afin que rien ne puisse se décoller.

7 Per terminare premere bene i due indici l'uno contro l'altro, in modo da evitare che la massa si stacchi.

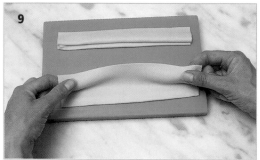

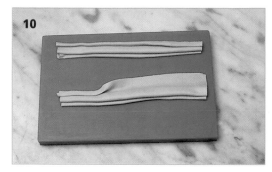

8 Für das Verbindungsband wird nochmals die gleiche Schablone der Schleife verwendet. Im unteren Teil mit Tyclose-Klebstoff eine feine Linie ziehen und nach innen umlegen.

8 The ribbon is produced using the same template as for the bows. Brush a fine line of Tyclose-glue along the lower edge and turn up towards you.

8 Pour le ruban de liaison, utiliser le même patron que pour le noeud. Passer un trait fin de colle-Tyclose et plier les bords vers l'intérieur.

8 Per la striscia centrale del fiocco si usa lo stesso modello utilizzato per il nastro. Mettere un filo di colla (Tyclose) sul lato inferiore e ripiegare verso l'interno.

9 Das ausgerollte Band wird um 180° gekehrt und gemäss Abbildung gefaltet.

9 Turn the strip of paste over face downwards and fold as shown.

9 La bande ainsi abaissée sera retournée et plissée selon l'image.

9 La striscia spianata verrà rivolta-ta e piegata come nell'immagine.

10 Und nochmals umlegen.

10 And fold again.

10 Et plier encore une fois.

10 Piegare un'altra volta.

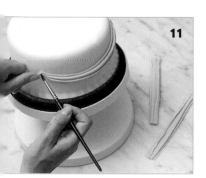

11 Beim Ansetzen ist darauf zu achten, dass die Enden nach unten und zur Tortenseite liegen.

11 When attaching the ribbon to the cake, ensure that ends are facing inwards onto the sides of the cake.

11 Lors de l'application, veiller à ce que les bords soient posés vers le bas et du côté du gâteau.

11 Mettendola in posa, bisogna aver cura di lasciare i bordi verso il basso, sulla torta.

12 Für die Schleifenbänder wird die gleiche Schablone nochmals verwendet und gemäss Abbildung eingeteilt. Das rechteckige Mittelstück dient als Abdeckungsband der Schleife. Das Dreieck viermal falten und das Ende fest zusammendrücken.

12 The bow-tails are produced using the same template as before as shown. The rectangular piece in the middle is used to neaten off the completed bow. Fold the triangles four times and press the ends together tightly.

12 Pour les bandes du ruban, on reprend de nouveau le même patron, et diviser selon l'image. Le rectangle du centre servira de cache pour le ruban. Le triangle doit être plié quatre fois et les bords fortement resserrés.

12 Per le code del nastro si riprenda nuovamente il modello precedente, come da immagine. La striscia centrale servirà da nascondiglio per il nastro. Ripiegare quattro volte il triangolo e premere bene le estremità.

13 Das Mittelstück von Bild 12 dreimal falten und um die Schleife fügen, fest zusammendrücken und mit der Schere hinten abschneiden.

13 Fold the rectangular piece from picture 12 three times and wrap around the bow. Press together tightly and tidy up the reverse with the scissors.

13 La bande du milieu, photo 12, doit être pliée trois fois et portée sur le ruban, bien resserrer et couper derrière avec les ciseaux.

13 La striscia centrale, immagine 12, deve essere ripiegata tre volte e sistemata sul nastro, chiudere bene e tagliare l'eccedenza.

14 Zuerst die Schleifenbänder ansetzen, dann die Schleifen darüber. Damit die Schleife sich nicht wieder lösen kann, setzt man das Knocheninstrument unter das Abdeckband der Schleife und drückt diesen Teil in die Überzugsmasse.

14 Firstly attach the ribbons, then the bows. To ensure that each bow is secured in position, tuck the bone instrument in behind the cover-up band and press the bow into the cake paste.

14 Fixer en premier les bandes puis les rubans par dessus. Afin que ces bandes ne se décollent pas, les presser dans la pâte à recouvrir avec l'ébauchoir-os.

14 Dapprima fissare i nastri e poi i fiocchi. Premerli nella pasta da copertura, con l'utensile a forma di osso, in modo che non si stacchino.

15 Zum Schluss werden die Bänder und Schleifen mit Glanzstaub bepinselt.

15 As a final touch, brush the ribbons and bows with pearl dust.

15 Pour finir les bandes et rubans seront passés à la poudre brillante, avec le pinceau.

15 Come rifinitura, pennellarli con la polvere brillante.

Tuchtechnik

Tablecloth Technique

Technique de la nappe

Tecnica della tovaglia

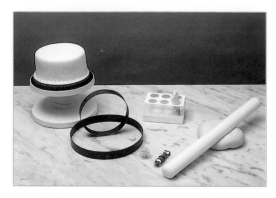

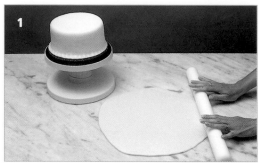

1 Zart rosa gefärbte Überzugsmasse 2 mm dünn ausrollen.

1 Roll out pastel pink covering paste 2 mm thin.

1 La pâte à recouvrir teintée en rose pâle, sera abaissée à 2 mm d'épaisseur.

1 La pasta da copertura, leggermente colorata di rosa pallido, va abbassata a 2 mm di spessore.

2 Der Tortenring grenzt den Dekorbereich ab. Bevor der Stickereiausstecher verwendet wird, muss die Oberfläche gut mit Maisstärke bestäubt werden.

2 The cake-ring defines the area to be decorated. Before commencing with the Broderie Anglaise cutter, powder the surface well with cornflour.

2 L'anneau de tourte délimite la sphère du décor. Bien saupoudrer la surface avec de la maïzena avant d'utiliser le découpoir à dentelles.

2 L'anello per torte delimita la zona delle decorazioni. Cospargere bene la superficie con della maizena prima di utilizzare le forme per intagliare.

Mr. Fabilo sagt:
Sollte das Tuch zu dick ausgerollt sein, entsteht beim Ausstechen keine Blume, sondern ein grosses rundes Loch.

Mr. Fabilo says:
If the tablecloth is not rolled out sufficiently thin, large holes will appear, rather than ornate flowers, when using the cutter.

Mr. Fabilo dit:
Si la nappe est abaissée trop épaisse, lors du découpage des fleurs, il ressortira juste un trou au lieu d'une belle petite fleur.

Consiglio del sig. Fabilo:
Una tovaglia troppo spessa non permette di intagliare dei fiori ma solo dei grossi buchi.

3 Die einzelnen ausgestochenen Blätter werden mit einem Zahnstocher aus der Vertiefung entfernt.

3 Remove the individual petals with a cocktail stick.

3 Les petites feuilles restant après le passage du découpoir seront enlevées avec un cure-dent.

3 I petali intagliati vengono tolti con uno stuzzicadenti.

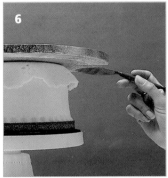

4 Den Rand mit der Siegelzange gleichmässig ausstechen.

4 Crimp around the edge with precision.

4 Le bord sera égalisé avec la pince à décors adéquate.

4 Il bordo sarà livellato con le pinze da decorazione.

6 Vorsichtig mit dem Spachtel vom Brett lösen.

6 Carefully remove from the cake-board using a spatula.

6 Retirer délicatement de la planche à l'aide de la spatule.

6 Staccare delicatamente dal supporto con una spatola.

7 Das Tuch soll möglichst natürlich liegen. Wenn nötig, mit dem Kegelinstrument nachhelfen.

7 The tablecloth should sit as naturally as possible. Encourage the shape with the cone-shaped tool.

7 La nappe doit être posée le plus naturellement possible. Si besoin, s'aider de l'ébauchoir-cône, pour une manipulation supplémentaire.

7 La tovaglia deve essere posata il più naturalmente possibile. Se necessario, aiutarsi con l'utensile a cono.

8 Die Tortenoberfläche gemäss Lektion 9 mit der Siegelzange kneifen.

8 Crimp around the surface of the cake as shown in lesson 9.

8 Pincer le dessus du gâteau avec la pince à décors, selon leçon 9.

8 Lavorare la superficie della torta con le pinze da decorazione come indicato nella lezione 9.

9 Zum Schluss mit der Tülle 1.5 umrahmen. Der Effekt eines gestickten Tuches kommt nun klar zum Ausdruck.

9 Ice the contours with no. 1.5 piping tube. Only then can the Broderie Anglaise tablecloth effect be fully appreciated.

9 Pour finir, entourer les motifs avec la douille n° 1.5. L'aspect d'une broderie anglaise sera renforcé.

9 Per terminare ripassare i bordi con la bocchetta n° 1.5. L'effetto della tovaglia intagliata ne uscirà rafforzato.

5 Der Tortenring wird nun entfernt und mit der überzogenen Torte ersetzt. Nochmals wenden.

5 Remove the cake-ring. Replace with the covered cake turned upside-down. Turn again.

5 Maintenant retirer l'anneau et poser le gâteau à recouvrir.

5 Allontanare l'anello per torte e sostituirlo con la torta; girare di nuovo.

Mr. Fabilo sagt:
Da die Überzugsmasse sehr weich ist und das Tuch dünn ausgerollt werden muss, ist das Wenden mit dem Brett die einzige Möglichkeit, das Tuch unbeschädigt und zentriert aufzulegen.

Mr. Fabilo says:
As the covering paste is very soft and the tablecloth rolled out extremely thin, the only way of attaching it undamaged and perfectly central is to work with the cake turned upside-down.

Mr. Fabilo dit:
Vu que la pâte à recouvrir est assez humide et la nappe étalée très fine, le fait de retourner le décor avec la planche, reste le seul moyen fiable pour ne pas déformer la nappe lorsqu'on la place sur le gâteau.

Consiglio del sig. Fabilo:
Dal momento che la pasta da copertura è umida e che la tovaglia è sottile, l'unico modo sicuro per posizionarla senza danneggiarla è di utilizzare il supporto rigido.

Angesetzte Tuchtechnik

Das Gegenstück zur Rüschentechnik ist die angesetzte Tuchtechnik. Bei dieser Technik wird bewusst auf die feinen, auslaufenden Kanten verzichtet. Es kommt nur Überzugsmasse zur Anwendung. Der eher rustikale Effekt strahlt Geborgenheit und Frohmut aus.

Attached Tablecloth Technique

The attached tablecloth technique is an alternative to frilling. We deliberately abstain from wafer-thin, diminishing edges as only covering paste is used.
Use this technique to produce a more rustic effect, symbolising cosiness and informality.

Technique du nappage placé

La technique du nappage placé est la technique opposée à la technique de la ruche. Avec cette technique, seule l'utilisation de la pâte à recouvrir entre en ligne de compte, sans se soucier de la finesse des bords. L'alliance entre l'effet rustique, et les ruches laissent ressentir un certain effet de bien-être.

Tecnica della tovaglia appoggiata

La tecnica della tovaglia appoggiata è l'opposto della tecnica della guarnizione a «ruche». Con questa tecnica si rinuncia agli orli sporgenti. Viene usata solamente pasta da copertura. L'effetto piuttosto rustico irradia sicurezza e benessere.

1 Das Tuch, wie in der Lektion 13 erklärt, auf die Torte setzen. Damit es möglichst gleichmässig und natürlich liegt, wird manuell etwas nachgeholfen.

1 Position the tablecloth as shown in lesson 13. To achieve a more natural effect, adjust with your fingers.

1 Placer la nappe sur le gâteau selon leçon 13. Pour donner un aspect régulier et naturel, l'aide des mains est souvent nécessaire.

1 Posare la tovaglia sulla torta come indicato nella lezione 13. Per una posa naturale e regolare, aiutarsi con le mani.

2 Mit Spitzbogenausstecher und Wellenausstecher die Seitendekoration vorbereiten. Dekorationen, die ausgestochen oder aufgesetzt werden, sollten vor dem Anfügen an die Torte angebracht werden.

2 Prepare the side decorations using the pointed scallop and scalloped edge cutters. Carry out any additional decorations, especially those involving cutters, before attaching the tablecloth to the cake.

2 Préparer les décors latéraux avec le découpoir courbé et le découpoir ondulé. Les décors devant être découpés ou collés devront tout d'abord être préparés.

2 Preparare le decorazioni laterali con il taglierino curvo e quello ondulato. Preparare dapprima le decorazioni che devono essere intagliate e incollate.

3 Mit Tyclose-Klebstoff ansetzen. Beim Ansetzen nicht zu fest andrücken, damit sich die Tuchwelle nicht verformt.

3 Fix in position using Tyclose-glue. When attaching do not press too hard to avoid destroying the curves of the tablecloth.

3 Coller avec la colle-Tyclose, en ayant soin de ne pas appuyer trop fort afin de ne pas déformer l'ondulation du nappage.

3 Applicare con il Tyclose. Non premere troppo fortemente per non deformare le ondulazioni della tovaglia.

4 Zwischen den Tuchwellen einkerben und andrücken. Die Seitendekoration löst sich somit kaum noch.

4 Notch between the curves of the tablecloth and press on firmly. The side decoration is now most unlikely to become loose.

4 Entailler puis fixer entre le plissage du nappage. Ainsi les décors ne peuvent pratiquement plus retomber.

4 Intagliare, poi fissare tra le ondulazioni della tovaglia. In questo modo le decorazioni non possono praticamente più staccarsi.

5 Den oberen Wellenrand gemäss Abbildung ansetzen.

5 Attach the upper scalloped edge as shown.

5 Fixer le bord ondulé supérieur selon la photo.

5 Fissare il bordo dell'ondulazione come indicato in immagine.

6 Mit der Tülle 1.5 umrahmen.

6 Highlight all contours with the no. 1.5 piping tube.

6 Réaliser un encadrement avec la douille 1.5 .

6 Eseguire un bordo con la bocchetta n° 1.5.

7 Die Blätter werden direkt mit der Blatttülle gemäss Lektion 31 aufgespritzt.

7 Pipe on leaves directly using the leaf piping tube as shown in lesson 31.

7 Le feuillage sera réalisé directement avec la douille à feuilles, selon leçon 31.

7 Realizzare le foglie con la bocchetta per petali, come indicato nella lezione 31.

Mr. Fabilo sagt:
Auch Kinder dekorieren gerne Torten, die Tuchtechnik ist geradezu geschaffen für unseren Nachwuchs.

Mr. Fabilo says:
Children simply adore decorating cakes. The tablecloth technique is just perfect for our little ones.

Mr. Fabilo dit:
Les enfants aiment beaucoup décorer les gâteaux. La technique du nappage semble être toute indiquée pour satisfaire notre jeune succession.

Consiglio del sig. Fabilo:
Ai bambini piace decorare le torte. La tecnica della tovaglia è indicata per accontentarli.

Die Rüschenmasse

Wenn man von Rüschen spricht, erwartet man ein welliges Band mit scharfer Kante. Doch um dies zu erreichen, benötigt man eine spezielle Masse, die einerseits nicht zu fest klebt und andererseits trotzdem genügend Feuchtigkeit enthält. Die Rüschenmasse besteht je 50% aus Überzugsmasse und 50% Blumenmasse. Wenn der Anteil Tyclose (Pflanzenstärke) verglichen wird mit den zwei Rezepten, versteht man, weshalb diese Mischung die ideale Zusammensetzung für die Herstellung der Rüschen bildet. Nur Überzugsmasse oder nur Blumenmasse würde leider nicht das gleiche Resultat geben. Die Überzugsmasse bleibt auf dem grünen Brett kleben, während sich aus der Blumenmasse wegen der festen Konsistenz kaum gleichmässige Rüschen anfertigen liessen.

Frilling Paste

When we refer to the term «frill» we mean a wavy band with a sharp edge. To achieve this a special paste is required, which, on the one hand is not too sticky, but on the other, contains sufficient humidity. Frilling paste is composed of 50% each of covering paste and flower paste. In comparing the ratio of Tyclose (vegetable starch) in these two recipes, it is easy to understand why this composition is ideal for producing frills. It would be impossible to attain the same results using pure covering paste or pure flower paste. Whereas covering paste would stick to the green work board, it would be impossible to produce elegant frills from flower paste, due to its hard consistency.

La pâte à volants

Lorsque l'on parle de volants, on s'imagine de suite une bande ondulée aux bords saillants. Afin de réaliser ce décor, il faut une pâte spéciale, qui, d'une part ne colle pas trop fort, et d'autre part contient tout de même suffisamment d'humidité. La pâte à volants est composée de 50% de pâte à recouvrir et de 50% de pâte à fleurs. Lorsque l'on compare la proportion de Tyclose (amidon végétal) se trouvant dans les deux pâtes, on comprend rapidement que c'est la composition idéale pour la réalisation des volants. Uniquement la pâte à recouvrir ou uniquement la pâte à fleurs, ne donnerait en aucun cas un pareil résultat. La pâte à recouvrir reste collée sur la planche verte, alors que la pâte à fleurs, vue sa consistance ne se laisserait pas étaler à l'épaisseur d'un volant.

La pasta per decorazioni increspate («ruches»)

Quando si parla di decorazioni increspate, ci si aspetta una fascia ondulata con i bordi aguzzi. Per poter realizzare questo tipo di decorazione, si deve utilizzare una pasta speciale, che da una parte non incolli troppo, e dall'altra sia comunque abbastanza umida. La pasta per decorazioni increspate è composta per metà da pasta da copertura e per l'altra metà da pasta per fiori. Se si confronta la proporzione di Tyclose (amido vegetale) presente nelle due paste, si comprende rapidamente come questa sia la composizione ideale per la realizzazione di increspature. Utilizzando solamente la pasta da copertura, o solamente la pasta per fiori, non si otterrebbero gli stessi risultati. La pasta da copertura resta incollata alla tavola verde, mentre la pasta per fiori, data la consistenza, non si lascerebbe stendere fino allo spessore di un'increspatura.

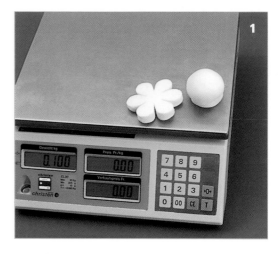

1 Für die Rüschenmasse benötigen wir je 50% Überzugsmasse, Lektion 6, und 50% Blumenmasse, Lektion 26.

1 Frilling paste is composed of 50% covering paste (refer to lesson 6) and 50% flower paste (refer to lesson 26).

1 Pour confectionner la pâte à volants il nous faut 50% de masse à recouvrir, voir leçon 6 et 50% de pâte à fleurs, voir leçon 26.

1 Per le decorazioni ondulate increspate occorre il 50% di pasta da copertura, lezione 6, e il 50% di pasta per fiori, lezione 26.

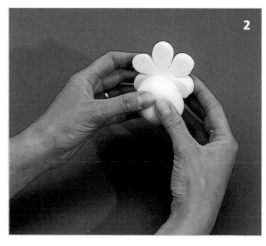

2 Zusammen gut vermischen.

2 Mix together well.

2 Bien mélanger les deux pâtes ensemble.

2 Mescolare bene assieme le due paste.

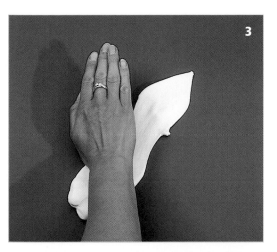

3 Zum Schluss drei- bis viermal mit dem Handballen in die Länge reiben.

3 Knead three to four times with the palm of your hand to conclude.

3 Pour finir fraiser trois à quatre fois dans le sens de la longueur.

3 Per terminare strofinare tre o quattro volte nel senso della lunghezza.

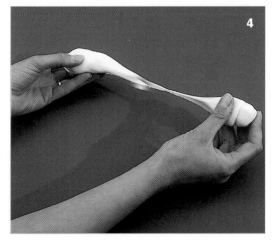

4 Sie sollte dehnbar sein, und eine Menge von 100 g darf beim Ziehtest erst nach 15 cm brechen.

4 The frilling paste should be so elastic that 100 g can be stretched 15 cm before breaking.

4 Elle doit être extensible et une masse de 100 g rompt en l'étirant seulement après 15 cm.

4 La pasta deve risultare elastica, un campione di 100 g non deve rompersi prima di essere stato allungato per almeno 15 cm.

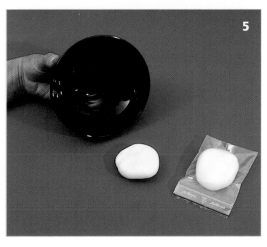

5 Während des Arbeitens wird die nicht ausgerollte Masse immer unter ein Gefäss gelegt. Die Verkrustung kann somit verhindert werden. Sobald die Arbeit abgeschlossen ist, wird sie in einem verschliessbaren Beutel und im verschlossenen Eimer aufbewahrt.

5 Whilst you are working ensure that the remaining paste is stored under a bowl. This prevents a crust forming. Once you have completed your work, return any surplus frilling paste to an air-tight bag and store in an air-tight bucket.

5 Pendant le travail garder toujours la pâte sous cloche. Cela évitera la formation d'une croûte. Dès que le travail est terminé, mettre le reste de pâte dans un sac et le tout dans un seau hermétique.

5 Durante le differenti fasi di realizzazione, la pasta deve essere sempre protetta sotto una campana per evitare la formazione di una crosta. Appena terminata la lavorazione, mettere in un sacchetto ermetico e quindi in un barattolo chiuso.

Mr. Fabilo sagt:
Überzugsmasse, Blumenmasse und Rüschenmasse sehen alle gleich aus, obschon die Konsistenz variiert. Für den ungeübten Torten-artisten kann die Unterscheidung zu einem Problem werden. Deshalb immer anschreiben und in separaten Eimern aufbewahren!

Mr. Fabilo says:
Covering paste, flower paste and frilling paste are identical to the eye, although they vary in consistency. Amateur cake-decorators may experience problems in distinguishing between them. Therefore, it is advisable to label your buckets clearly!

Mr. Fabilo dit:
La pâte à recouvrir, la pâte à fleurs et la pâte à volants se ressemblent toutes, quoique la consistance varie. Pour un artiste non averti, cela peut poser un véritable problème. C'est pourquoi toujours bien noter le contenu du sachet, et les conserver dans des seaux différents.

Consiglio del sig. Fabilo:
La pasta da copertura, la pasta per fiori e la pasta per decorazioni increspate si assomigliano tutte, anche se la consistenza varia. La distinzione può essere proble-matica per un artista delle torte alle prime armi, perciò etichettare sempre e conservare in barattoli separati.

Die Rüsche

Frills

Les volants

Le «ruches»

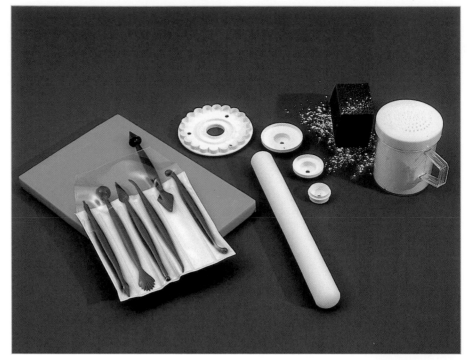

1 Die Rüschenmasse gemäss Lektion 15 mischen und auf dem grünen Brett ausrollen.

1 Prepare the frilling paste as described in lesson 15 and roll out on the green board.

1 Préparer la pâte à volants selon la leçon 15, et l'abaisser sur la planche verte.

1 Preparare la pasta per increspature, come alla lezione 15, spianarla sulla spianatoia verde.

3 So fein ausrollen, dass ein Text durchschimmert. Die untere Seite muss auf dem grünen Brett kleben.

3 Roll out so thinly that is is possible to read a text through it. The underside must stick on the green board.

3 La masse doit être abaissée si finement que l'on puisse y lire à travers. Le côté se trouvant contre la planche verte doit y coller.

3 La pasta deve venir spianata fino a diventare trasparente. Il lato inferiore deve attaccarsi alla spianatoia.

2 Sobald die Masse klebt, mit wenig Maisstärke bestäuben.

2 Dab with a little corn-flour once the paste becomes sticky.

2 Dès que la pâte colle, saupoudrer légèrement avec un peu de maïzena.

2 Quando la pasta inizia ad attaccarsi alla spianatoia, spolverare con un po' di maizena.

4 Mit dem Rüschenausstecher die Rondellen ausstechen.

4 Cut out circles using the frilling cutter.

4 Découper les rondelles avec le découpoir à ruches.

4 Tagliare i nastri con il taglierino per increspature.

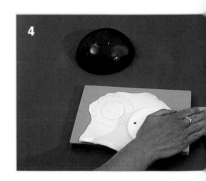

5 Abschnitte sofort zusammennehmen, Reste kneten und unter den Behälter legen.

5 Collect the trimmings, knead to a ball and put in a container.

5 Rassembler immédiatement les restes, les pétrir et les mettre dans le récipient.

5 Recuperare immediatamente i resti, impastarli e metterli in un contenitore chiuso.

6 Die obere Seite A klebt nicht, weil zu viel Maisstärke während des Ausrollens dazu kam. B jedoch lag direkt auf dem grünen Brett und klebt.

6 The upper side A is not sticky as so much corn-flour was added during rolling out. Side B, however, was placed directly on the green board and is sticky.

7 Die eine Rondelle wird vorläufig unter das grüne Brett gelegt, damit sie nicht austrocknen kann. Die andere wird umgelegt, damit die B Seite oben liegt.

7 Place one of the circles under the green board for the time being to prevent drying-out. Turn the other circle over, with side B face up.

7 Une rondelle sera placée en attendant sous la planche verte, afin qu'elle ne séche pas. La seconde sera tournée coté B vers soi.

8 Mit dem Kegelinstrument wird an den Enden der Rondelle gerollt. Der linke Mittelfinger drückt nach unten, während die Gegenhand das Instrument dreht. Die Spitze des Kegels muss 3 mm Abstand zur Rondelle haben.

   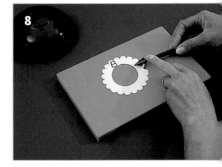

Mr. Fabilo sagt:
Rüschenmasse, die länger als 10 Minuten im Freien herumliegt, beginnt zu krusten und kann nur noch als Abfall entsorgt werden.

Mr. Fabilo says:
Frilling paste exposed for longer than 10 minutes begins to crust over and must be disposed of.

Mr. Fabilo dit:
Une masse à ruches restant à l'air libre plus de 10 minutes ne peut plus être considérer autrement que comme déchets inutilisables.

Consiglio del sig. Fabilo:
Un impasto per increspature che rimane 10 minuti all'aria è da buttare via.

6 La face supérieure A ne colle pas, car trop de maïzena y fut ajoutée en l'étalant. La face B reposait sur la planche verte et colle.

6 Il lato superiore A non attacca perché contiene molta maizena. Il lato inferiore B attacca perché, trovandosi a diretto contatto con la spianatoia, non riceve maizena.

7 Una rondella viene messa sotto la spianatoia verde, in modo da evitare la formazione della crosta, fino al momento dell'uso. La seconda verrà girata con il lato B verso l'alto.

8 Roll around the outer edges of the circle using the cone-shaped tool. The left middle finger presses downwards, whilst the other hand rotates the tool. The tip of the cone must be 3 mm higher than the circle.

8 Rouler les bords de cette rondelle avec l'ébauchoir-cône. Le médius gauche pousse vers le bas, tandis que la main droite tourne l'instrument. La pointe de l'ébauchoir doit être à 3 mm de distance de la rondelle.

8 Arrotolare i bordi di questa rondella con l'utensile a cono. Il dito medio sinistro spinge verso il basso, mentre la mano destra gira l'utensile. La punta dell'utensile deve distare 3 mm dalla superficie della rondella.

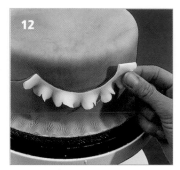

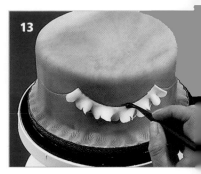

9 Die Seite B klebt am Kegel und zieht das Band nach oben, es entsteht eine Rüsche.

9 Side B sticks to the cone, lifting the paste with it, to create a frill.

9 La face B colle au cône, soulève la bande, la ruche se forme.

9 Il lato B, attaccandosi all'utensile, si solleva e forma le ondulazioni.

11 Die Torte wird gemäss Lektion 9 marmoriert überzogen und auf sechs Halbbogen eingeteilt. Bevor die Rüsche angesetzt wird, eine Linie Tyclose-Klebstoff bei der Kerbung anstreichen.

11 Cover the cake with a marbled effect as shown in lesson 9 and divide into six crescent shapes. Before attaching the frills, paste a line of Tyclose-glue along the marking.

11 Le gâteau sera recouvert de pâte marbrée comme leçon 9, et divisé en 6 demi-sphères régulières. Avant de placer les ruches, passer une ligne de colle-Tyclose pour marquer l'entaille.

11 La torta verrà ricoperta dalla pasta marmorizzata, come alla lezione 9, e divisa in 6 semisfere regolari. Prima di sistemare le increspature, abbiate cura di mettere un po' di colla Tyclose segnando la posizione dell'orna-mento.

12 Der Anfang und das Ende werden nach hinten umgelegt.

12 Roll the beginning and end back.

12 Le début et la fin de la ruche seront recourbés avant le collage.

12 L'inizio e la fine dell'increspatura devono essere ripiegati verso il basso, prima di incollare.

13 Mit dem Knocheninstrument leicht andrücken.

13 Press the frill on using the bone-tool.

13 Presser légèrement avec l'ébauchoir-os.

13 Con lo scalpello a osso, fissare delicatamente.

10 Die Rüsche auf die benötigte Länge zuschneiden. Achtung! Nie mit einem Messer zuschneiden. Das Schneidinstrument reicht.

10 Cut the frill to the required length. NB! Never use a knife. The cutting instrument is adequate.

10 Couper la ruche à la longueur souhaitée. Attention! Ne jamais utiliser un couteau de cuisine. L'ébauchoir à découper suffit amplement.

10 Tagliare l'increspatura così fabbricata alla lunghezza desiderata. Attenzione! Non usare mai un coltello da cucina. Il taglierino da cucina è più che sufficiente.

14 Das Ende muss ebenfalls angeklebt und angedrückt werden, damit die folgende Rüsche prob-lemlos angesetzt werden kann.

14 The end must also be stuck and pressed in position to allow suffi-cient room for the subsequent frill.

14 La fin doit être également collée et fixée afin que les ruches suivantes s'ajustent sans problè-mes les unes derrières les autres.

14 La parte finale del nastro increspato deve essere incollata e fissata in modo che i nastri successivi possano venire sistemati uno dopo l'altro, senza problemi.

15 Nach ein paar Minuten die Rüsche etwas nach oben biegen, um sie aufzulockern. Sie fällt dadurch nicht so steif.

15 Wait a few minutes and then lift the frill to «soften» it.

15 Après quelques minutes recourber les pointes de ruche vers le haut, pour donner plus d'élé-gance et un aspect moins rigide.

15 Lasciar seccare pochi minuti e poi incurvare leggermente le punte dei nastri, in modo da dare loro un aspetto elegante e meno rigido.

16 Schritt 2 bis 15 wiederholen, bis die Torte die gewünschte Anzahl Rüschen besitzt.

16 Repeat steps 2 to 15 until sufficient frills have been added to the cake.

16 Répéter les opérations 2 à 15 jusqu'à ce que le gâteau ait la quantité de ruches souhaitées.

16 Ripetere le operazioni da 2 a 15 fino a quando la torta ha il numero di increspature desiderate.

19 Grün gezogene Blätter mit je drei gelben Rosenknospen bei der Verbindungsstelle der Rüschen aufsetzen.

19 Add green leaves and three rose-buds in pulled sugar to each frill attachment joint.

19 Trois boutons de roses jaunes et les feuilles vertes en sucre tiré seront placés au point d'attache des ruches.

19 Al centro del nastrino vengono sistemate tre roselline gialle e alcune foglioline verdi, di zucchero.

17 Common mistakes:
Never roll side A, as it is not sticky. Only side B is sticky because it was placed directly on the green board and was not in direct contact with the corn-flour.

17 Erreurs à éviter:
La face A ne doit jamais être roulée, elle ne peut pas coller. Il n'y a que la face B qui colle, parce qu'elle repose directement sur la planche verte et était protégée de la maïzena.

17 Errori da evitare:
Il lato A non deve mai essere arrotolato perché non può incollare. Solo il lato B incolla poiché è a diretto contatto con la spianatoia ed è protetto dalla maizena.

17 Die häufigsten Fehler:
Seite A darf nie gerollt werden, sie kann nicht kleben. Es klebt nur die Seite B, weil sie direkt auf dem grünen Brett aufliegt und vor der Maisstärke geschützt war.

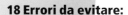

18 Die häufigsten Fehler:
Zu dick ausgerollt, und die Spitze des Kegelinstrumentes liegt auf der Rüschenmasse auf.

18 Common mistakes:
Paste too thick and the tip of the cone-shaped tool is touching the frilling paste.

18 Erreurs à éviter:
Abaisser trop épais, et la pointe de l'ébauchoir cône repose sur la pâte à volants.

18 Errori da evitare:
Spianare troppo poco; inoltre la punta dello scalpello a cono non deve trovarsi sulla massa.

20 Zuerst werden die Rankenfäden aufgesetzt…

20 Add the tendrils first,…

20 Placer d'abord les fils courbés…

20 Si sistemano i fili, per l'eleganza…

21 …dann die streifenartig gezogene Schleife mit den Bändern.

21 …then the pulled, striped ribbon and bow.

21 …ensuite les rubans et les noeuds (tirage rayuré).

21 …poi i nastri e il fiocco.

22 Für das Rosenarrangement wird von aussen zum Zentrum gearbeitet.

22 Work from the tendrils to the bow when arranging the remaining leaves and buds.

22 Le bouquet de roses se monte en travaillant de l'extérieur vers le centre.

22 Il bouquet di rose viene costruito partendo dall'esterno.

23 Die grosse Rose wird als letztes platziert.

23 Set off with the large rose.

23 La grande rose sera placée en dernier.

23 La rosa grande verrà sistemata per ultima.

Mr. Fabilo sagt:
Die Zuckerartistik eignet sich ausgezeichnet für das Dekor. Der Glanz, die Haltbarkeit und natürlich das rationelle und praxisorientierte Arbeiten sind die bestechenden Vorteile.

Mr. Fabilo says:
Pulled and blown sugar (sugar Artistik) decorations are simply perfect. The obvious advantages are their sheen, permanence and the fact that they are quick to produce.

Mr. Fabilo dit:
L'art du sucre s'harmonise à merveille pour le décor. Le brillant, la durée de conservation et bien entendu le travail rationnel sont les principaux atouts.

Consiglio del sig. Fabilo:
L'arte dello zucchero è perfetta per le decorazioni. I suoi principali lati positivi sono la lucentezza, la conservabilità e la razionalità del lavoro.

Lektion Lesson Leçon Lezione

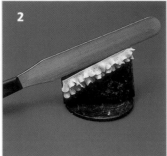

1 Die Vertiefungen werden mit der Lochtülle 1.5 oder 2 ausgestochen und anschliessend mit dem Rüscheninstrument abgerollt.

1 Stamp the pattern of holes using the no. 1.5 or 2 piping tubes and then frill the edges.

1 Les petits trous seront faits avec la douille 1.5 ou 2 puis roulés avec l'ébauchoir -cône.

1 I buchini verranno eseguiti con la bocchetta n° 1.5 o 2 e rifiniti ai bordi.

2 Mit dem Spachtel ausrichten.

2 Line up using the spatula as a guide.

2 Egaliser à l'aide de la spatule.

2 Livellare con l'aiuto di una spatola.

Schrägrüschen mit Löchern

Slanted frills with holes

Ruches obliques trouées

Ornamenti increspati obliquamente, con buchini

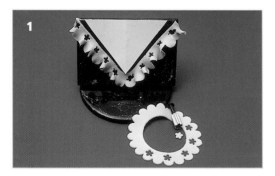

1 Die Blumen werden ausgestochen und anschliessend mit dem Rüscheninstrument abgerollt. Beim Ansetzen der Rüsche ist darauf zu achten, dass die V-Form exakt übertragen wird.

1 Stamp the flowers and frill the edges. When positioning the frill do make sure to abide by the V-shape.

1 Les fleurs seront découpées puis déroulées avec l'ébauchoir à ruches. Lors de l'application des ruches, veiller à ce que le V soit exact.

1 I fiori verranno tagliati con le formine e poi abbassati. Nell'eseguire le increspature prestate estrema attenzione alla forma a V.

2 Mit Blumen ausschmücken. Der Farbton der Blumen sollte mit den Rüschen übereinstimmen.

2 Decorate with flowers. The shade of the flowers should tone in with the frills.

2 Décorer avec des fleurs. La couleur des fleurs doit s'harmoniser avec celle des ruches.

2 Decorare con i fiori. Il colore dei fiori deve accordarsi con quello delle increspature.

V-Rüschen mit Blumen

V-frills and flowers

Ruches en V avec fleurs

Increspature a V con decorazioni floreali

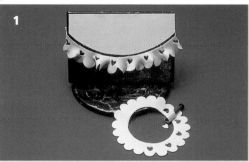

Halbbogen-Herzrüschen

Crescent heart frills

Ruches à coeur en demi-cercle

Increspature semi-sferiche, decorazione a cuore

1 Die Herzen werden ausgestochen und anschliessend mit dem Rüscheninstrument abgerollt.

1 Stamp out heart shapes and then frill the edges.

1 Découper les coeurs, puis dérouler avec l'ébauchoir à ruches.

1 Ritagliare i cuoricini con le formine e rifinirli.

2 Der Farbverlauf der einzelnen Schichten der Rüschen erhöht den Präsentationseffekt.

2 The progression in colour in the layers of frills accentuates the overall presentation.

2 Le dégradé de couleurs des ruches rehausse l'effet de présentation.

2 La progressiva colorazione degli ornamenti rafforzerà l'effetto della presentazione.

Doppelrüschen

Double frills

Ruches doubles

Increspature doppie

1 Der Farbverlauf der einzelnen Schichten der Rüschen erhöht den Präsentationseffekt.

1 The progression in colour in the layers of frills accentuates the overall presentation.

1 Le dégradé de couleurs rehausse l'effet de présentation.

1 Il degradare dei colori accentua l'effetto della presentazione.

2 Der Übergang vom kurzen Halbbogen zum langen Halbbogen darf nicht ersichtlich sein.

2 The transition between crescent and half-crescent should not be visible.

2 Le passage du court au long demi-cercle ne doit pas être visible.

2 La congiunzione tra le increspature non deve essere visibile.

Spritzglasur herkömmliche Art

Zutaten:	250 - 300 g	Staubzucker
	1 g	Tyclosemischung (1/10 Tyclose und 9/10 Staubzucker)
	40 g	Eiklar
	1 g	Glukose (Sirup 45° Baumé)

Zubereitung:
Den gesiebten Staubzucker und die Tyclosemischung vermengen. Eiklar und Glukose beifügen und langsam in der Maschine mischen, bis sich eine Masse mit einer weichen Spitze bildet. Die Festigkeit kann durch Beigabe von Staubzucker verstärkt (für Blumen) oder durch Beigabe von Wasser verflüssigt werden (für Pinseltechnik). Das Gefäss mit einer Frischhaltefolie und einem feuchten Lappen zugedeckt im Kühlschrank aufbewahren.

Traditional Royal Icing

Ingredients:	250 - 300 g	icing sugar
	1 g	Tyclose mix (1/10 Tyclose and 9/10 icing sugar)
	40 g	egg-white
	1 g	glucose (syrup 45° Baumé)

Method:
Sieve the icing sugar and Tyclose mix together. Add the egg-white and glucose and beat slowly in the electric-mixer, until you reach soft peak. Add more icing sugar if a firmer consistency is required (for flowers) and water if a softer consistency is required (for brush-embroidery techniques). Cover the bowl with kitchen foil and a damp cloth and store in the refrigerator.

Recette traditionnelle de la glace royale

Ingrédients:	250 - 300 g	sucre glace
	1 g	mélange Tyclose (1/10 Tyclose et 9/10 sucre glace)
	40 g	blanc d'œuf
	1 g	glucose (sirop 45° Baumé)

Préparation:
Tamiser le sucre glace et l'ajouter au mélange Tyclose. Ajouter le blanc d'oeuf et le glucose. Travailler le tout au batteur à petite vitesse, jusqu'à ce qu'il se forme une masse avec une pointe molle.
La consistance de la masse peut s'épaissir en y ajoutant du sucre glace (fleurs) ou se liquéfier en y ajoutant de l'eau (technique au pinceau). Couvrir le récipient d'un film alimentaire et d'un linge humide et le conserver au réfrigérateur.

1 Die Konsistenz der Spritzglasur sollte beim Abziehen des Rührschildes eine Spitze bilden. Je nach Verwendung kann die Spitze von weich bis extrafest reichen.

1 The Royal Icing should stand to a peak on the mixing tool when this is removed. Depending on it's intended use, the peak may vary from very soft to extra firm.

Ricetta tradizionale per la glassa reale

Ingredienti:	250 - 300 g	zucchero al velo
	1 g	miscela di Tyclose (1/10 di Tyclose e 9/10 di zucchero al velo)
	40 g	albume
	1 g	glucosio (sciroppo 45° Baumé)

Preparazione:
Dopo aver mescolato lo zucchero al velo con la miscela di Tyclose, aggiungere l'albume e il glucosio. Lavorate il tutto con lo sbattitore a velocità ridotta finché otterrete una punta sollevando la massa. La consistenza della glassa può essere aumentata aggiungendo un po' di zucchero al velo (per i fiori) oppure può essere ridotta aggiungendo acqua (per il lavoro con il pennello). Coprire la massa con una pellicola per alimenti e un panno umido, poi lasciarla in frigo.

Mr. Fabilo says:
Royal Icing prepared in the traditional method only keeps for two to three days.

Mr. Fabilo dit:
La durée de conservation de la glace royale traditionnelle n'excède pas deux à trois jours.

Consiglio del sig. Fabilo:
Non conservare più di due o tre giorni.

Mr. Fabilo sagt:
Die Haltbarkeit bei der Spritzglasur, auf die herkömmliche Art hergestellt, beschränkt sich auf zwei bis drei Tage.

1 En testant la consistance de la glace royale il doit se former une pointe. Selon l'utilisation la pointe sera plus molle ou plus ferme.

1 La glassa reale è pronta quando, togliendo lo sbattitore, si forma una punta. Se necessario si può renderla più liquida o più densa.

Spritzglasur neue Art

Zutaten:	500 g	Staubzucker
	12 g	Trockenmischung
	80 g	Wasser

Zubereitung:
Die Trockenmischung im Wasser auflösen und zum gesiebten Staubzucker leeren. Während fünf Minuten in der Maschine langsam rühren, bis sich eine Masse mit einer weichen Spitze bildet.
Die Festigkeit kann durch Beigabe von Staubzucker verstärkt (für Blumen) oder durch Beigabe von Wasser verflüssigt werden (für Pinseltechnik).
Das Gefäss mit einer Frischhaltefolie und einem feuchten Lappen zugedeckt im Kühlschrank aufbewahren.

Mr. Fabilo says:
Royal Icing prepared in the contemporary method keeps for up to 30 days in the refrigerator

Mr.Fabilo dit:
La masse préparée de cette façon se conserve jusqu'à 30 jours au réfrigérateur.

Consiglio del sig. Fabilo:
La glassa reale preparata in questo modo può essere conservata fino a 30 giorni in frigo.

Mr. Fabilo sagt:
Die Spritzglasur, auf die neue Art hergestellt, kann im Kühlschrank bis zu 30 Tagen aufbewahrt werden.

Contemporary Royal Icing

Ingredients:	500 g	icing sugar
	12 g	dry mix
	80 g	water

Method:
Dissolve the dry mix in water. Sieve the icing sugar. Add the dissolved mix to the icing sugar. Beat slowly in the electric-mixer for five minutes until you reach soft peak.
Add more icing sugar if a firmer consistency is required (for flowers) and water if a softer consistency is required (for brush-embroidery techniques).
Cover the bowl with kitchen foil and a damp cloth and store in the refrigerator.

Nouvelle méthode de glace royale

Ingrédients :	500 g	sucre glace
	12 g	de mélange sec
	80 g	d'eau

Préparation:
Délayer le mélange sec avec l'eau et l'incorporer au sucre glace tamisé. Travailler au batteur cinq minutes environ à petite vitesse, jusqu'à ce qu'il se forme une masse avec une pointe molle.
La consistance de la masse peut s'épaissir en y ajoutant du sucre glace (fleurs) ou se liquéfier en y ajoutant de l'eau (technique au pinceau).
Couvrir le récipient d'un film alimentaire et d'un linge humide et le conserver au réfrigérateur.

Ricetta moderna per la glassa reale

Ingredienti:	500 g	zucchero al velo
	12 g	miscela secca
	80 g	acqua

Preparazione:
Mescolare la miscela secca con l'acqua e incorporarla allo zucchero al velo setacciato. Lavorare per cinque minuti con lo sbattitore a velocità ridotta, fino al formarsi di una piccola punta molle.
La consistenza della massa può essere aumentata aggiungendo zucchero al velo (per i fiori) o diminuita aggiungendo acqua (per il lavoro con il pennello).
Coprire la glassa reale con una pellicola per alimenti e un panno umido, poi lasciarla in frigorifero.

Spritzbeutel rollen und füllen

Einen Spritzbeutel richtig zu rollen und zu füllen muss geübt werden. Es gibt nichts Schlimmeres, als wenn hinten oder auf der Seite des Beutels mehr herauskommt als vorne bei der Tülle. Dank dem Aufsatz wird das Spritzen mit verschiedenen Tüllen vereinfacht. In wenigen Augenblicken ist die Tülle gewechselt und wieder spritzbereit.

Rolling and filling a piping-bag

A great deal of practice is required to roll and fill a piping-bag correctly. Nothing is more annoying as when more icing squirts out the back or sides of the bag than out the piping-tube. The nozzle adaptor is a great aid when working with several tubes at the same time. The tube is changed within seconds and ready for piping.

Rouler et remplir un sac à douille

Il faut un certain entraînement pour rouler et remplir un sac à douille. Rien de plus grave que lorsque la masse sort derrière ou par les côtés, au lieu de sortir devant par la douille. Le travail avec les douilles différentes est simplifié grâce à l'adapteur. En quelques instants la douille est changée et le sac est de nouveau prêt.

Confezionare e riempire un sacchetto

Per ottenere dei sacchetti di buona qualità è necessaria una certa esperienza. Non c'è niente di peggio della perdita di materiale dai fianchi e dal fondo di un sacchetto. Grazie all'adattatore lo spruzzo con bocchette differenti è facilitato. In pochi istanti la bocchetta è sostituita e si è quindi pronti per proseguire.

1 Den Pergamentpapier-Bogen von 64 cm Länge und 52 cm Breite der Länge nach halbieren.

1 Fold a piece of parchment paper, measuring 64 cm long and 52 cm wide, lengthwise

1 Couper une feuille de papier parchemin de 64 cm de long et 52 cm de large en deux dans le sens de la longueur.

1 Tagliare a metà nel senso della lunghezza la carta pergamena di 64 cm di lunghezza per 52 cm di larghezza.

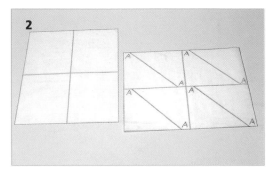

2 Anschliessend der Breite nach halbieren. Beim Buchstaben A wird jeweils 3 cm nach innen gemessen und ebenfalls durchgeschnitten.

2 Then fold widthwise. Measure 3 cm in from letter A and cut.

2 Puis découper dans la largeur. Du point A, mesurer 3 cm vers l'intérieur et couper.

2 In seguito tagliare a metà nel senso della larghezza.

6 Der Spritzbeutel wird so weit aufgerollt, bis der Punkt D über A und C liegt.

6 Continue rolling until point D reaches points A and C.

6 Le sac sera enroulé jusqu'à ce que le point D passe sur les points A et C.

6 Continuare ad arrotolare, fino a quando il punto D passa al di sopra di A e C.

7 Die überragende Ecke bei Punkt D wird nach innen umgelegt.

7 Tuck the overlapping edges by point D inside.

7 L'angle du point D sera ramené vers l'intérieur et replié.

7 L'angolo del punto D viene piegato verso l'interno.

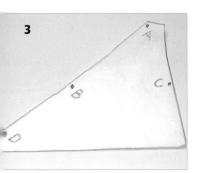

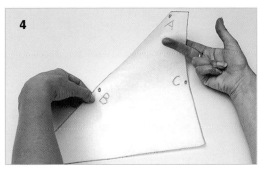

3 Die wichtigen Punkte sind von A bis C markiert.

3 Mark the most important points A to C.

3 Les points importants sont marqués de A à C.

3 I punti importanti sono indicati con le lettere da A a C.

4 Das Papier gemäss Abbildung in die Hände nehmen.

4 Hold the paper in both hands as shown.

4 Comme sur la photo prendre le papier.

4 Prendere in mano il foglio come da illustrazione.

5 Beim Punkt B festhalten, während oben von A zu C gerollt wird.

5 Holding at point B, roll to bring point C onto point A.

5 Maintenir le point B, pendant que l'on enroule du point A vers le point C.

5 Tenere fermo il punto B mentre si arrotola da A verso C.

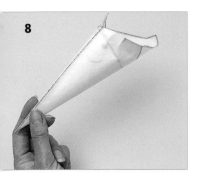

8 Damit sich der Spritzbeutel nicht mehr öffnen kann, wird bei Punkt D zweimal eingerissen und dieses Band nach innen umgebogen.

8 To ensure the piping-bag cannot fall open, makes two small tears at point D and tuck this section neatly inside the bag.

8 Afin que le sac ne puisse plus se dérouler pendant le travail, le point D sera entaillé deux fois et replié vers l'intérieur.

8 Per impedire al sacchetto di riaprirsi, il punto D sarà intagliato 2 volte e ripiegato verso l'interno.

Mr. Fabilo sagt:
Kein Spritzbeutel wird jemals wieder locker, wenn mit dem eingerissenen Band fixiert wird.

Mr. Fabilo says:
No piping-bag will ever work loose if you secure it well with two small tears tucked down inside.

Mr. Fabilo dit:
Conçu de cette façon aucun sac ne peut se rouvrir pendant le travail.

Consiglio del sig. Fabilo:
Se realizzato in questo modo, nessun sacchetto si riapre.

9 Um den Aufsatz anzupassen, wird er bei der Spitze darüber gestülpt. Spritzbeutel 1 cm darüber abschneiden.

9 In order to fit the adaptor slide it over the paper. Trim the piping-bag 1 cm higher.

9 Pour y ajouter l'adaptateur prendre le diamètre exact, et couper 1 cm au dessus de la pointe.

9 Per agganciare l'adattatore, inserirlo sulla punta, poi tagliare 1 cm al di sopra.

10 Der Aufsatz wird von innen eingesetzt, die Tülle und der Fixierring von aussen aufgesetzt.

10 The adaptor is then fitted from inside; whereas the piping-tube and fixing-ring are attached from outside.

10 L'adaptateur sera placé par l'intérieur, la douille et la bague de renfort par l'extérieur.

10 L'adattatore viene fatto passare dall'interno, l'anello di fissaggio e la bocchetta dall'esterno.

11 Aus der Spritzglasur müssen zuerst die Luftblasen herausgespachtelt werden.

11 Paddle the Royal Icing to remove any air-bubbles.

11 Avant tout travail au sac il faut sortir les bulles d'air de la glace royale à l'aide d'une spatule.

11 Prima di tutto togliere le bolle d'aria dalla glassa utilizzando una spatola.

Mr. Fabilo sagt:
Gleichmässige Vorhänge oder Linien können nur dann gespritzt werden, wenn die Spritzglasur keine Luft enthält, sonst bricht das Gespritzte unweigerlich ab.

Mr. Fabilo says:
Perfect lines and curtains are only possible when working with air-free Royal-Icing. Otherwise the piping breaks straight away.

Mr. Fabilo dit:
Un travail fin et régulier au sac pourra être effectué seulement si la glace royale ne contient pas d'air, sans quoi chaque motif rompt et tombe.

Consiglio del sig. Fabilo:
Un lavoro fine e regolare può essere ottenuto solo con della glassa senza bolle d'aria, altrimenti le decorazioni si rompono.

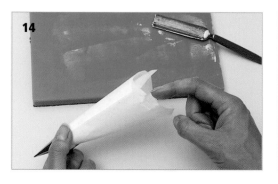

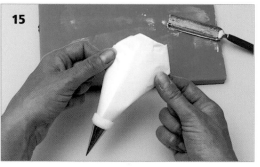

14 Die überragende Spitze nach innen biegen.

14 Fold the point down inside the bag.

14 Ensuite les pointes du sac doivent être repliées vers l'intérieur.

14 Piegare i bordi sporgenti verso l'interno.

15 Die Verbindungsnaht (Rückennaht) nach oben nehmen, und links und rechts die Ecken nach innen biegen.

15 With the seam (back-seam) facing towards you (face up) turn down the left and right-hand corners.

15 Avec la couture vers le haut (couture du dos), replier les bords de gauche à droite vers l'intérieur.

15 Prendere il sacchetto con la giuntura dorsale verso l'alto e piegarne gli angoli verso l'interno.

12 Luftfreie, kompakte und glatte Spritzglasur kann nun in den Spritzbeutel abgefüllt werden.

12 The air-free, compact, shiny Royal-Icing may now be filled into the piping-bag.

12 La glace royale sans air, compacte et lisse peut alors être remplie dans le sac.

12 La glassa reale senz'aria, compatta e liscia può ora venir messa nel sacchetto.

13 Um die Form des Spritzbeutels beim Abfüllen nicht zu zerstören, wird der Spachtel über den Zeigefinger der linken Hand abgestreift.

13 Avoid destroying the form of the piping-bag at this stage by scraping the icing off onto a spatula resting on the index of your left-hand.

13 Pour ne pas déformer le sac en le remplissant, on dépouillera la spatule en appuyant sur l'index de la main gauche.

13 Per non rovinare il sacchetto, la spatola deve essere passata sull'indice sinistro.

16 Nun wird der obere Teil des Spritzbeutels nach unten gerollt. Die Rückennaht strafft sich dabei.

16 Now roll the upper part of the piping-bag down. The seam tightens up when this is done.

16 Le haut du sac est alors roulé vers le bas. Cela tend la couture du dos.

16 In seguito arrotolare la parte posteriore del sacchetto. In questo modo la chiusura posteriore aderisce bene.

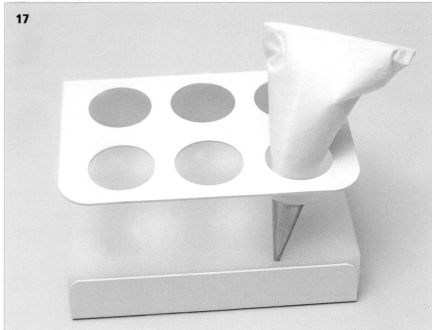

17 Der fertige Spritzbeutel wird nun in den Behälter gesetzt. Dank dem feuchten Schwamm kann er für mehrere Stunden ohne Qualitätsminderung abgefüllt aufbewahrt werden.

17 Place the piping-bag in the stand ready for use. The moist sponge allows you to leave your piping-bags in the stand for several hours, without the slightest impairment of quality.

17 Placer le sac terminé dans le support. Grâce à son éponge humide, il est possible de maintenir le contenu du cornet pendant plusieurs heures sans formation de croûte.

17 Appoggiare il sacchetto finito nell'apposito supporto. Grazie alla spugna umida il sacchetto può essere mantenuto per parecchie ore senza intaccare la qualità della glassa.

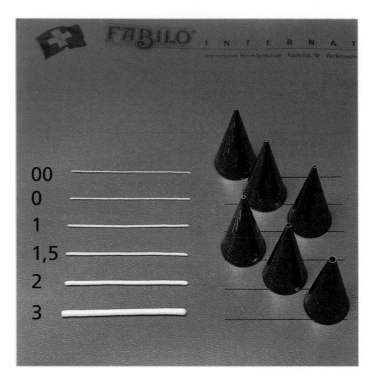

Spritzen von Linien

Piping lines

Lignes à la douille

Spruzzare delle linee

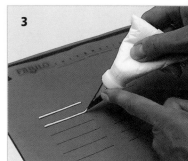

1 Korrekte Handposition: Die rechte Hand presst, während die linke Hand führt.

1 Correct position of hands; the right hand applies pressure, whilst the left «guides».

1 Position correcte des mains: la main droite presse, pendant que la main gauche guide.

1 Posizione corretta delle mani: la mano destra preme, mentre la mano sinistra guida.

2 Nach dem Ansetzen der Linie wird sie sogleich 3 cm in die Höhe gezogen.

2 Start piping and lift immediately 3 cm high.

2 Dès l'application de la ligne, la soulever à 3 cm de hauteur.

2 Subito dopo avere iniziato a spruzzare, sollevare la linea a 3 cm di altezza.

3 Für den Abschluss wird die Linie wieder abgelegt, der Druck der rechten Hand abgebrochen…

3 Lower to complete the piped line, whilst reducing the pressure in your right hand…

3 Pour terminer, poser à nouveau la ligne, la pression de la main droite est interrompue…

3 Per terminare una linea la si deve appoggiare, smettendo di schiacciare il sacchetto…

4 …und die Linie kann am gewünschten Ort auf den Millimeter genau unterbrochen werden.

4 …thus finishing off the piped line exact to the millimetre.

4 …et la ligne peut être arrêtée au millimètre près, à l'endroit voulu.

4 …e la linea può essere interrotta esattamente dove si desidera.

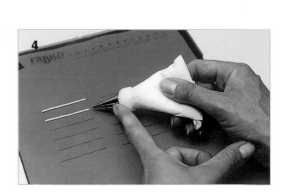

Fehler und Korrekturen

Die richtige Konsistenz der Spritzglasur spielt beim Spritzen von Linien die wichtigste Rolle. Eine korrekte Spritzglasur lässt sich als Linie problemlos vier bis fünf Zentimeter in die Höhe ziehen. Sobald diese Voraussetzung stimmt, ist noch auf folgende Punkte zu achten:

Mistakes and corrections

The correct consistency of the Royal Icing is of utmost importance when piping. Perfect Royal Icing may be lifted four to five centimetres high when piping. Once this criteria has been met, the following must also be observed:

Erreurs et corrections

La bonne consistance de la glace royale joue un rôle très important pour le travail correct des lignes. Une glace royale de parfaite consistance se laisse soulever à quatre ou cinq centimètres de haut sans problème. Dès que ceci est au point, il reste d'autres critères à respecter:

Errori e correzioni

La corretta consistenza della glassa reale è il fattore decisivo nel lavoro con le linee. Una glassa di consistenza perfetta permette di sollevare le linee a 5 cm di altezza senza nessun problema. Dal momento che questo fattore è rispettato, si deve prestare attenzione ai punti seguenti:

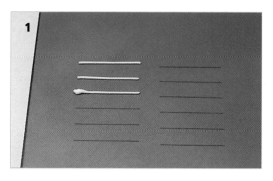

1 Zu fest gepresst, der Druck muss der Grösse der Tüllenöffnung angepasst werden.

1 Too much pressure: adapt the amount of pressure applied to the size of the hole of your piping-tube.

1 Trop de pression, la pression doit être adaptée à la taille de l'ouverture de la douille.

1 Pressione troppo forte, la pressione deve essere adeguata all'apertura della bocchetta.

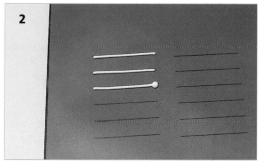

2 Zu fest gepresst, der Druck muss gegen das Ende stark reduziert werden.

2 Too much pressure: towards the end of piping a line, the pressure should be dramatically reduced.

2 Trop de pression, la pression doit être considérablement réduite à la fin.

2 Pressione troppo forte, verso la fine si deve ridurre fortemente la pressione.

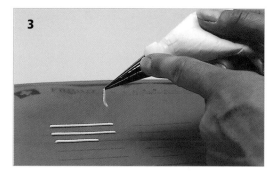

3 Bei über sechs Zentimeter Höhe wird das Risiko für einen Linienbruch immer grösser.

3 If you lift over six centimetres high, the risk of the line snapping is greatly increased.

3 Au delà de six centimètres de haut le risque de rupture de la ligne devient de plus en plus grand.

3 Se si solleva la linea ad oltre 6 cm, il rischio di rottura diventa elevato.

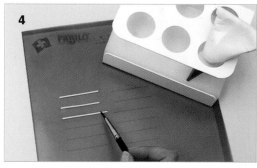

4 Kleine Korrekturen, wie Linienänderungen oder einzelne Linien wieder entfernen, werden mit einem feuchten Pinsel ausgeführt.

4 Minor corrections such as line alterations or removing individual lines are best carried out using a damp brush.

4 De petites corrections, comme refaire une ligne, ou en supprimer, s'effectuent à l'aide d'un pinceau humide.

4 Le piccole correzioni, come la modifica o l'allontanamento di linee, si effettuano con un pennello umido.

Vorhangtechnik

Beim Spritzen von Linien gehört die Vorhangtechnik zu den beliebtesten. Der Zeitaufwand jedoch kann nicht verschwiegen werden. Deshalb wird in der Praxis damit nicht die ganze Torte dekoriert, sondern lediglich 1/6 davon. Verschiedene Techniken wie Rüschen oder Kneifen lassen sich sehr gut damit kombinieren.

Curtain Technique

The curtain technique is one of the most popular with regards to piping lines. One should not, however, withhold the time-factor involved. For this reason, only 1/6 of a cake is decorated using this technique in the practice and never the complete cake. Various techniques such as frilling or crimping combine excellently with curtain piping.

Technique du rideau

Pour les décors de lignes, la technique du rideau reste la plus appréciée. Le temps de réalisation ne doit pas être tenu secret. C'est pour cette raison que dans la pratique, nous ne décorons pas tout le gâteau, mais seulement 1/6 de celui-ci. D'autres techniques comme celle des ruches, ou de la pince à décors se combinent parfaitement.

Tecnica delle tendine

Per la decorazione lineare la tecnica delle tendine rimane la più apprezzata. La durata del lavoro non è un segreto. E' per questo che in realtà non decoriamo tutto il contorno della torta, ma solo 1/6. Altre tecniche, vengono poi combinate.

1 Das Bogenmuster der Papierschablone auf die Torte übertragen.

1 Transfer the crescent outlines of the paper template onto the cake.

1 Reporter le modèle de courbe du patron en papier sur le gâteau.

1 Trasferire la sagoma ondulata del modello di carta sulla torta.

Mr. Fabilo sagt:
Die Höhe des Bogenmusters sollte nicht mehr als vier Zentimeter betragen. Das Spritzen der Linien wird sonst zu anspruchsvoll.

Mr. Fabilo says:
The crescent drop should not exceed four centimetres. It would otherwise be too demanding to pipe.

Mr. Fabilo dit:
La hauteur du modéle des courbes ne doit pas dépasser quatre centimètres. Sinon le travail de lignes devient trop fragile et compliqué.

Consiglio del sig. Fabilo:
L'altezza dei modelli a tendina non deve superare i quattro centimetri, altrimenti l'esecuzione delle linee sarà troppo faticosa e il risultato sarà fragile.

2 Die Brücke besteht aus Blumenmasse gemäss Lektion 26. Die einen Zentimeter breiten Bänder werden während 12 Stunden über dem Roller getrocknet. Vor dem Ansetzen die Ecken mit der Schere abrunden.

2 The bridge is produced from flower paste according to lesson 26. Allow the one centimetre wide strips to set off over the rolling-pin for 12 hours. Round off the sharp corners with the scissors before positioning them.

2 Le support du rideau est fabriqué avec la pâte à fleurs, leçon 26. Les bandes d'un centimètre de large devront sécher pendant 12 heures sur le rouleau. Avant de les poser, arrondir les bouts avec les ciseaux.

2 Il supporto a tendina è fatto con la pasta per fiori, lezione 26. Questa striscia larga un centimetro resterà a seccare sul matterello, per 12 ore. Prima di sistemarla sulla torta abbiate cura di arrotondarla agli angoli, con le forbici.

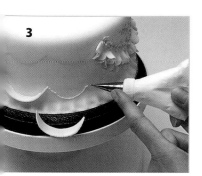

3 Brücke mit Spritzglasur ansetzen.

3 Use Royal Icing to attach the bridges.

3 Utiliser la glace royale pour fixer les ponts.

3 Fissare il supporto con la glassa reale.

4 Die innere Seite verstärken.

4 Reinforce the inner edge.

4 Renforcer la partie interne.

4 Rinforzare la parte interna.

5 Verstärkungsstelle mit dem feuchten Pinsel ausgleichen.

5 Set the reinforced line right with the help of a brush.

5 Le point de renfort sera égalisé au pinceau mouillé.

5 La parte rinforzata verrà ripulita con un pennello umido.

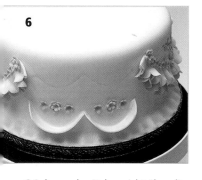

6 Solange das Dekor nicht über die Breite der Brücke hervorragt, darf beliebig dekoriert werden.

6 Decorations may be added, provided they are not wider than the bridges.

6 On peut décorer à volonté, sans dépasser la largeur des ponts.

6 Fintanto che la decorazione non fuoriesce dal supporto, si può decorare liberamente.

7 Für das Spritzen des Vorhanges benötigen wir eine feste Spritzglasur. Sollte sie zu weich sein, darf jetzt noch Staubzucker beigefügt werden, gut spachteln. Die abgebildete Tropfenform zeigt die richtige Konsistenz der Spritzglasur.

7 The curtain technique demands Royal Icing of a firm consistency. If it is too soft at this stage, add some icing sugar and paddle well. The drop-shape shown in the picture clearly shows the correct consistency of the Royal Icing.

7 Pour le décor des rideaux, il faudra une glace royale de forte consistance. Si la masse est trop molle la durcir avec du sucre glace et surtout bien la lisser. La photo montre la consistance parfaite pour ce travail.

7 Per questa tecnica occorre una glassa reale molto consistente. Se la massa è troppo molle bisogna indurirla con lo zucchero a velo e farne uscire le bolle d'aria, lavorandola. Nell' immagine viene mostrata la giusta consistenza per questo lavoro.

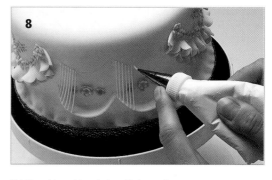

8 Mit ruhiger Hand eine Linie nach der andern spritzen. Sie müssen so eng zusammen sein, dass man keine weitere Linie dazwischen hineinspritzen könnte.

8 Pipe one line after the other, keeping your hand steady. The lines should be so close together that it would be impossible to pipe an additional line between them.

8 Poser une ligne aprés l'autre d'une main ferme. L'espace entre deux lignes doit être tel qu'il n'est pas possible d'insérer une ligne entre les deux.

8 Posare tranquillamente e senza tremolii una riga dopo l'altra. Lo spazio tra due linee deve essere tale che non ci sia la possibilità di inserire un'ulteriore linea.

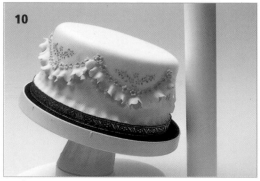

9 Korrekturen mit dem feuchten Pinsel ausführen.

9 Carry out any corrections with the help of a damp brush.

9 Corrections au pinceau mouillé.

9 Correzioni con il pennello umido.

10 Die Linien werden senkrecht gespritzt. Der Drehteller wird schon vor dem Spritzen in diese Position gebracht. Nach dem Ansetzen der letzten Linie sollte fünf Minuten gewartet werden, bis die Torte wieder waagrecht hingestellt wird. Auf diese Art verhindert man durchhängende Linien.

10 Pipe in a vertical position. Adjust the turntable before commencing your work. Allow five minutes waiting-time after completion of your piping work before returning the cake to a horizontal position. This prevents sagging lines of piping.

10 Les lignes seront faites en position verticale. Le plateau tournant sera mis dans cette position avant de commencer. Il faudra attendre cinq minutes avant de remettre le gâteau à l'horizontale. De cette façon, on évitera les lignes déformées.

10 Le righe verranno eseguite inclinando il piano. Il piatto girevole verrà posizionato prima dell'inizio del lavoro. Prima di rimetterlo nella posizione abituale bisogna aspettare cinque minuti. In questo modo le righe non si deformeranno.

11 Zuletzt auf die Anfangs- und Schlusslinie die Minikugeln spritzen.

11 And finally pipe tiny balls along the top and bottom lines.

11 Pour finir garnir les débuts et fins de lignes avec des petites boules au cornet.

11 Alla fine decorare le estremità delle linee con piccole palline di pasta.

33

9

24

24

33

Lektion Lesson Leçon Lezione

Angesetzte Spitzen • Raised lace
Dentelles appliquées • Aggiunta di merletti

Parallel-Linien • Parallel-lines
Lignes parallèles • Linee parallele

1 Ein Blatt mit vorgezeichneten Spitzen in ein Plastikmäppchen legen und mit der Tülle Nr. 1 umspritzen. Um die Konturen der einzelnen Spitzen gleichmässig zu spritzen, darf die Spritzglasur nicht zu fest sein.

1 Slip a sheet of paper with pre-drawn lace patterns inside a plastic wallet and trace the patterns using tube no. 1. The consistency of the Royal Icing should not be too firm to allow even piping.

1 Mettre une feuille avec des motifs de dentelles dans une fourre en plastique et reproduire les motifs avec la douille n° 1. Pour obtenir des dentelles régulières, il ne faut pas que la glace royale soit trop ferme.

2 Nach sechs Stunden sind sie fest und können gemäss Vorlage angesetzt werden.

2 Allow six hours to dry and then stick the lace in position as shown.

2 Après six heures elles sont fermes et peuvent être placées selon le modèle.

2 Dopo sei ore si sono induriti e possono essere fissati come da modello.

1 Mettere il foglio di carta con i disegni dei merletti in una busta di plastica e spruzzare con la bocchetta n° 1 lungo i contorni. Per ottenere dei merletti con dei bordi regolari, la glassa reale non deve essere troppo dura.

3 Die Papierschablone des gewünschten Musters mit der Tülle Nr. 3 gleichmässig umspritzen.

3 Pipe around the contours of the paper template of your choice with piping-tube no. 3.

3 Marquer régulièrement le contour du patron en papier du modèle choisi avec la douille n° 3.

3 Tagliare i bordi del campione desiderato con la bocchetta n° 3.

4 Auf der ersten Linie wird mit der Tülle Nr. 2 eine zweite Linie aufgespritzt. Parallel dazu ebenfalls mit der Nr. 2. Die dritte Linie wird mit der Tülle Nr. 1.5 gespritzt und zusätzlich ebenfalls eine Linie der gleichen Dicke auf die zwei vorherigen aufgetragen.

4 Pipe a second line on top of the first with piping-tube no. 2. Pipe an additional no. 2 line parallel to this. Pipe a third line with no. 1.5 and, in addition, a line of the same thickness on the two previous ones.

4 Une deuxième ligne est formée sur la première avec la douille n° 2. Puis encore une autre avec la douille n° 2, parallèle à celle-ci. La troisième ligne sera faite avec la douille n° 1.5 et ensuite également une ligne de même épaisseur sur les deux précédentes.

4 Spruzzare una seconda linea sulla prima, usando la bocchetta n° 2. Aggiungerne un'altra parallela a questa, sempre usando la bocchetta n° 2. Poi spruzzare una terza linea usando la bocchetta n° 1.5 e, in più, una linea dello stesso spessore sulle due precedenti.

Doppel-Vorhang • Double-curtain
Double rideau • Doppia tendina

5 Gleichmässigen Vorhang in Pyramidenform mit der Tülle Nr. 1.5 spritzen.

5 Pipe symmetrical curtains in pyramid shapes with no. 1.5 tube.

5 Former régulièrement un rideau en forme de pyramide avec la douille n° 1.5.

5 Spruzzare delle tendine regolari a forma di piramide con la bocchetta n° 1.5.

6 Die zweite Schicht des Vorhanges zuerst einteilen, dann gemäss Vorlage spritzen.

6 Plan out the second layer first of all before piping the illustrated design.

6 Partager d'abord la deuxième couche du rideau, ensuite travailler selon le modèle.

6 Eseguire il secondo strato come indicato sul modello, dopo averto suddiviso.

Vorhang mit Doppelbogen • Double crescented curtain • Rideaux avec double courbe • Tendine a doppio arco

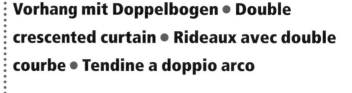

7 Nachdem die Bogen angesetzt sind, wird in der Mitte eine Hilfslinie gezogen.

7 Once the main crescents have been positioned, add an auxiliary line in the centre of each crescent.

7 Après avoir placé les courbes, il faudra tracer une ligne guide.

7 Dopo aver applicato gli archi, tracciare una linea guida nel centro.

8 Zum Schluss die frei hängenden Verbindungslinien spritzen.

8 As a final touch, pipe hanging lines between the crescents.

8 Pour finir fabriquer les lignes libres traversant le motif.

8 Per finire tracciare le linee libere di collegamento.

Tortenspritzen

Nebst der bekannten Lochtülle werden die Torten auch sehr oft mit Stern- und Rüschentüllen verziert. Während die Lochtülle unten über eine runde Öffnung verfügt und damit Kugeln und Linien gespritzt werden können, steigen die Dekorationsmöglichkeiten bei den Stern- und Rüschentüllen. Dank der sternartigen Öffnung der Sterntüllen können zusätzliche Spritztechniken integriert werden. Die Rüschentülle unterscheidet sich insofern, dass sie nebst der unteren Öffnung noch zusätzlich eine seitliche Öffnung aufweist.
Die richtige Handhabung ist von grosser Bedeutung und entscheidet über die Spritzresultate eines Tortenartisten.

Piping Cakes

Besides the well-known, regular piping tubes, star tubes and friller tubes are often used to decorate cakes. Whereas the regular piping tube has a simple round opening, ideal for piping balls and lines, the decorative scope of star and friller tubes is far greater. The star-shaped opening of the star tube makes a wide variety of additional piping techniques possible. Friller tubes are distinctive in as far as they have an opening on the side as well as at the bottom.
Correct handling is of great importance and plays an important role in the piping results of the cake-artist.

Décors à au sac à douille

Mis à part la douille connue à trou, les gâteaux sont aussi souvent décorés avec la douille cannelée et la douille à voilage. Alors que la douille à ouverture ronde est utilisée pour des boules et des lignes, les possibilités de décoration augmentent avec les douilles cannelée et à voilage. Grâce à l'ouverture en forme d'étoile de la douille cannelée des techniques supplémentaires de travail au sac à douille peuvent être intégrées. La douille à voilage se différencie du fait qu'à côté de l'ouverture du bas, elle présente en plus une ouverture de côté.
Le maniement correct est de grande signification et décide des résultats d'un artiste.

Decorazioni con la tasca

Oltre al lavoro da tutti conosciuto, con la bocchetta semplice, le torte si decorano sempre più con la bocchetta scanalata e la bocchetta per ruches, a onde. Mentre la bocchetta semplice con l'apertura rotonda è utilizzata per ottenere linee e palline, per realizzare una decorazione complessa viene sempre più utilizzata la bocchetta scanalata, combinando così le differenti possibilità di decorazione con la tasca per dolci. Grazie alla forma a stella di questa bocchetta è ormai possibile riunire diverse tecniche di lavoro con la tasca per dolci, per decorare una torta. La bocchetta a onde si riconosce facilmente dalla sua forma particolare; inoltre, in cima alla bocchetta troviamo un'apertura laterale supplementare.
La perizia dell'esecuzione con la tasca per dolci permetterà la riuscita di una perfetta decorazione artistica.

Die Kugel
Balls
Les boules
Le palline

1 Die Lochtülle 1 mm über der Tortenfläche halten und gleichmässig mit der Druckhand pressen.

1 Hold piping tube 1mm above the surface of the cake and apply even pressure with your «pressure hand».

1 Tenir la douille 1mm au-dessus du gâteau et presser régulièrement sur le sac avec «la main pression».

1 Tenere la tasca a 1 mm dalla superficie della torta e premere regolarmente con la «mano-pressione».

2 Sobald die gewünschte Kugelgrösse erreicht ist, mit der Führungshand ruckartig rund abdrehen.

2 Once the required size of the ball is achieved, twist off with the «leading hand» abruptly.

2 Dès que la grandeur de la boule est atteinte, tourner brusquement le sac avec «la main guide».

2 Una volta raggiunta la grandezza desiderata per la pallina, girare la tasca su se stessa con «la mano-guida».

3 Bei allfälligen unerwünschten Spitzen darf mit dem feuchten Pinsel korrigiert werden.

3 Use a damp brush to correct any undesireable points.

3 Corriger les pointes indésirables à l'aide d'un pinceau humide.

3 Correggere eventuali errori con un pennello inumidito.

Die Muschel
Shells
Le coquillage
Le conchigliette

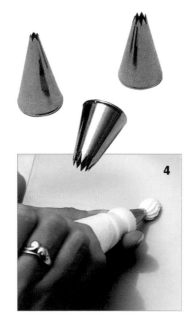

4 Die Sterntülle 1 mm über der Tortenfläche halten und gleich-mässig mit der Druckhand pressen.

4 Hold star tube 1mm above the surface of the cake and apply even pressure with your «pressure hand».

4 Tenir la douille cannelée 1 mm au-dessus du gâteau et presser régulièrement sur le sac avec la «main pression»

4 Tenere la bocchetta scanalata a 1 mm dalla superficie e premere regolarmente sulla tasca.

5 Druckhand entlasten und ruck-artig nach vorne ziehen.

5 Release pressure on your «pressure hand» and pull forwards abruptly.

5 Relâcher «la main pression» et tirer brusquement vers l'avant.

5 Diminuire la pressione sulla tasca e chiudere la conchiglietta con un movimento in avanti.

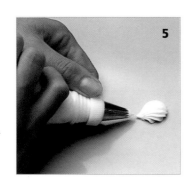

6 Ob der Daumen der Führungs-hand sich links oder rechts befind-et, ist nicht entscheidend. Die per-sönliche passende Handstellung ergibt sich mit der Zeit von selbst.

6 Whether the «leading hand» is positioned on the left or right is optional. Your personal preference will develop in time.

6 Que le pouce de «la main guide» se trouve à droite ou à gauche n'a pas d'importance. La position de la main qui convient s'acquerera avec la pratique.

6 Che il pollice della «mano-guida» sia a destra o a sinistra non è importante. Con un po' di pratica si saprà automaticamente come sistemare la mano.

Die gespritzte Rüsche
Piped frill
Les volants à la douille
Onde con la tasca per dolci

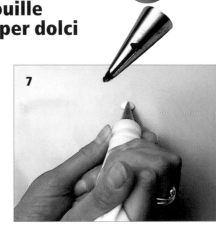

7 Die Rüschentülle 1 mm über der Tortenfläche halten und gleich-mässig mit der Druckhand pressen.

7 Hold friller tube 1mm above the surface of the cake and apply even pressure with your «pressure hand».

7 Tenir la douille à voilage 1 mm au-dessus du gâteau et presser régulièrement avec la «main pression».

7 Tenere la bocchetta a onde a 1 mm dalla superficie da guarnire e premere regolarmente sulla tasca.

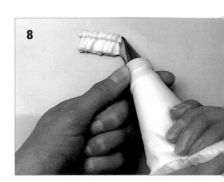

8 Sobald die Spritzglasur auf der Tortenfläche klebt, dreht sich die Druckhand um 60° von der Tülle weg. Die Führungshand bewegt sich gleichzeitig bogen- oder zickzackartig.

8 Once the Royal Icing begins to stick on the surface of the cake, turn your «pressure hand» 60° away from the tube. The «leading hand» moves in a synchronised movement either to form a curve or zigzag.

8 Dès que la glace royale colle sur la surface à décorer, «la main pression» se tourne d'un angle de 60° par rapport à la douille. «La main guide» se meut en même temps que «la main pression», en faisant des courbes ou en zigzag.

8 Quando la glassa reale si attacca alla superficie da decorare, girare la «mano-pressione» di 60° rispetto alla bocchetta. Contemporanea-mente la «mano-guida» si muove a zig-zag o a onde.

9 Für einen sauberen Abschluss wird die Druckhand entlastet und ruckartig nach unten gezogen.

9 To finish neatly, release pressure from your «pressure hand» and pull downwards abruptly.

9 Pour un arrêt propre, «la main pression» relâche, et se retire d'un mouvement brusque vers le bas.

9 Per una rifinitura pulita, togliere la «mano-pressione» dalla deco-razione con un movimento deciso verso il basso.

Die gespritzte Tortendekoration

Piped cake-decorations

Décoration de gâteaux à la douille

La decorazione di torte con la tasca

Das Dekorieren mit der Sterntülle bietet viele Möglichkeiten, eine Torte rationell und attraktiv zu gestalten. Aus der Lektion 23 kennen Sie bereits die Muschel. Die Position der Druck- und Führungshand wird beim Spritzen der folgenden Ornamente von eminenter Bedeutung sein. Grundlegend unterscheiden wir zwischen folgenden Formen: gezogenes Spritzen, umgelegtes Spritzen, gerolltes Spritzen. Wie sie unterschiedlich gespritzt werden können, wird in den anschliessenden drei Bildern erklärt.

Piping with star tubes enables a wide variety of time-effective and attractive cake designs. We have already learnt how to pipe shells in lesson 23. The positions of the «pressure» and «leading» hands is of utmost importance when piping the following ornaments. Basically, we distinguish between the following shapes: Pull and pipe, turn and pipe, roll and pipe. The piping varieties of each shape are demonstrated in the next three pictures.

Le décor à la douille cannelée permet beaucoup de possibilités pour la décoration rationnelle et attractive. De la leçon 23 vous avez pris connaissance de la méthode du coquillage. La position de la main pression et de la main guide a une signification éminente pour la formation des ornements suivants.
Au départ nous choisirons entre plusieurs formes de décors: Décor tiré, décor retourné, décor roulé. Les trois images suivantes expliquent la façon de faire.

La decorazione con la bocchetta scanalata permette svariate possibilità di decorazione razionali e attraenti. Nella lezione 23 avete imparato il metodo delle conchigliette. Il posizionamento della «mano-guida» e della «mano-pressione» sarà sempre più importante.
All'inizio sceglieremo fra le diverse forme di decorazione: decorazioni lineari, decorazione con rosetta iniziale, decorazione a spirale. Nelle immagini seguenti viene illustrato come eseguire queste diverse decorazioni.

Gezogenes Spritzen
Pull and pipe
Décor tiré
Decorazioni lineari

1 Die Druckhand muss abschwächend pressen, während die Führungshand schwungvoll führt.

1 Reduce the pressure on your «pressure» hand whilst the «leading» hand sweeps gracefully.

1 La main «pression» doit exercer une pression décroissante, pendant que «la main guide» travaille pleine d'élan.

1 La mano che tiene la tasca deve esercitare una pressione decrescente, mentre la «mano-guida» lavora in modo regolare.

Osterüberraschung
Easter Surprise
La surprise pascale
La sorpresa pasquale

Umgelegtes Spritzen
Turn and pipe
Décor retourné
Decorazione con rosetta iniziale

2 Das Vorgehen ist wie bei Bild 1, jedoch spritzt man am Anfang eine Rosette von 360°.

2 Proceed as in picture 1, commencing, however, with a rosette of 360°.

2 Le procédé est comme sur la photo 1, mais on forme au départ une rosette de 360°.

2 Procedere come per l'immagine 1, iniziando però con un giro di 360°.

Gerolltes Spritzen
Roll and pipe
Décor «roulé»
Decorazione a spirale

3 Vielleicht die einfachste Spritzart, sofern die Druckhand auf die Führungshand Rücksicht nimmt!

3 Possibly the simplest way to pipe, providing the «pressure» hand harmonises with the «leading» hand.

3 Peut être la façon la plus simple, lorsque «la main pression» s'harmonise avec «la main guide».

3 Può essere il modo più semplice, quando la «mano-pressione» sarà ben coordinata con la «mano-guida».

4 Die Torte wird gemäss Lektion 9 marmoriert überzogen und in mehrere Halbbogen seitlich eingeteilt. Bogengrösse der Seitendekoration auf Bandeisen übertragen und das Muster der Oberfläche und des Bodens einkerben.

4 Cover the cake in a marble effect as explained in lesson 9 and divide the sides in several semi-circles in paper. Transfer the size of the semi-circles onto metal hoops and indent the pattern on the cake's surface and cake-board.

4 Le gâteau sera recouvert de pâte marbrée selon leçon 9 et divisé sur les côtés en plusieurs demi-lunes. Reporter la taille des courbes de la décoration des côtés sur des bandes métalliques et entailler le modèle sur la surface et le fond du gâteau.

4 La torta viene ricoperta con una massa marmorizzata come nella lezione 9 e suddivisa in numerose mezze-lune. La grandezza delle mezze-lune verrà segnata sulla massa da decorare con l'aiuto di modelli in metallo.

5 Verschiedene Linien mit unterschiedlichen Dicken, gelb Nr. 1.5 und weiss Nr. 2 gemäss Lektion 20 und 21, spritzen. Farbkombinationen können frei gewählt oder abgeändert werden.

5 According to lessons 20 and 21 pipe different lines of varying size; a yellow line in no. 1.5 tube and a white line in no. 2 tube. Colour combinations may be chosen freely or altered to please.

5 Selon les leçons 20 et 21, former des lignes différentes de taille et d'épaisseur avec la douille n° 1,5 pour le jaune et n° 2 pour le blanc. L'artiste a le libre choix pour la combinaison des couleurs et le décor peut être changé à volonté.

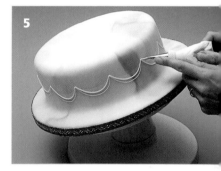

5 Con la bocchetta semplice creare la decorazione «a onde», di grandezza e spessore diverso: n° 1.5 per il giallo e n° 2 per il bianco, come nelle lezioni 20 e 21. La combinazione dei colori sta all'artista, che può scegliere una decorazione multicolore o a tinta unita.

6 Mit der Sterntülle 44 im gezogenen Spritzen, waagrecht gefüllt gleichmässig anfügen.

6 Using the star tube 44, pull and pipe technique, pipe a horizontal C regularly.

6 Avec la douille cannelée 44, réaliser des c couchés pleins avec la méthode du décor tiré.

6 Con la bocchetta scanalata 44, tecnica delle decorazione lineari, costruire una decorazione orizzontale regolare.

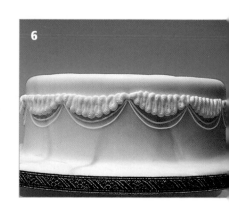

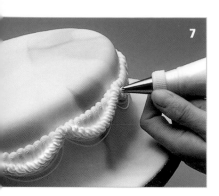

7 Sogleich mit der Sterntülle 7c im gerollten Spritzen gemäss Abbildung dekorieren.

7 Enhance as shown using star tube 7c and roll and pipe technique.

7 Décorer comme sur la photo selon la technique roulée avec la douille cannelée n° 7c.

7 Parallelamente, con la bocchetta scanalata n° 7c, applicare il metodo della spirale e decorare come nell'immagine.

Mr. Fabilo sagt:
Nicht zu viele Ornamente überein-ander aufspritzen. Auf maximal drei Höhen beschränken, da sonst die Gefahr besteht, dass die Spritz-glasur herunterrutschen kann.

Mr. Fabilo says:
Avoid piping too many designs on top of each other. Limit yourself to three layers to avoid the risk of the piping work becoming too heavy and collapsing.

Mr. Fabilo dit:
Ne pas surcharger les décors en les superposant. Se limiter à trois cou-ches au maximum, sinon le risque que la glace royale glisse devient trop grand.

Consiglio del sig. Fabilo:
Non caricare troppo le decorazioni sovrapponendole una all'altra. Il rischio che la glassa reale, diven-tando troppo pesante scivoli e cada, è veramente alto.

10 Dem Boden- und Ober-flächenrand entlang mit Sterntülle 13 gezogen spritzen, gemäss Lektion 23.

10 Pull and pipe along the edges of the surface and cake-board using star tube no. 13 according to lesson 23.

10 Le fond et les côtés seront décorés avec la douille cannelée n° 13, avec la méthode du décor tiré, voir leçon 23.

10 Il bordo e i lati verranno deco-rati con la bocchetta scanalata n° 13, come alla lezione 23, con il metodo delle decorazioni lineari.

11 Nachdem die umgelegten Ornamente des Bodens und der Oberfläche für ein paar Minuten trocknen konnten, wird die zweite Schicht mit Sterntülle 43, ebenfalls halbmondartig und gerollt, gespritzt.

11 Allow the crescent-ornaments along the surface and cake-board to dry for a few minutes before rolling and piping the second layer of crescents using star tube no. 43.

11 Après avoir laisser sècher les ornements du fond et des bords quelques minutes, appliquer la deuxième couche avec la douille cannelée n° 43, également avec les méthodes du retourné et du roulé.

11 Nei minuti occorrenti all'essic-catura della decorazione del bordo e dei lati, con la bocchetta scanalata n° 43, applicare il secondo strato, utilizzando il metodo delle rosette e delle spirali.

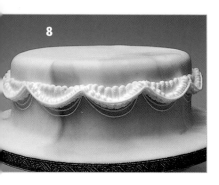

8 Abschliessend mit der Lochtülle Nr. 2 in Gelb die Bogen spritzen.

8 And finally, pipe yellow loops in no. 2.

8 Pour finir tirer les courbes jaunes avec la douille ronde n° 2.

8 Da ultimo, con la bocchetta sem-plice n° 2, tracciare le linee curve gialle.

9 Oberfläche und Boden, den Kerbungen entlang, mit der Sterntülle 44, umgelegt und gerollt spritzen.

9 Roll and pipe crescents along the indentations on the cake's surface and cake-board with star tube no. 44.

9 La surface et le fond seront garnis le long des entailles avec la douille cannelée n° 44 en suivant les méthodes du décor retourné et du décor roulé.

9 La superficie e i bordi verranno guarniti con la bocchetta scanalata n° 44, lungo gli intagli, con il meto-do della rosetta e delle spirali.

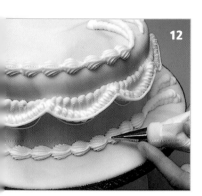

12 Zum Schluss mit der Lochtülle Nr. 1.5 in Gelb die Randgarnitur gemäss Abbildung schmücken.

12 Finish off the edging decoration in yellow using no. 1.5 tube as shown.

12 Pour finir, garnir d'un fil jaune avec la douille ronde n° 1.5, selon la photo.

12 Per finire, con la bocchetta semplice n° 1.5, decorare i bordi in giallo come nell'immagine.

13 Gezogene und gegossene Zucker- oder Isomaltartistik als Krönung für das Tortenkunstwerk. Frohe Ostern!

13 Pulled and cast art in sugar or Isomalt say it all. Happy Easter!

13 Une décoration coulée et tirée, en sucre ou Isomalt, met le point final. Joyeuses Pâques!

13 Con lo zucchero e l'Isomalt sciolti, scrivere: Buona Pasqua!

Gespritzte Seiten-dekorationen 1

Piped side decorations 1

Décoration des côtés à la douille 1

Decorazione laterale con la tasca per dolci 1

1.1 Die Kontur des Spritzmusters einkerben.

1.1 Indent the contour of the pattern to be piped.

1.1 Entailler les contours des esquisses.

1.1 Segnare il contorno del modello.

1.2 Mit der Tülle 060 die Rüschen spritzen.

1.2 Pipe a frill using tube no. 060.

1.2 Fabriquer les voilages avec la douille à voilage n° 060.

1.2 Costruire le onde con la bocchetta a onde n° 060.

1.3 Sogleich mit der Sterntülle 7c im gerollten Spritzen gemäss Abbildung dekorieren.

1.3 Roll and pipe with star tube no. 7c along the top as shown.

1.3 Décorer aussitôt avec la douille cannelée n° 7c en décor roulé selon la photo.

1.3 Parallelamente, con la bocchetta scanalata n° 7c (vedi immagine), decorare con il metodo della spirale.

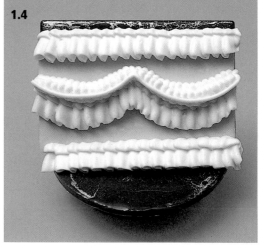

1.4 Abschliessend mit der Lochtülle Nr. 2 die Bogen spritzen.

1.4 And finally, pipe the loops using no. 2 tube.

1.4 Pour finir, former les courbes avec la douille ronde n° 2.

1.4 Per finire, disegnare gli archi con la bocchetta semplice n° 2.

Gespritzte Seiten- dekoration 2

Piped side decorations 2

Décoration des côtés à la douille 2

Decorazione laterale con la tasca per dolci 2

2.1 Die Kontur des Spritzmusters einkerben.

2.1 Indent the contour of the pattern to be piped.

2.1 Entailler les contours des esquisses.

2.1 Segnare il contorno del modello.

2.2 Mit der Lochtülle Nr. 2 das Strichmuster spritzen.

2.2 Pipe the squiggly-line pattern in no. 2 tube.

2.2 Former le motif avec la douille ronde n° 2.

2.2 Con la bocchetta semplice n° 2, realizzare le decorazioni seguendo le tracce dei modelli.

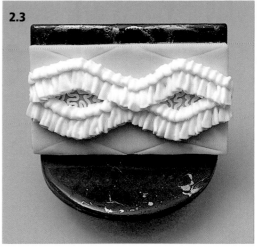

2.3 Mit der Tülle 050 zuerst unten, dann oben die Rüsche spritzen.

2.3 Using pipe no. 050 pipe firstly the bottom frill and secondly the upper frill.

2.3 Avec la douille 050, confectionner les voilages d'abord ceux du bas, puis ceux du haut.

2.3 Con la bocchetta 050 confezionare le onde cominciando dal basso e finendo in alto.

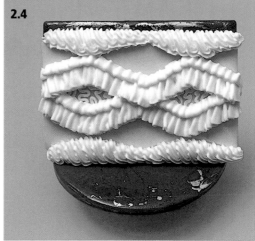

2.4 Sogleich mit der Sterntülle 7 im gerollten Spritzen gemäss Abbildung dekorieren.

2.4 Roll and pipe with star tube no. 7 along the top as shown.

2.4 Puis décorer avec la douille cannelée n° 7, selon la photo avec la méthode roulée.

2.4 Quindi decorare con la bocchetta scanalata n° 7, come da immagine, con il metodo della spirale.

Gespritzte Seiten-dekorationen 3

Piped side decorations 3

Décoration des côtés à la douille 3

Decorazione laterale con la tasca per dolci 3

Mr. Fabilo sagt:
Bei diesen Seitendekorationen spielt das genaue und gleichmässige Ausführen eine wesentliche Rolle. Selbst wenn der Zeitaufwand gering ist, die perfekte Ausführung von einfachen Details lohnt sich immer.

Mr. Fabilo says:
It is essential to work precisely and accurately when piping side decorations. Even the simplest decorations, when perfectly executed, prove most effective.

Mr. Fabilo dit:
Pour ces décorations des côtés l'exactitude et la régularité du travail jouent un rôle important. Même avec une durée de travail minime, un travail régulier et parfait sera toujours récompensé.

Consiglio del sig. Fabilo:
Per queste diverse decorazioni dei bordi, la regolarità e la precisione del disegno sono importantissime. Anche con un lavoro di breve durata, un'esecuzione regolare e perfetta nei minimi particolari sarà sempre vincente.

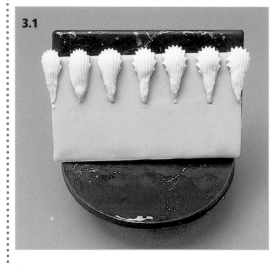
3.1

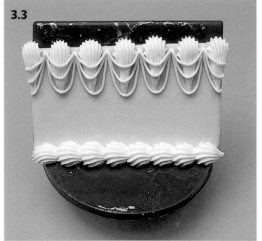
3.3

3.1 Muscheln im gleichmässigen Abstand mit der Sterntülle 13 spritzen.

3.1 Pipe a series of shells with equal distance between using star tube no. 13.

3.1 Former des coquillages, à espaces réguliers avec la douille cannelée n° 13.

3.1 Costruire le conchigliette, spaziandole regolarmente, con la bocchetta scanalata n° 13.

3.3 Nochmals mit der Sterntülle 13 Muscheln als Randabschluss spritzen.

3.3 Using the star tube 13 again, pipe a line of shells to complete the edging pattern.

3.3 Former encore 13 coquillages avec la douille cannelée n° 13 pour la finition du bord.

3.3 Come rifinitura dei bordi, rifare le conchigliette con la bocchetta scanalata n° 13.

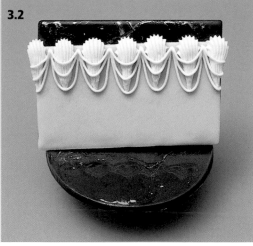
3.2

3.4

3.2 Mit der Lochtülle Nr. 2 je drei Bogen spritzen.

3.2 Pipe three loops on each in tube no. 2.

3.2 Dresser trois courbes à la fois avec la douille ronde n° 2.

3.2 Con la bocchetta semplice n° 2, disegnare gli archi.

3.4 Zum Schluss einmal mit der Lochtülle Nr. 3 und zweimal mit der Lochtülle Nr. 2 die Randgarnitur gemäss Abbildung schmücken.

3.4 And finally, enhance the edging pattern as shown with a single line of piping in tube no. 3 and two lines in no. 2.

3.4 Pour finir, garnir les bordures une fois avec la douille ronde n° 3 et deux fois avec la douille ronde n° 2, selon la photo.

3.4 Per una rifinitura perfetta, ripassare la decorazione dei bordi come da immagine, una volta con la bocchetta semplice n° 3, e due volte con la n° 2.

Gespritzte Seiten- dekoration 4

Piped side decorations 4

Décoration des côtés à la douille 4

Decorazione laterale con la tasca per dolci 4

4.1 Die Kontur des Spritzmusters einkerben.

4.1 Indent the contour of the pattern to be piped.

4.1 Entailler les contours des esquisses.

4.1 Segnare il contorno del modello.

4.2 Verschiedene Linien mit unterschiedlichen Dicken, zuerst einmal mit Lochtülle Nr. 3, dann zweimal mit Lochtülle Nr. 2, spritzen.

4.2 Pipe lines of varying size; firstly a single line in tube no. 3, then twice with tube no. 2.

4.2 Former des lignes d'épaisseurs différentes, d'abord une fois avec la douille ronde n° 3, ensuite deux fois avec la douille ronde n° 2.

4.2 Passare una volta con la bocchetta semplice n° 3, poi, a dipendenza della differenza di spessore, passare due volte con la bocchetta semplice n° 2 sulla traccia segnata nel modello.

4.3 Mit der Sterntülle 7c im gerollten Spritzen gemäss Abbildung den Bogen ansetzen. Als Randabgrenzung kleine Kugeln gemäss Lektion 23 spritzen.

4.3 Roll and pipe a line above the loops using the star tube no. 7c as shown. Small balls, as shown in lesson 23, form a delicate edging pattern.

4.3 Former la courbe d'après la méthode roulée avec la douille cannelée n° 7c selon la photo. Pour délimiter le bord, former des petites boules selon leçon 23.

4.3 Con la bocchetta scanalata n° 7c, metodo della spirale, decorare ad archi come da immagine. All'estremità dei bordi aggiungere delle palline, come alla lezione 23.

4.4 Mit der Blatttülle ST 50, Lektion 31, zuerst je drei Blätter mit grün eingefärbter Spritzglasur aufsetzen, anschliessend eine rosarote Rosette mit der Sterntülle 5 spritzen.

4.4 Firstly, pipe three groups each composed of three green leaves using the leaf-tube ST 50, as explained in lesson 31. Complete each with a pink rosette, piped in star tube no. 5.

4.4 Avec la douille à feuilles ST 50, leçon 31, confectionner d'abord 3 feuilles avec de la glace royale colorée en vert, puis avec la douille cannelée n° 5 confectionner une rosette de couleur rose tendre.

4.4 Con la bocchetta a foglie ST 50, vedi lezione 31, confezionare tre foglie con la glassa reale colorata di verde, poi con la bocchetta scanalata n° 5, confezionare una rosetta rosa pallido.

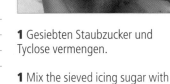

Die Blumenmasse

Eine besondere Eigenschaft zeichnet die Blumenmasse aus: das schnelle Verkrusten. Alle Blumen, Blätter und Stützen werden mit dieser Masse hergestellt. Dank dem hohen Anteil an Tyclose (Pflanzenstärke) werden die einzelnen Blütenblätter sehr schnell fest, und es kann zügig weitergearbeitet werden.

Zutaten:

1000 g	Staubzucker
40 g	Tyclose (Pflanzenstärke)
30 g	eingeweichte Blattgelatine (3 Blätter)
70 g	Wasser
25 g	Pflanzenfett
25 g	Glukose (Sirup 45°Baumé)
50 g	Eiklar

1 Gesiebten Staubzucker und Tyclose vermengen.

1 Mix the sieved icing sugar with the Tyclose.

1 Mélanger le Tyclose avec le sucre glace tamisé.

1 Mescolare il Tyclose con lo zucchero a velo.

Flower Paste

Flower paste has one particular distinguishing characteristic – it readily forms a crust. All flowers, leaves and supports are produced from this paste. Thanks to the high percentage of Tyclose (vegetable starch) the individual petals set off extremely quickly, allowing the cake-decorator to proceed at a swift pace.

Ingredients:

1000 g	icing sugar
40 g	Tyclose (vegetable starch)
30 g	sheet gelatine soaked in water (3 sheets)
70 g	water
25 g	vegetable fat
25 g	glucose (syrup 45° Baumé)
50 g	egg-white

4 Zu Beginn klebt die Masse sehr stark.

4 The paste is extremely sticky to start with.

4 Au début la masse colle fortement aux parois.

4 All'inizio la pasta incolla fortemente.

La pâte à fleurs

Le rapide durcissement et séchage caractérise cette pâte. Toutes les fleurs et feuilles sont fabriquées à partir de cette pâte. Grâce à la haute teneur en Tyclose (amidon végétal) les feuilles individuelles sèchent très rapidement et permettent ainsi un travail rationnel et rapide.

Ingrédients:

1000 g	sucre glace
40 g	Tyclose (amidon végétal)
30 g	gélatine trempée (3 feuilles)
70 g	d'eau
25 g	graisse végétale
25 g	glucose (sirop 45° Baumé)
50 g	blanc d'œuf

7 Die fertige Blumenmasse darf nicht mehr an den Händen kleben.

7 The ready-to-use flower paste should no longer stick to your hands.

7 La pâte à fleurs terminée ne doit plus coller aux mains.

7 La pasta per fiori finita non deve più incollare alle mani.

La pasta per fiori

Questa pasta ha una caratteristica particolare: forma rapidamente una crosta. Tutti i fiori, foglie e gambi sono realizzati con questa pasta. Grazie all'alto tenore in Tyclose (amido vegetale), ogni petalo di fiore indurisce rapidamente, permettendo una lavorazione rapida.

Ingredienti:

1000 g	zucchero a velo
40 g	Tyclose (amido vegetale)
30 g	gelatina imbevuta (3 fogli)
70 g	acqua
25 g	grasso vegetale
25 g	glucosio (sciroppo 45° Baumé)
50 g	albume

2 Blattgelatine im kalten Wasser einweichen. Wasser, Pflanzenfett und Glukose in einer Pfanne auf 50°C erwärmen.

2 Soak the sheet gelatine in cold water. Heat the water, vegetable fat and glucose in a pan to 50°C.

2 Tremper les feuilles de gélatine dans l'eau froide. Chauffer la graisse végétale, l'eau et le glucose dans une casserole à 50°C.

2 Far macerare i fogli di gelatina nell'acqua fredda. Scaldare il grasso vegetale, l'acqua e il glucosio in una pentola a 50°C.

3 Die eingeweichte Gelatine ausdrücken und der warmen Wasser-Pflanzenfett-Glukose-Mischung beifügen, gut mischen und rühren, bis sich die Gelatine komplett aufgelöst hat. Bei laufender Maschine diese Mischung dem Staubzucker beifügen. Sogleich das Eiklar beifügen.

3 Add the squeezed gelatine sheets to the warm water-vegetable fat-glucose mixture. Mix and stir well until the gelatine is completely dissolved. Add the icing sugar whilst the electric-mixer is still beating. Add the egg-white too.

3 Après avoir pressé les feuilles de gélatine, bien les mélanger avec le mélange chauffé, jusqu'à ce que la gélatine soit complètement dissoute. La machine en marche, incorporer le sucre glace tamisé, ensuite le blanc d'œuf.

3 Dopo aver schiacciato i fogli di gelatina, e dopo aver aggiunto la miscela acqua – grasso vegetale – glucosio, mescolare bene, fino alla completa dissoluzione della gelatina. Incorporare lo zucchero a velo, poi il bianco d'uovo, facendo sempre lavorare l'apparecchio.

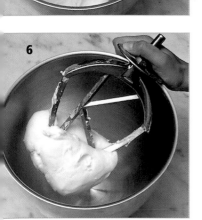

5 Durch das Rühren wird sie heller und fester.

5 The beating process causes it to become lighter and firmer.

5 Mais à force de la travailler elle se durcira et s'éclaircira.

5 Poi, con la lavorazione, diventa più chiara e dura.

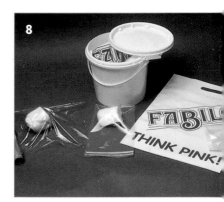

6 Nach fünf Minuten bildet sich eine sehr feste Masse. Sollte sie noch leicht kleben, fügt man Staubzucker bei.

6 After five minutes the paste is extremely firm. Should it still feel sticky, add a little icing sugar at this stage.

6 Après cinq minutes de travail, il se formera une pâte compacte. Si toutefois elle devait encore coller, y incorporer du sucre glace.

6 Dopo cinque minuti di lavorazione si forma una pasta compatta; se dovesse ancora leggermente incollare, incorporare dello zucchero a velo.

8 Die fertige Masse zu einer Kugel rollen, in Zellophan einpacken und zusätzlich in einen verschliessbaren Frischhaltebeutel legen. Bevor die Blumenmasse in einen verschliessbaren Eimer gelegt wird, zusätzlich in einen Plastiksack einrollen. Diese Masse kann im Kühlschrank bei 4 – 8°C mindestens 90 Tage und bei Raumtemperatur von 16 – 20°C mindestens 30 Tage aufbewahrt werden. Wichtig! 12 Stunden ruhen lassen, bevor sie zum Weiterverarbeiten verwendet wird.

8 Roll the finished paste to a ball, wrap in kitchen foil and place in an airtight bag. Before storing the paste in a bucket, wrap it well in a second bag. The paste may be stored for at least 90 days when refrigerated at 4 – 8°C or for at least 30 days at a room temperature of 16 – 20°C. NB! Allow the paste to rest for 12 hours before continuing.

8 Former une boule avec la pâte terminée, l'emballer dans du film alimentaire, puis dans un sac plastique fermant hermétiquement. Avant de mettre la pâte à fleurs dans un seau à couvercle, l'emballer encore une fois dans un plastique. Cette masse peut être conservée au réfrigérateur à 4 - 8°C au moins pendant 90 jours et à température ambiante, 16 - 20°C au moins 30 jours. Important! Laisser reposer pendant 12 heures, avant de l'utiliser pour la production.

8 La pasta finita viene raccolta a palla e quindi avvolta in plastica alimentare, poi messa in sacchetti di plastica ermetici; prima di mettere nel recipiente per la conservazione, mettere in sacchetti di plastica. Questa pasta conservata a 4-8°C si conserva almeno 90 giorni, a 16-20°C per almeno 30 giorni. Attenzione! Lasciare riposare 12 ore prima dell'utilizzo successivo.

Handgemachte
modellierte Blumen

Blumen haben in der Tortenartistik ihren festen Platz.
Wenn sie noch rationell herstellbar und effektvoll sind,
steigt die Nachfrage umso mehr.
Bei den folgenden modellierten Blumen vermitteln wir
eine Technik, bei der sie ohne Ausstecher hergestellt
werden. Geübte Hände und eine Portion Fantasie lassen grandiose Blumenarrangements entstehen.

Handcrafted,
modelled flowers

Flowers are firmly established in cake artistik. The
demand increases substantially if they can be crafted
in an efficient and effective manner.
The modelled flowers, explained in this lesson, are
handcrafted without the use of cutters. Dexterous
hands and a little fantasy will allow you to make wonderful flower arrangements using this technique.

Fleurs modelées
faites à la main

Les fleurs ont une place établie dans la décoration
artistique de gâteaux. Avec un travail rationnel ayant
de plus un superbe effet, la demande n'en sera que
plus grande.
Par notre démonstration de modelage de fleurs nous
vous montrons une technique de fabrication sans
emporte-pièce. Un peu d'habileté et une part de fantaisie vous permettrons de réaliser des arrangements
floraux de toute beauté.

Fiori modellati
a mano

I fiori hanno un loro posto di prima scelta nella
decorazione artistica di torte. La domanda sarà sempre
più grande se il lavoro è razionale e di grande effetto.
Per la nostra dimostrazione di modellatura di fiori, vi
mostriamo una tecnica di fabbricazione senza formine.
Un po' di abilità e di fantasia vi permetteranno di
realizzare arrangiamenti floreali molto belli.

1 Nachdem die selbst gemachte
Blumenmasse gemäss Lektion 26
mindestens 12 Stunden geruht
hat, wird eine kleine Portion davon
mit etwas Pflanzenfett kräftig
durchgearbeitet.

1 Allow the flower paste, made as
explained in lesson 26, to rest for
at least 12 hours. Work a small
amount of vegetable fat thoroughly
into the flower paste.

1 Après avoir laisser reposer la
pâte à fleurs confectionnée, selon
leçon 26 au moins 12 heures, en
prélever une petite portion qui sera
bien travillée avec un peu de
graisse végétale.

2 Kugel modellieren.

2 Roll a ball.

2 Modeler une boule.

2 Modellare una pallina.

3 Mit dem abgebildeten Modellierstäbchen einen Kegel mit
Vertiefung formen.

3 Form into a cone and make a
depression using the modelling
tool.

3 Avec l'ébauchoir en pointe,
former un cône avec un creux.

3 Con lo scalpello a punta formare
un cono perfetto, con incavo.

Rosarote Fantasieblume
Pink Fantasy
Fleur fantaisie rose
Fiore-fantasia in rosa

1 Dopo aver lasciato riposare la
massa da fiori confezionata come
alla lezione 26, per almento 12 ore,
prelevarne una parte e lavorarla
con il grasso vegetale.

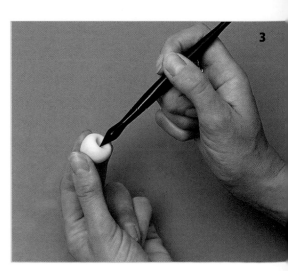

Mr. Fabilo sagt:
Der Schnitt der Schere kann eine Blume erheblich verändern. Die Blütenblätter werden dadurch grösser oder kleiner, breiter oder schmäler.

Mr. Fabilo says:
The way you cut influences the flower considerably. The petals will become larger or smaller, narrower or wider respectively.

Mr. Fabilo dit:
Selon les coups de ciseaux donnés, l'aspect final de la fleur peut être totalement différent: soit plus grand ou plus petit, plus large ou plus fin.

Consiglio del sig. Fabilo:
È il colpo di forbici che darà l'aspetto finale del fiore: esso potrà essere più o meno grande e più o meno sottile.

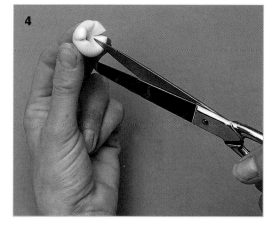

4 Mit der Schere sechsmal 15 mm tief einschneiden.

4 Cut six times with the scissors 15 mm deep.

4 Avec les ciseaux, entailler six fois, à 15 mm de profondeur.

4 Con le forbici intagliare sei volte, a 15 mm di profondità.

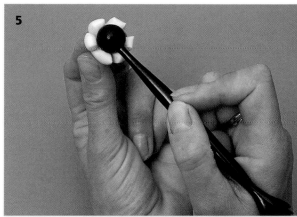

5 Das Kugelstäbchen hineindrücken, damit sich ein Kelch bildet.

5 Make an impression using the ball tool to form a calyx.

5 Enfoncer l'ébauchoir boule pour y former un calice.

5 Premere con lo scalpello a palla per formare un calice.

6 Die eingeschnittenen Teile mit den Fingern von der Seite her sternartig zusammendrücken.

6 Press each of the cut segments together with your fingers from the side to form a star.

6 Etirer les parties coupées en forme d'étoile en les tenant avec les doigts par les côtés.

6 Con le dita allungare a forma di stella le parti tagliate.

7 Anschliessend werden die Zacken von oben und unten flach gepresst.

7 And finally, press the points flat between your fingers from top and bottom.

7 Ensuite les pétales seront aplatits par le haut et par le bas.

7 Per finire, ogni petalo dovrà essere pressato tra le dita.

8 Die Blütenblattmitte einkerben. Der linke Daumen spielt dabei eine wichtige Rolle als Blütenblatthalter.

8 Mark the centre of each petal, paying attention to support the petal on your left-hand thumb whilst doing so.

8 Entailler le centre de chaque pétale. Le pouce gauche joue un rôle très important, ceci comme maintient.

8 Segnare il centro di ogni petalo. Il pollice sinistro ha un ruolo molto importante, come fermo.

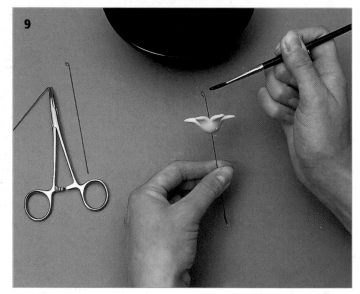

9 Als Blumenstiel wird ein mit grünem Papier eingefasster 10 cm langer Draht Nr. 24 verwendet. Dabei wird der Draht an einem Ende mit der Greifschere eingerollt, durch die Blüte gestossen und vor dem Einziehen in die Blüte mit etwas Tyclose-Klebstoff bepinselt.

9 We use a 10 cm long, no. 24 wire, covered in green florists' tape, for the stalk. Notch the wire over at one end using the flower grippers before pushing this through the flower. Brush the stalk with a little Tyclose-glue to affix it securely.

9 Pour la tige de la fleur, utiliser une tige métallique n° 24 de 10 cm de long, enrobée de ruban de fleuriste vert. Une des extrémités de cette tige sera recourbée à l'aide du ciseau-pince et passée à travers la fleur en ayant auparavant passé un peu de colle tyclose à l'extrémité à l'aide d'un pinceau.

9 Il gambo del fiore deve essere confezionato con nastro per fioristi verde, su un gambo metallico n° 24, di 10 cm. Una delle estremità di questo gambo deve essere curvata con l'aiuto della pinza a forbice e fatta passare attraverso il fiore, avendo cura di mettervi dapprima un po' di colla Tyclose con una pinzetta.

10 Den Farbstaub mit 50% Maisstärke verdünnen und die Blüte gemäss Abbildung zweifarbig bestäuben.

10 Reduce the dusting powder with 50% cornflour and dust the flower in two colours as shown.

10 Diminuer l'intensité du colorant poudre de 50% avec de la maïzéna, et badigeonner les fleurs de deux couleurs.

10 Ridurre del 50% l'intensità del colorante in polvere con la maizena e colorare i fiori di due colori.

11 Zum Schluss werden sie leicht mit Lebensmittellack besprüht und im groben Kristallzucker gewendet.

11 And to conclude, spray finely with edible lacquer and toss gently in coarse-grain sugar.

11 Pour finir les pulvériser légèrement de laque artistique et les passer dans le sucre cristallisé grossier.

11 Per rifinire polverizzarli leggermente con la lacca artistica e passarli nello zucchero cristallizzato.

Wedding

Schlüsselblume
Primrose

Primevère
Primula

1 Repeat steps 1 to 7 of the Pink Fantasy using yellow flower paste this time, and cutting only five times. Make a 3 mm deep cut in the central tip of each petal.

1 Repéter les étapes de la fleur fantaisie rose, photos 1 à 7, cependant avec de la pâte teintée en jaune et inciser seulement cinq fois. Puis les bouts des pétales seront entaillés à 3 mm de profondeur.

1 La modellatura e i cinque intagli necessari alla confezione di questo fiore funzionano come il fiore-fantasia in rosa, immagini da 1 a 7, con massa colorata in giallo. Con le forbice intagliare a 3 mm di profondità.

1 Die Arbeitsschritte der rosaroten Fantasieblume, Bild 1 bis 7, wiederholen, jedoch mit gelber Blumenmasse modellieren und nur fünfmal einschneiden.
Nun werden die Spitzen der Blütenblätter 3 mm tief eingeschnitten.

4 Den Blumenstiel wie bei der rosaroten Fantasieblume, Bild 9, einziehen. Staubfaden einsetzen.

4 Insert the stalk as shown in picture 9 of the Pink Fantasy. Add a stamen.

4 Incorporer la tige comme pour la fleur fantaisie rose, photo 9. Y ajouter les étamines.

4 Incorporare il gambo metallico come all'immagine 9 del fiore-fantasia. Aggiungervi gli stami.

2 Use the blue foam pad as an ideal surface to work the edges of each petal extremely thin with the modelling tool.

2 Sur la mousse bleue, à l'aide de l'ébauchoir adéquat, affiner chaque pétale de fleur.

2 Sulla spugna blu, con l'aiuto dello scalpello per modellare, assottigliare ogni petalo del fiore.

2 Auf der blauen Schaumunterlage werden mit dem Modellierstäbchen die Kanten der einzelnen Blütenblätter hauchdünn gerieben.

3 Mit dem Kugelstäbchen die Blütenblätter vertiefen und verbreitern.

3 The ball tool is used to give each petal depth and width.

3 Avec l'ébauchoir boule élargir et approfondir chaque pétale.

3 Con lo scalpello a palla allargare e scavare ogni petalo.

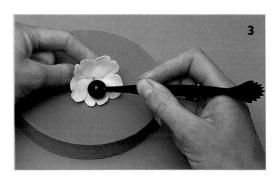

5 Mit gelbem Farbstaub bestäuben.

5 Dust in yellow powder.

5 Badigeonner avec du colorant poudre jaune.

5 Colorare con del colorante in polvere giallo.

Veilchen
Violet

Violette
La violetta

1 Divide three-quarters of the cone into four petals. The fourth section remains uncut.

1 Pour entailler les pétales, les trois quart de la boule seront divisés en quatre pétales, le dernier quart reste intact.

1 Per intagliare i diversi petali di questo fiore, i tre quarti della pallina dovranno essere divisi in quattro petali e l'ultimo quarto resterà intatto.

1 Beim Einschneiden der Blütenblätter werden drei Viertel der Kugel in vier Blätter eingeteilt, das andere Viertel bleibt unverändert.

2 Die Arbeitsschritte bis zum vertieften und verbreiterten Blütenblatt wie bei der rosaroten Fantasieblume und der Schlüsselblume wiederholen.

2 Repeat the step-by-step instructions for Pink Fantasy and Primrose up to shaping with the ball tool.

2 Répéter pas à pas les opérations de la fleur fantaisie rose et de la primevère jusqu'au pétale approfondi et élargi.

2 Ripetere tutte le operazioni passo per passo per ogni petalo, dall'allargamento all'incavo, come per il fiore-fantasia in rosa.

4 Mit gelbem und blauem Farbstaub bestäuben. Blumenstiel 90° biegen.

4 Dust in yellow and blue powder. Tilt the stalk 90°.

3 Den Blumenstiel wie bei der rosaroten Fantasieblume, Bild 9, einziehen. Als Staubbeutel wird etwas Blumenmasse durch ein feines Sieb gedrückt und länglich zugeschnitten. Mit Tyclose-Klebstoff festsetzen.

3 Insert the stalk as shown in picture 9 of the Pink Fantasy. The anther is formed by pressing some flower paste through a fine-mesh sieve and cutting off an elongated piece. Affix with Tyclose glue.

3 Incorporer la tige comme pour la fleur fantaisie rose, photo 9. En guise d'étamines prendre un peu de pâte à fleurs et la passer dans une passoire fine. Couper ces étamines en longueur puis les coller avec la colle tyclose.

3 Il gambo metallico verrà incorporato come per il fiore fantasia, immagine 9. Per gli stami, prendere poca pasta per fiori e passarla in un setaccio. Tagliare gli stami per il lungo e fissarli con la colla Tyclose.

4 Badigeonner avec du colorant poudre jaune et bleu. La tige métallique sera courbée à 90°.

4 Passare nella polvere colorante gialla e blu. Il gambo metallico dovrà essere incurvato a 90°.

Das Binden eines Biedermeiersträusschens

Bevor mit dem Binden begonnen wird, müssen die Blumen für mindestens 6 Stunden bei Zimmertemperatur und 50% Luftfeuchtigkeit getrocknet werden. Das Binden eines Biedermeiersträusschens gehört zu den einfachen Bindemethoden. Vom Zentrum aus wird eine Blume nach der andern angesetzt und sogleich mit dem Floristenband befestigt. Beim Binden gehen wir wie folgt vor:

Arranging a posy with a paper frill (Biedermeier)

Allow the flowers to dry at room temperature and 50% atmospheric humidity for at least 6 hours before commencing with binding.
Making up a posy with a paper frill is one of the most simple ways of arranging flowers. Working from the centre outwards, attach one flower after the other, securing as you go with florists' tape. Proceed as follows to arrange your posy:

Nouer un bouquet avec une manchette (Biedermeier)

Avant de pouvoir former un bouquet, les fleurs devront sécher au moins 6 heures à température ambiante et perdre 50% de leur humidité. Nouer un bouquet à la «Biedermeier» est la méthode la plus simple. En partant du centre vers l'extérieur, chaque fleur sera assemblée à l'autre au moyen de ruban fleuriste. Pour l'assemblage on procède comme suit:

Arrangiamento floreale (Biedermeier)

Prima di preparare un bouquet bisogna seccare per almeno sei ore a temperatura ambiente e umidità al 50%.
Annodare questo tipo di bouquet è molto semplice. Si parte dal centro verso l'esterno, ogni fiore verrà unito all'altro per mezzo del nastro per fioristi. Si prosegue così:

1 Die nötigen Hilfsmittel sind nebst Blumen und Papieruntersatz Floristenband, Floristenbandschneider, Schere, Greifschere, Oasisblock und Strohhalme.

1 You will need; flowers, paper frill, florists' tape, tape-cutter, scissors, flower grippers, oasis and drinking-straws.

1 Hormis les fleurs et la manchette en papier, il nous faut: ruban fleuriste, couperet de ruban, ciseaux, ciseau-pince, bloc d'oasis et pailles.

1 Oltre ai fiori e al supporto di carta, occorrono: nastro per fioristi, tagliatrice di nastri per fioristi, forbici, pinza a forbice, supporto di spugna e paglia.

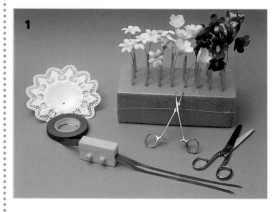

2 Fünf Zentimeter unterhalb der Blüte wird der Stiel mit dem halbierten Floristenband mehrmals umwickelt.

2 Wrap the stalk repeatedly in florists' tape, previously divided in two, commencing 5 cm beneath the flower head.

2 A environ 5 cm de la fleur, les tiges seront enrobées de ruban fleuriste préalablement divisé en deux.

2 I gambi dovranno essere ricoperti con nastro per fioristi, precedentemente diviso in due, fino a 5 cm dal fiore.

Mr. Fabilo sagt:
Um die mit Papier eingerollten Drahtstiele der Blumen nicht zu verletzen, werden sie in abgeschnittene Strohhalme gestossen. Die Strohhalme werden allerdings zuerst in einen Oasisblock gesteckt, um die Stabilität zu garantieren.

Mr. Fabilo says:
To avoid damaging the taped flower stalks stand them in drinking-straws. Press the drinking-straws in an oasis beforehand to ensure they stand securely.

Mr. Fabilo dit:
Pour ne pas abîmer les tiges des fleurs, les déposer dans des bouts de pailles coupées, qui sont piquées dans l'oasis, pour leur assurer une certaine stabilité.

Consiglio del sig. Fabilo:
Onde evitare di danneggiare i fiori avvolti nel nastro per fioristi, questi dovranno essere protetti da pezzetti di paglia tagliata e infilati in un blocco di spugna, in modo da garantirne una certa stabilità.

3 Die erste Blume wird am höchsten platziert. Die folgenden Blumen werden links und rechts, leicht nach unten versetzt, angeordnet. Sobald eine weitere Blume angefügt ist, dreht man das Sträusschen zwei- bis dreimal um das Floristenband. Die Stiele müssen fest zusammenhalten und dürfen nie locker sein.

3 Arrange the first flower at the highest point. The remaining flowers are arranged left and right, and slightly lower. Secure each individual flower with florists' tape by twisting the posy two to three times after each flower is added. The stalks must «sit» together tightly and should never be loose.

3 La première fleur sera placée la plus haute. Les suivantes seront placées à droite et à gauche légèrement plus bas. Dès qu'une fleur est placée on tourne deux ou trois fois le bouquet autour du ruban fleuriste. Les tiges doivent être solidement fixées entre elles et en aucun cas se desserrer.

3 Il primo fiore verrà sistemato più in alto. I seguenti saranno messi a destra e a sinistra, leggermente più in basso di quello centrale. Man mano che un fiore viene piazzato, si avrà cura di avvolgere due o tre volte il bouquet con nastro per fioristi. I gambi dovranno essere fissati solidamente tra di loro e non dovranno muoversi.

4 Blume für Blume hinzufügen und sogleich festbinden.

4 Add flower after flower, securing repeatedly with tape.

4 Ajouter fleur par fleur et fixer aussitôt.

4 Aggiungere un fiore per volta, fissandolo subito.

5 Ein Biedermeiersträusschen darf geometrisch arrangiert werden.

5 A Biedermeier posy of this nature may be geometrical in form.

5 Un bouquet Biedermeier peut être arrangé de façon symétrique.

5 Il bouquet Biedermeier può essere creato simmetricamente.

6 Nachdem die letzten Blumen angesetzt sind, werden mit der Greifschere die Stiele ausgeglichen. Nie mit den Händen ausgleichen, sie sind zu gross und zu grob, die Blumen könnten sich sonst vom Stiel lösen.

6 Once the last flowers have been added, make any corrections using the flower grippers. Never do this with your hands, as they are too large and awkward and could knock the flower heads from their stalks.

6 Lorsque la dernière fleur est attachée, styliser les fleurs avec le ciseau-pince. En aucun cas effectuer ce travail avec les doigts qui sont trop gros, ce qui risque de détacher les fleurs de la tige.

6 Una volta sistemato l'ultimo fiore, rifinire i fiori con la pinza a forbice. In nessun caso effettuare questo lavoro con le dita, che, essendo troppo grosse, rischierebbero di staccare i fiori dal gambo.

7 Abschliessend können noch ein paar Schlaufen integriert werden. Straussstiel mit Floristenband bis unten umwickeln, den Schluss abschneiden. Fertiges Sträusschen in den Papieruntersatz stecken – et voilà!

7 A few ribbons may be integrated to give the final touch. Cover the complete length of the stalks in florists' tape and cut off any untidy ends. Place the finished posy in the paper frill – et voilà!

7 Pour la touche finale, on ajoutera quelques rubans. Les tiges du bouquet seront entourées de ruban fleuriste jusqu'en bas, couper la fin. Piquer le bouquet terminé dans un papier dentelle – et voilà!

7 Per una rifinitura perfetta si possono aggiungere dei nastri al bouquet. Avvolgere con cura il bouquet nel nastro per fioristi e tagliare la base dei gambi. Mettere il bouquet così finito in una carta-pizzo, – e voilà!

Füllblume

Für die folgenden Blumen benötigen wir nun Ausstecher. Der Vielfalt sind keine Grenzen gesetzt. Falls die Zeit zur Verfügung steht, kann diese Lektion zur eigentlichen Passion werden.

Filler flower

Cutters are required for the following flowers. The variety of flowers you can create in this way is unlimited. Providing time is on your side, this lesson can become a passion in itself.

Petite fleur

Pour ce genre de fleurs, nous utilisons des découpoirs. Là il n'y a pas de limites. Lorsqu'on a le temps, ce travail devient une véritable passion.

Fiorellini

Per questo tipo di fiori ci servono le formine. Qui non ci sono limiti. Se si ha il tempo, questo lavoro può diventare una vera passione.

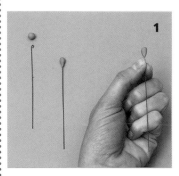

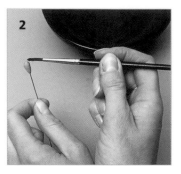

1 Als Blumenstiel wird ein mit grünem Papier eingefasster 10 cm langer Draht Nr. 24 verwendet. Dabei wird der Draht an einem Ende mit der Greifschere eingerollt und durch die Blumenmasse-Kugel gestossen. Die Kugel nach unten spitz rollen.

1 We use a 10 cm long, no. 24 wire, covered in green tape, for the stalk. Notch the wire over at one end with the flower grippers and insert into a ball of flower paste. Roll the paste to a point at the bottom.

1 Comme tige, nous prenons une tige métallique n° 24 de 10 cm de long, que l'on enveloppe de ruban fleuriste vert. Courber une des extrémités avec la pince, et passer ce crochet dans la pâte à fleurs. Former une pointe vers le bas afin de maintenir le crochet dans la masse.

1 Come gambo per questo fiore prendiamo un gambo metallico n° 24 lungo 10 cm e lo avvolgiamo con il nastro per fioristi verde. Incurviamo una delle estremità con la pinza a forbice e infiliamo questo uncino, chiuso, nella pasta per fiori.

2 Den oberen Teil mit wenig Tyclose-Klebstoff bepinseln.

2 Brush a little Tyclose glue on the upper part.

2 Badigeonner un peu de colle-Tyclose sur la partie supérieure.

2 Mettere un po' di colla Tyclose su questa gemma, con il pennello.

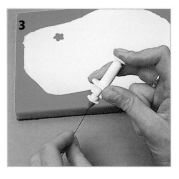

3 Aus einer einen Millimeter dünn ausgerollte Blumenmasse ausstechen und auf die Kugel aufdrücken.

3 Roll the flower paste out 1 mm thin and stamp out your flower. Press onto the top of the ball.

3 Etendre la masse à 1 mm d'épaisseur. Découper une fleur avec le découpoir et la coller sur la boule.

3 Con l'aiuto della formina per fiori, ritagliare un fiore nella pasta (di 1 mm di spessore) e incollarlo sulla gemma.

4 Zwei rosarote Staubfäden einsetzen.

4 Add two pink stamens.

4 Piquer deux pistils rose dans la fleur.

4 Infilare due pistilli rosa nel fiore.

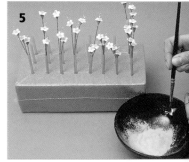

5 Mit gelbem Farbstaub bestäuben.

5 Dust with yellow colour.

5 Saupoudrer avec du colorant poudre jaune.

5 Colorare con della polvere polvere colorante gialla.

Blätter
Leaves

Mr. Fabilo sagt:
Sobald die weisse Blumenmasse zu dick ausgerollt wird, erhalten die Füllblumen ein grobes Aussehen. Dieser Effekt könnte das ganze Blumenarrangement verderben.

Mr. Fabilo says:
If the white flower paste is too thick (not rolled out sufficiently), the filler flower will lose it's delicate appearance. This could, in turn, spoil the overall effect of your flower arrangement.

Mr. Fabilo dit:
Si l'abaisse de la pâte à fleurs est trop épaisse, les fleurs ont un aspect grossier et peuvent détruire toute l'esthétique du bouquet.

Consiglio del sig. Fabilo:
Se la pasta è troppo spessa, i fiori avranno un aspetto grossolano che rovinerà l'estetica del bouquet.

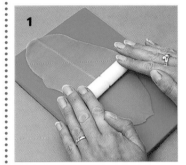

1 Mit dem Blattroller die Blattmitte, der 1,5 mm dünn ausgerollten Blumenmasse, verstärken.

1 Roll out green flower paste 1.5 mm thick. Accentuate the centre of the leaf using the leaf roller.

1 Renforcer le centre de l'abaisse qui est de 1,5 mm à l'aide du rouleau à feuilles.

1 Rinforzare il centro della pasta, che è di 1.5 mm, con il matterello per foglie.

2 Blätter der Blattmitte entlang ausstechen und einen mit grünem Papier eingefassten 10 cm langen Draht Nr. 26 als Stiel bis zur Blattspitze stossen.

2 Stamp out leaves along this line and insert a 10 cm long, no. 26 wire, covered in green tape, up to the tip, for the stalk.

2 Découper les feuilles le long de la ligne et insérer une tige métallique n° 26, entourée de papier vert, de 10 cm de long, jusqu'à la pointe de la feuille.

2 Dopo aver ritagliato le foglie, infilarle in un gambo metallico ricoperto di nastro, fino alla punta della foglia.

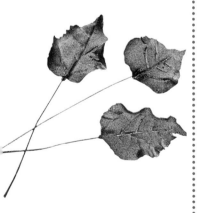

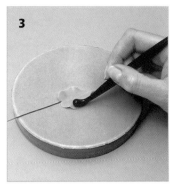

3 Auf der blauen Schaumunterlage werden mit dem Modellier-stäbchen die Kanten hauchdünn gerieben.

3 Use the blue foam pad as an ideal surface to work the edges of each leaf extremely thin with the modelling tool.

3 Sur la mousse bleue affiner le bord des feuilles avec l'ébauchoir.

3 Assottigliare i bordi delle foglie con lo scalpello, sul supporto di spugna blu.

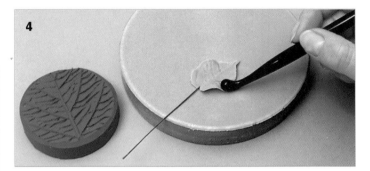

4 Für die Blattadernimitation wird ein Silikon-Blattstempel verwendet. Die Kanten von der Rückseite noch-mals hauchdünn reiben, bis sich die Blattenden zu wellen beginnen.

4 Use a silicone rubber stamp to imitate the veins of the leaves. Now work the reverse edges of each leaf extremely thin, until the leaf begins to curl.

4 Pour imiter la structure de la feuille, on utilise une empreinte en silicone. Les bords des feuilles sont affinés de l'envers jusqu'à ce qu'ils ondulent.

4 Per imitare la struttura della foglia, si utilizza uno stampo in silicone. I bordi delle foglie devono venire assottigliati con lo scalpello, per renderli ondulati.

Feuilles
Le foglie

5 Mit dem Airbrush besprühen und mit Farbstaub bestäuben.

5 Add colour tints with the air-brush and dusting powder.

5 Colorer à l'aérographe et badi-geonner avec du colorant poudre.

5 Sfumare con lo spray e tinteggia-re con la polvere colorante.

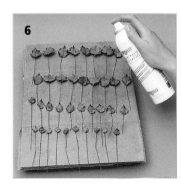

6 Zum Schluss mit Lebensmittel-lack leicht besprühen.

6 And to conclude, spray finely with edible lacquer.

6 Pour finir, vaporiser avec de la laque alimentaire.

6 Per finire ripassare con la lacca alimentare.

Nelke
Carnation

Oeillet
Il garofano

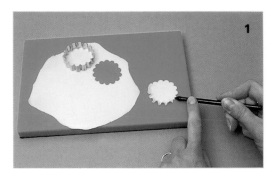

1 Ausgerollte Blumenmasserondellen ausstechen, drehen und unverzüglich mit dem Rüscheninstrument die Kanten ausfransen.

1 Cut out fluted circles in flower paste, turn and fray the edges with the frilling tool.

1 Dans une abaisse de pâte à fleurs découper des rondelles les retourner et travailler les bords avec l'instrument à ruches.

1 In una sfoglia di pasta per fiori tagliare delle rondelle e lavorare i bordi con lo scalpello per «ruches».

Mr. Fabilo sagt:
Für die Blumen benötigt man einen Blumenkopf als Zentrum. Dazu wird eine Kugel Blumenmasse mindestens einen Tag im Voraus auf einen (oben gebogenen) Draht Nr. 20 aufgerollt und gegen unten konisch modelliert.

Mr. Fabilo says:
For each flower we require a flower head as a centre. These should be made up the previous day, by rolling a small ball of flower paste onto a notched, no. 20 wire. Roll the paste into a conical shape at the base.

Mr. Fabilo dit:
La fleur doit avoir un centre. Pour cela une boule de pâte à fleurs est roulée sur une tige métallique n° 20 (petit crochet recourbé en haut). Le bas de la boule sera modelé en cône. A préparer au moins un jour à l'avance.

Consiglio del sig. Fabilo:
Di questo fiore bisogna fabbricare dapprima il cuore, il giorno precedente, infilando un gambo metallico n°20 cono in una pallina di pasta. Le parte inferiore della pallina sarà modellata a forma di cono.

3 Die Rondelle wird zusammengedrückt. Der Tyclose-Klebstoff verhindert das Öffnen. Der Blumenkopf darf nicht mehr sichtbar sein.

3 Gently press the outer edges of the fluted circle together. The Tyclose glue holds in position. The flower head should now no longer be visible.

3 La rondelle sera pincée. La colle tyclose évitera que la rondelle s'ouvre. Le centre de la fleur ne doit plus être visible.

3 La rondella così formata verrà schiacciata su se stessa. La colla Tyclose eviterà che si riapra. Il centro del fiore non si vedrà più.

2 Zum Aufsetzen legt man die ausgefranste Rondelle auf eine weiche Schaumgummiunterlage und steckt den Draht Nr. 20 mit der Kugel hindurch. Mit Tyclose-Klebstoff befeuchten.

2 To attach, place the fluted circle on a soft piece of sponge and press a no. 20 wire, with ball of paste at the top, through the centre of the circle and the sponge. Dampen with Tyclose glue.

2 Pour fixer, placer la rondelle aux bords effilochés sur un support en mousse et piquer au milieu la tige n° 20 avec la boule. Humecter avec la colle tyclose.

2 Per confezionare il garofano prendere una rondella e posarla sulla spugna; infilarvi il gambo metallico n° 20 e inumidire con la colla Tyclose.

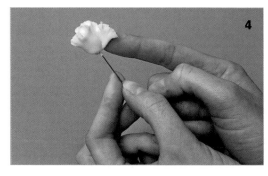

4 Die Enden nach links und rechts, mit etwas Tyclose-Klebstoff betupft, umlegen.

4 Brush a dot of Tyclose glue on the ends and fold up left and right.

4 Humidifier les extrémités avec la colle tyclose et recourber une extrémité à droite et l'autre à gauche.

4 Inumidire le estremità con la colla Tyclose e incurvarle una a destra e una a sinistra.

5 Als Mininelke könnte sie bereits verwendet werden.

5 These may already be included as mini-carnations.

5 On peut déjà l'utiliser comme petit oeillet.

5 Se desideriamo un mini-garofano, possiamo utilizzarlo così.

6 Für die zweite Schicht werden Schritt 1 bis 3 wiederholt.

6 Repeat steps 1 to 3 for the second layer.

6 Pour la deuxième rangée, répéter l'opération 1à 3.

6 Per un secondo strato, ripetere le operazioni da 1 a 3.

7 Die Enden werden nur noch an einer Stelle, zuerst mit etwas Tyclose-Klebstoff betupft, umgelegt.

7 Brush a dot of Tyclose glue on one end only, and fold up.

7 Les extrémités ne seront collées qu'à un endroit avec un peu de colle-Tyclose et retournées.

7 Alla fine incollare solo una parte con un po' di colla Tyclose e unire.

8 Mit dem Gartenwickeausstecher die Kelchblätter ausstechen und die Kanten dünn reiben.

8 Use the Sweet Pea cutter to form the sepal, working the edges extremely thin.

8 Avec le découpoir à pois de senteur, former les sépales et affiner les bords.

8 Con lo stampino a frumento, formare i sepali e assottigliare i bordi.

9 Gemäss Abbildung ansetzen.

9 Attach as shown.

9 Assembler comme sur la photo.

9 Unire come da immagine.

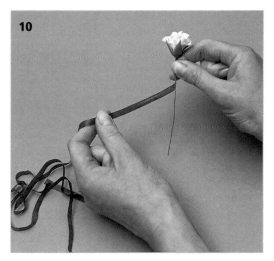

10 Den Stiel mit Floristenband einrollen, damit sich beim anschliessenden Binden die Blumenstiele nicht voneinander lösen können.

10 Roll each stalk in florists' tape, to prevent the stalks becoming unattached when binding the final arrangement.

10 Enrober la tige avec du ruban fleuriste, afin que lors de l'assemblage elles ne puissent plus se détacher.

10 Avvolgere i gambi con nastro per fioristi, in modo che alla fine della creazione non possano più staccarsi.

11 Mit orangem Farbstaub bestäuben.

11 Dust in orange colour.

11 Saupoudrer avec du colorant poudre orange.

11 Colorare con polvere colorante arancione.

Rose

Rose

Rose

La rosa

1 Ausgerollte Blumenmasse mit dem Fünfblattausstecher ausstechen und auf der blauen Schaumunterlage mit dem Modellierstäbchen die Kanten hauchdünn reiben.

1 Roll out the flower paste and cut with the five-petal cutter. Use the blue foam pad to work the edges extremely thin with the modelling tool.

1 Découper dans une abaisse de pâte à fleurs avec le découpoir à cinq feuilles. Poser la fleur sur la mousse bleue et affiner les bords à l'ébauchoir à ruches.

1 Tagliare una sfoglia di pasta per fiori con la formina a cinque foglie e assottigliare i bordi con lo scalpello, sul supporto di spugna blu.

2 Zum Aufsetzen legt man die Blattrondelle auf eine weiche Schaumgummiunterlage und steckt den Draht Nr. 20 mit dem angetrockneten Blumenkopf hindurch. Mit Tyclose-Klebstoff befeuchten.

2 To attach, place the fluted petal on a soft piece of sponge and press a no. 20 wire, with a dried ball of paste on the top, through the centre. Dampen with Tyclose glue.

2 Pour fixer, on pose la rondelle sur un support en mousse et on pique la tige n° 20 avec le coeur séché de la fleur. Humecter avec la colle-Tyclose.

2 Per la costruzione, appoggiare una rondella assottigliata su una spugna e infilare un gambo n° 20 sormontato da una pallina di pasta, che sarà il centro del fiore. Inumidire con la colla Tyclose.

3 Zuerst Blütenblatt Nr. 1 um den Blumenkopf legen. Blütenblatt Nr. 3 mit Klebstoff befeuchten.

3 Fold petal no. 1 first on to the flower head. Dot petal no. 3 with glue.

3 Tout d'abord enrouler le pétale n° 1 autour du coeur. Humecter le pétale n° 3 avec la colle.

3 Dapprima arrotolare il petalo n° 1 attorno al centro del fiore. Inumidire il petalo n° 3 con la colla.

5 Zum Abschuss der ersten Schicht wird ein Blatt nach dem andern eng um das Zentrum gelegt. Wenn nötig Tyclose-Klebstoff verwenden, jedoch nicht zu viel, da sich sonst die Blumenmasse auflöst.

5 To complete the first layer, fold up one petal after the other, in numerical order, around the centre. Use Tyclose glue if necessary, and only sparingly, to avoid dissolving the sugar paste.

5 Pour terminer la première rangée, mettre un pétale après l'autre autour du centre. Si besoin utiliser la colle-Tyclose, mais sans excès afin d'éviter que la masse à fleurs ne fonde.

5 Per il primo strato si posizionerà un petalo dopo l'altro attorno al centro della rosa. Se necessario utilizzare la colla Tyclose, ma senza esagerare, per evitare che la pasta per fiori si sciolga.

4 Anschliessend Blütenblatt Nr. 3 eng umlegen. Der Blumenkopf darf von oben nicht mehr sichtbar sein.

4 Secondly, fold up petal no. 3. The flower head should now no longer be visible.

4 Puis replier serré le pétale n°3. Le coeur de la rose ne doit plus être visible.

4 Posizionare il petalo n°3. Il centro della rosa non è più visibile.

  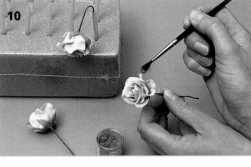

6 Für die zweite Schicht wiederholen wir Schritt 1 bis 5, Blütenblatt für Blütenblatt ansetzen.

6 Repeat steps 1 to 5 to form the second layer. Attach petal for petal.

6 Pour une deuxième rangée, répéter l'opération 1 à 5 et ajouter pétale par pétale.

6 Per il secondo strato ripetere le operazioni da 1 a 5, sistemando petalo dopo petalo.

8 Für die dritte Schicht dürfen die Blütenblätter noch etwas grösser und somit mit dem Modellierstäbchen feiner gerieben werden. Die fünf Blätter werden nacheinander angelegt. Wenn nötig Klebstoff verwenden.

8 For the third layer slightly larger petals are required, achieved by working even more with the modelling tool. Fold up the petals one after the other in sequence this time. Use a little glue if necessary.

8 Pour la troisième rangée, les pétales peuvent être encore un peu plus grands et seront plus affinés avec l'ébauchoir. Les cinq pétales seront posés un à un. Utiliser la colle si besoin.

8 Per il terzo strato, i petali possono essere un po' più grandi e verranno assottigliati con lo scalpello. I cinque petali saranno sistemati uno per volta. Se necessario utilizzare la colla.

10 Die Kelchblätter wie bei der Nelke, Bild 8, ansetzen. Mit dem nach unten gebogenen Stiel wird die frische Rose für mindestens 30 Minuten angetrocknet. Den Rosenstiel wie bei der Nelke mit Floristenband umrollen und mit Glanzstaub bestäuben.

10 Form the sepal, as described in picture 8 of the Carnation. Allow the rose to dry for at least 30 minutes with the stalk tilted and head down. Roll the stalk of the rose in florists' tape as for the carnation. Brush lightly with pearl dust.

10 Placer les sépales comme pour l'oeillet, photo 8. Avec la tige recourbée vers le bas, laisser sécher la rose au moins 30 minutes. La tige, comme pour l'oeillet, sera enrobée de ruban fleuriste et saupoudrer de poudre brillante.

10 Sistemare i sepali come per il garofano, immagine 8. Dopo aver incurvato la parte bassa del gambo, far seccare la rosa per almeno 30 minuti. Il gambo, come per il garofano, verrà rivestito con nastro per fioristi e colorato con la polvere brillante.

Mr. Fabilo sagt:
Je feiner die Kanten der Rosenblätter, desto eleganter sieht die Rose aus!

Mr. Fabilo says:
The finer the edges of the petals, the more elegant the rose will appear!

Mr. Fabilo dit:
Plus les bords des pétales de la rose seront fins, plus élégante sera la rose.

Consiglio del sig. Fabilo:
Per avere una rosa bellissima, lavorare con delicatezza i petali.

7 Die drei äussersten Rosenblätter nach aussen umbiegen.

7 Curl the three most outer rose petals back.

7 Les trois pétales extérieurs seront recourbés vers l'extérieur.

7 I tre petali esterni verranno incurvati verso l'esterno.

9 Zum Schluss die letzten fünf Rosenblätter je links und rechts nach aussen biegen.

9 And finally, curl each of the last five petals back on the left and right.

9 Pour terminer les cinq derniers pétales seront recourbés à droite et à gauche vers l'extérieur.

9 Come rifinitura gli ultimi cinque petali verranno incurvati a destra e a sinistra, verso l'esterno.

Orchidee　Orchid　Orchidée　L'orchidea

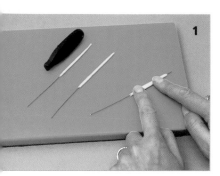
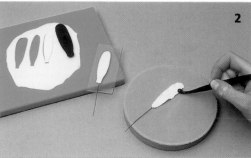

1 Drei mit grünem Papier einge-
fasste 10 cm lange Drähte Nr. 24,
als Blattstiele bis zur Blattlänge
(Ausstecherlänge) mit Blumenmasse überziehen.

1 For the flower stalk we use three
no. 24 taped wires, 10 cm long.
Cover with petal paste the length
of the cutter.

1 Enrober trois tiges n° 24 de 10
cm de long avec du papier vert.
Recouvrir une partie (longueur du
découpoir) avec de la pâte à fleurs.

1 Per i gambi dei fiori ricoprire con
pasta per fiori tre bastoncini n° 24
lunghi 10 cm, tagliare le foglie
con il taglierino, misurandone la
lunghezza.

2 Die ausgestochenen Blätter auf
die Rillunterlage setzen, Stiel,
mit wenig Klebstoff bestrichen,
aufsetzen und andrücken. Auf der
blauen Schaumunterlage werden
mit dem Modellierstäbchen die
Kanten dünn gerieben.

2 Place the stamped out petals on
the grooved veiner, adding a little
glue to stick the wires. Press gently
to hold. Use the blue foam pad and
modelling tool to work the edges
fine.

2 Placer les feuilles sur la surface
rayée, badigeonner la tige avec un
peu de colle, poser et appuyer. Sur
la mousse bleue, affiner les bords
de la feuille avec l'ébauchoir.

2 Sistemare le foglie ritagliate
sul gambo e premere per dare l'im-
pronta. Assottigliare i bordi delle
foglie con lo scalpello, appoggian-
dole sul supporto di spugna blu.

3 Blätter halbmondartig nach
innen biegen.

3 Bend the petals inwards in a
crescent-shape.

3 Recourber les feuilles vers
l'intérieur en forme de demi-lune.

3 Incurvare le foglie verso l'interno,
a forma di mezza-luna.

4 Die zwei seitlichen Orchideenblätter werden wie zuvor gemäss
Schritt 1 bis 3 hergestellt, nur
benötigen wir einen andern
Ausstecher. Die Prägungsunterlage
wechselt und die Blattkanten
werden mit dem Rüscheninstrument
wie bei der Nelke ausgefranst.

4 The two lateral petals are made
as previously described in steps 1
to 3, but using a different cutter.
We use a different surface to work
on, as the edges are frilled with the
frilling tool as for the Carnation.

4 Les deux grands pétales de
l'orchidée seront confectionnés
comme précédemment de 1 à 3,
mais avec un autre emporte-pièce.
Nous utilisons une autre empreinte
et les bords seront affinés avec
l'ébauchoir à ruches, comme pour
l'oeillet.

4 I due grandi petali dell'orchidea
saranno confezionati come spiegato
da 1 a 3, utilizzando però un altro
taglierino. Questi due petali hanno
un lembo destro e uno sinistro e i
bordi verranno rifiniti con lo
scalpello a ruches, come per il
garofano.

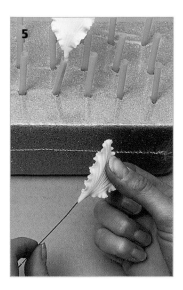

5 Orchideenblätter halbmondartig nach aussen biegen.

5 Bend the petals outwards in a crescent-shape.

5 Recourber les pétales de l'orchidée vers l'extérieur et en forme de demi-lune.

5 Incurvare i petali dell'orchidea verso l'esterno, a forma di mezzaluna.

7 Nachdem die Blätter der Orchidee für mindestens eine Stunde trocknen konnten, beginnen wir mit dem Zusammenbinden. Als erstes werden die drei Blätter gemäss Abbildung fest zusammengebunden.

7 Allow all the orchid petals to dry for at least one hour before making up your Orchid. Commence by tightly binding the three petals shown.

7 Après avoir laisser sécher les pétales pendant une heure au moins, nous passons à l'assemblage. D'abord les trois pétales seront assemblés fermement comme sur la photo.

7 I petali devono seccare per almeno un'ora, dopodiché si passerà alla confezione. Dapprima i tre petali devono essere legati stabilmente come da immagine.

8 Die zwei seitlichen Orchideenblätter anfügen. Man achte darauf, dass die Blätter möglichst eng zusammenliegen, damit die Orchidee ihren Charakter nicht verliert.

8 Add the two lateral petals. Pay attention that the petals are as close-fitting as possible, to ensure the Orchid does not lose its character.

8 Ajouter les deux pétales latéraux. On fera attention de bien serrer les pétales les uns avec les autres, afin que l'orchidée ne perde pas son caractère.

8 Aggiungere i due petali grandi. Fare attenzione affinché i differenti petali siano ben pressati gli uni agli altri, in modo da non alterare la forma specifica dell'orchidea.

9 Zum Schluss wird das Blütenblatt mit dem Staubgefäss angesetzt und die Blätter mit der Greifschere an den richtigen Platz gebogen.

9 And finally, add the central petal with the stamen. Bend the petals accordingly with the flower grippers to obtain the most natural appearance.

9 Pour terminer placer le pétale avec le pistil, courber les pétales dans la bonne direction à l'aide du ciseau-pince.

9 Come rifinitura si aggiunga il pistillo con il suo petalo; si deve posizionare correttamente ogni petalo con la pinza a forbice.

6 Das Staubgefäss wird mit einer Kugel an einen oben gerollten Draht Nr. 24 modelliert und oben dreimal eingekerbt. Das Orchideenblütenblatt gemäss Bild 4 vorbereiten und am Staubgefäss mit etwas Klebstoff befestigen. Leicht nach unten umbiegen.

6 Model the stamen from a ball, attached to a notched no. 24 wire, and marked three times over the top. Prepare the central petal of the orchid as shown in picture 4 and attach to the stamen with a little glue. Bend slightly downwards.

6 Le pistil sera formé avec une boule de pâte à fleurs et piquer dans une tige n° 24, puis entaillé trois fois. Préparer le pétale comme photo 4 et le coller au pistil avec un peu de colle. Recourber légèrement vers le bas.

6 Formare il pistillo con una pallina di pasta per fiori, infilarlo in un bastoncino n° 24 e segnarlo tre volte. Attaccare il petalo al pistillo con un po' di colla e incurvare leggermente verso il basso, come nell'immagine 4.

10 Mit Farbstaub bestäuben und mit dem Lebensmittelstift punktieren.

10 Dust with powder and add some dots with the edible pen.

10 Badigeonner avec le colorant poudre et pointiller avec le feutre alimentaire.

10 Colorare con la polvere colorante e punteggiare con il feltro alimentare.

Das Binden eines Blumenarrangements

Geduld und artistisches Flair sind beim Binden des folgenden Blumenarrangements Voraussetzung. Welche Hand wo was zu machen hat, damit tatsächlich ein wirkungsvolles Arrangement entsteht, scheint auf Anhieb nicht so einfach zu sein. Doch die Möglichkeiten, die sich aus dieser Lektion anschliessend ergeben, dürfen nicht unterschätzt werden. Wie auch immer Ihr künftiges Blumengebinde aussehen soll, Sie sind am Ende der Lektion fähig, dieses korrekt zu arrangieren.

Binding a Floral Arrangement

Patience and artistic flair are essential qualities required to bind this floral arrangement. Which hand does what where, to ensure that an attractive arrangement «grows» is not obviously apparent at the outset. However, we should not underestimate the long-term possibilities this Lesson offers. Whatever the final appearance of your floral arrangement should be, you will learn here how to arrange correctly.

Assemblage d'un arrangement floral

Patience et flair artistique sont les conditions primordiales pour assembler l'arrangement floral qui suit. Malgré une main habile, il n'est pas aussi facile que ça de créer un arrangement plein d'effet. C'est pourquoi il ne faut pas négliger les possibilités mentionnées dans cette leçon.
Quel que soit l'aspect futur de votre bouquet, vous serez capable à la fin de cette leçon, de l'arranger correctement.

Costruzione di un arrangiamento floreale

La pazienza e il senso artistico sono le condizioni essenziali per la costruzione di un arrangiamento floreale. La sola abilità manuale non è sufficiente per creare un bell'arrangiamento floreale. Per questo motivo non bisogna sottovalutare le possibilità menzionate nel corso di questa lezione.
Rispettando le diverse tecniche di confezionamento, contenute nelle diverse lezioni, vi trovate ora, alla fine di questa lezione, in grado di procedere alla creazione corretta di un arrangiamento floreale.

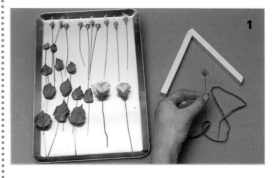

1 Die Form des Teilarrangements muss dreieckig sein. Dieses grüne Blatt wird die Spitze des Dreiecks bilden.

1 This part of the arrangement is triangular in shape; the green leaf forming the very tip of the triangle.

1 La forme de l'arrangement doit être triangulaire. Cette feuille verte formera le sommet de votre triangle.

1 La forma dell'arrangiamento dovrà essere triangolare. Questa foglia verde segna la punta del triangolo.

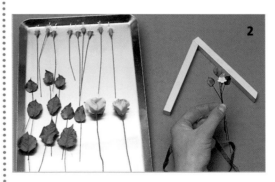

2 Nun werden die Blätter links und rechts angesetzt. In die Mitte die erste Füllblume platzieren. Mit dem Floristenband straff umrollen.

2 Add one green leaf on the left and one on the right. Place the first Filler Flower in the centre. Bind tightly in place with florists' tape.

2 On ajoute les feuilles à droite et à gauche. Placer la première petite fleur au milieu. Tendre fortement avec le ruban fleuriste.

2 Aggiungere le foglie a destra e a sinistra. Mettere i primi fiorellini. Legarli bene con il nastro per fioristi.

3 Die Form des Dreieckes muss immer gut erkennbar sein.

3 The triangular shape should always be clearly apparent.

3 La forme triangulaire doit toujours être parfaitement visible.

3 La forma triangolare dovrà sempre essere visibile.

4 Wie bei den Floristen gilt auch für uns die Regel «Von Klein nach Gross anfügen».

4 We apply the same rules as florists, «adding flowers from small to large in size».

4 Comme pour un fleuriste, la règle élémentaire reste la même: commencer avec les petites et terminer avec les grandes.

4 Come per un fiorista, la regola di base resta la stessa: cominciare dal piccolo e finire con il grande.

5 Nachdem die Rose und die Nelke eingesetzt sind, wird mit dem Floristenband bis nach unten eingerollt.

5 After adding the Rose and Carnation, tape down to the bottom with florists' tape.

5 Après avoir placé la rose et l'oeillet, enrouler jusqu'en bas avec le ruban fleuriste.

5 Dopo aver posizionato la rosa ed il garofano, avvolgere fino in fondo i gambi con il nastro per fioristi.

Mr. Fabilo sagt:
Vier bis fünf Zentimeter Stiel sollten den einzelnen Bestandteilen des Arrangements gegeben werden, um am Schluss das Ausgleichen gewährleisten zu können.

Mr. Fabilo says:
Allow four to five centimentres taped stalk for each part of the arrangement. This allows a certain leeway in the final arranging.

Mr. Fabilo dit:
Il faut garder quatre à cinq centimètres de tiges par élément, afin d'avoir de quoi positionner l'arrangement.

Consiglio del sig. Fabilo:
Conservare quattro o cinque cm di gambo, in modo da poter posizionare l'arrangiamento.

7 Sobald die drei Sträusse fest zusammengebunden sind, wird die Orchidee beigefügt. Beim Einrollen des Hauptteils biegt man zuerst das Blütenblatt der Orchidee nach oben, um eine unerwünschte Beschädigung zu verhindern.

7 Once the three sprays have been bound together, the Orchid may be added. To facilitate rolling the tape around the main stalk, and subsequently avoiding any damage to the flowers, bend the petals of the Orchid upwards before commencing.

7 Dès que les trois bouquets sont ficelés, on y rajoute l'orchidée. Pour l'enroulage de la partie principale, on courbe d'abord les pétales de l'orchidée vers le haut, afin d'éviter tout endommagement.

7 Quando i tre bouquet sono legati, si può aggiungere l'orchidea. Procedere alla copertura della parte principale, curvando dapprima le foglie verso l'alto, per non danneggiarle.

8 Nachdem sämtliche Blumen angesetzt sind, wird mit der Greifschere am Stiel ausgeglichen. Nie mit den Händen ausgleichen, sie sind zu gross und zu grob, die Blumen oder Blätter könnten sich sonst vom Stiel lösen.

8 Once all the flowers have been bound, use your flower grippers to tilt the stalks and obtain the most natural appearance. Attempting to do this with your bare hands could prove costly as the risk of breaking off the flower heads and leaves is high!

8 Après avoir assemblé toutes les fleurs, on équilibrera le bouquet en courbant les tiges à l'aide du ciseau-pince. Pour cela, ne jamais utiliser les mains, elles sont trop grandes et grossières, les fleurs ou les feuilles pourraient se décoller des tiges.

8 Dopo aver assemblato i differenti bouquet e fiori, occuparsi dell'equilibrio artistico e dello stile dell'arrangiamento, con l'aiuto della pinza a forbice. Non usate mai le dita per questa operazione. Sono troppo grandi e troppo grosse, e le foglie o i fiori potrebbero staccarsi dai gambi.

6 Die gewünschte Anzahl Sträusschen binden und gemäss Abbildung hinlegen.

6 Make up the required number of sprays and position as shown.

6 Attacher le nombre de bouquets désirés et les placer comme sur la photo.

6 Unire i bouquet desiderati e posizionarli come nell'immagine.

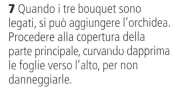

Das Spritzen von Blumen

Piping Flowers

Fleurs à la douille

Fiori con la tasca per dolci

Spritznägel, Blatttüllen und eine feste Spritzglasur sind die Hilfsmittel für einfache, aber sehr effektvolle Blumen. Obschon der Aufwand für die Herstellung sehr gering und die Lagerung problemlos mehrere Wochen möglich ist , findet man sie in der Praxis fast nicht mehr. Die industriell gespritzten Blumen haben unlängst ihre Marktposition eingenommen.
Doch alles kann sich ändern. Diese unkomplizierten Blumen erfahren als «Hausgemachte, gespritzte Blumen für Ihren schönsten Tag!» ein «Revival».

Icing nails, petal tubes and icing of a stiff consistency are the requirements for these simple, yet effective flowers. Although little time is needed and storage over several weeks is no problem, such flowers are seldom seen nowadays in practice. Industrially piped flowers have recently become well established on the market. But we can change this. Clearly identified for what they are, these dainty flowers will experience a revival. «Hand-made, piped flowers for Your Special Day».

Pour ces fleurs simples, mais pleines d'effets, il faut des clous à glaçage, des douilles à pétales et une glace royale ferme. Bien que la fabrication soit rapide et la conservation possible sans problème plusieurs semaines, on ne les trouve pratiquement plus. Les fleurs en sucre industrielles ont depuis peu conquéris le marché. Pourtant tout peut changer. Ces fleurs simples subissent un renouveau, munies d'une déclaration claire: «Fleurs en sucre, fabrication maison, pour votre plus beau jour!»

Per questi fiori semplici ma di grande effetto occorrono: chiodi da glassa, bocchette per petali e una glassa densa. Malgrado la rapida fabbricazione e la possibilità di conservarli per svariate settimane, non li si trova praticamente più in commercio. Il mercato è stato conquistato dai fiori in zucchero di fabbricazione industriale. Ma tutto può sempre cambiare. Questi semplici fiori possono avere un «revival» grazie alla chiara dichiarazione:«Fiori di zucchero di fabbricazione casalinga, per il vostro giorno più bello!»

1 Wir benötigen eine feste Spritzglasur, damit die gespritzten Blütenblätter ihre Form nicht verlieren.

1 Icing of a stiff consistency is required so that the piped petals do not lose their shape.

1 Nous utilisons une glace royale ferme pour que les pétales ne perdent pas leur forme.

1 Utilizziamo una glassa reale densa, affinché i petali non perdano la loro forma.

2 Wenig Spritzglasur auf den Spritznagel geben.

2 Pipe a dot of icing onto the icing nail.

2 Mettre peu de glace royale sur un clou à glaçage.

2 Mettere poca glassa reale su un chiodo da glassa.

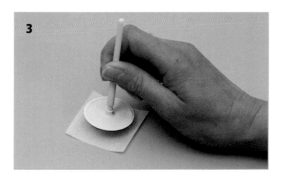

Mr. Fabilo sagt:
Es gibt Blatttüllen für Rechtshänder und speziell solche für Linkshänder. Die Spitze des Blütenblattes muss jedoch bei beiden nach aussen zeigen.

Mr. Fabilo says:
Petal tubes for right handed and left handed people are available. The point of the petal must face outwards for both.

Mr. Fabilo dit:
Il existe des douilles à pétales pour droitier et aussi spécialement pour gaucher. Cependant à chacune la pointe du pétale doit être tournée vers l'extérieur.

Consiglio del sig. Fabilo:
Ci sono bocchette per petali sia per destrorsi che per mancini; hanno sempre la punta girata verso l'esterno.

3 Unverzüglich auf ein zugeschnittenes Pergamentpapier drücken.

3 Press onto a cut-out square of greaseproof paper immediately.

3 Presser immédiatement sur un papier parchemin.

3 Schiacciare immediatamente su un pezzetto di carta da cottura, ritagliato.

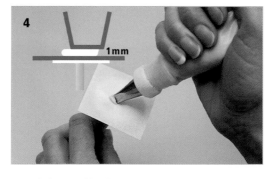

1 mm

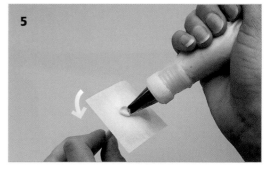

4 Die linke Hand leicht geneigt, wird die Blütenblatttülle mit der rechten Hand einen Millimeter über dem Pergamentpapier gehalten und leicht gepresst.

4 With the left hand slightly at an angle, hold the right hand a millimetre over the greaseproof paper and squeeze gently.

4 La main gauche légèrement inclinée, la douille à pétale sera tenue légérement pressée avec la main droite, un millimètre au-dessus du papier parchemin.

4 La mano sinistra è leggermente inclinata e la mano destra tiene lievemente pressata la bocchetta per petali, a un millimetro di distanza dalla carta da cottura.

5 Während die rechte Hand pressend keine Bewegung ausführt, dreht die linke Hand den Spritznagel behutsam nach links.

5 Keep the right hand still in this position and turn the icing nail carefully to the left with your left hand.

5 Pendant que la main droite ne bouge pas, la main gauche tourne le clou soigneusement vers la gauche.

5 La mano destra resta ferma e la mano sinistra gira delicatamente il chiodo verso sinistra.

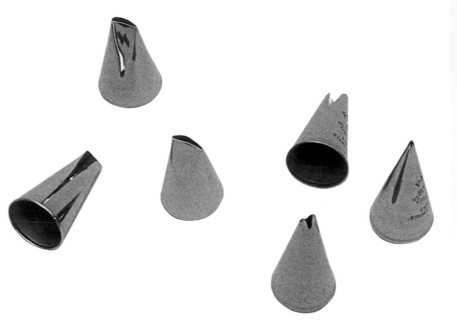

6 Zum Schluss des ersten Blüten-blattes die Spitze der Blütenblatt-tülle nach oben drehen.

6 To complete the first petal bring the petal tube upwards.

6 Pour terminer le premier pétale, tourner la pointe de la douille vers le haut.

6 Per terminare il primo petalo, girare verso l'alto la punta della bocchetta.

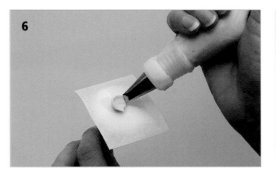

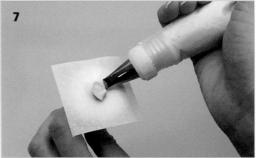

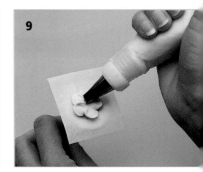

7 Um das zweite Blütenblatt zu spritzen, wird der Winkel der Tülle zurückgedreht und unterhalb des ersten Blattes angesetzt.

7 To pipe the second petal, de-crease the angle of the tube and begin tucking in underneath the first petal.

7 Pour le deuxième pétale, revenir en arrière avec l'angle de la douille et placer celle-ci au-dessous du premier pétale.

7 Per il secondo petalo, girare nuovamente l'angolo della bocchetta e sistemarla al di sotto del primo petalo.

8 Zum Abschluss eines Blütenblattes wird die rechte Hand ruckartig nach unten bewegt.

8 To complete a petal bring the right hand downwards in an abrupt movement.

8 Lorsque le pétale est fini, retirer la main droite d'un coup sec vers le bas.

8 Una volta finito il petalo, allontanare la mano destra, con un movimento netto verso il basso.

9 Um die Blume zu stabilisieren, legt man beim letzten Blatt etwa einen Viertel auf das erste gespritz-te Blatt.

9 Give the flower some extra strength by piping the ultimate petal approximately one quarter over the first.

9 Pour que la fleur soit solide, on pose à peu près un quart du der-nier pétale sur le premier.

9 Per stabilizzare il fiore, bisogna sovrapporre circa un quarto dell'ul-timo petalo al primo.

Mr. Fabilo sagt:
Gespritzte Blumen lassen sich in einem geschlossenen Gefäss lange aufbewahren.

Mr. Fabilo says:
Piped flowers may be kept for a long time in an air-tight container.

Mr. Fabilo dit:
Les fleurs en sucre se conservent longtemps dans un récipient bien fermé.

Consiglio del sig. Fabilo:
I fiori di zucchero si conservano a lungo, in un recipiente ermeticamente chiuso.

11 Zum Schluss mit dem Airbrush fein besprühen.

11 And finally, gently colour with the airbrush.

11 Finalement les colorer à l'aérographe.

11 Fissarli infine con l'airbrush.

12 Die häufigsten Fehler:
Bei jedem Blütenblatt muss die Tülle angehoben werden, sonst erhält die Blume ein flaches und uninteressantes Aussehen.

12 The most common mistakes:
The tube must be repositioned after each petal. Otherwise the flower appears flat and uninteresting.

12 Les fautes les plus courantes:
Il faut soulever la douille à chaque pétale, sinon la fleur obtient un aspect plat peu intéressant.

10 Die gespritzten Blumen im Wärmeschrank bei 40°C während drei bis sechs Stunden trocknen. Sobald sie fest sind, wird das Blütenzentrum mit einer Lochtülle gespritzt und anschliessend im Kristallzucker gewendet.

10 Allow the piped flowers to dry for three to six hours in an airing cupboard. Once they are hard, pipe the centre of the flower with a hole tube and toss in crystal sugar.

10 Mettre sècher les fleurs pendant trois à six heures dans l'armoire chauffante à 40°C. Dès qu'elles sont fermes, former le milieu de la fleur avec une douille à trou et ensuite tourner dans du sucre cristallisé.

10 Essiccare i fiori nell'armadio riscaldante a 40°C per 3-6 ore. Quando sono duri, posarvi il centro del fiore con una bocchetta per buchi e immergerli quindi nello zucchero cristallizzato.

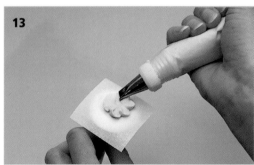

12 Errori ricorrenti:
Bisogna sollevare la bocchetta a ogni nuovo petalo, altrimenti il fiore risulterà piatto e poco attraente.

13 Die häufigsten Fehler:
Die Gleichmässigkeit beim Spritzen wird selten eine angeborene Fähigkeit sein. Nur die Übung kann es bringen!

13 The most common mistakes:
Piping is seldom a gift at birth. Practise alone makes it possible!

13 Les fautes les plus courantes:
La régularité des décors avec le sac à douille est rarement un talent inné. Seulement l'exercice le rend possible!

13 Errori ricorrenti:
Raramente la regolarità delle decorazioni è innata, occorre un po' di esercizio!

Herzblume
Love-heart Flower
Fleur en forme de coeur
Fiori a forma di cuore

1 Statt einen grossen Bogen wie bei der vorhergehenden Blume zu spritzen wird bei der Herzblume ein Doppelbogen pro Blütenblatt gespritzt.

1 As opposed to piping a large arc for the previous flower, pipe a double scallop for each petal of the love-heart flower.

1 Pour la fleur en forme de coeur, on forme pour chaque pétale un arc double à la place du grand arc de la fleur précédente.

1 Al posto del grande arco che si formava per il fiore precedente ora si formerà, per ogni petalo, un doppio arco.

2 Zum Abschluss des Blütenblattes wird die rechte Hand ruckartig nach unten bewegt.

2 Bring the right hand downwards in an abrupt movement to finish off each petal.

2 Lorsque le pétale est fini, retirer la main droite d'un coup sec vers le bas.

2 Una volta finito il petalo, allontanare la mano destra, con un movimento netto verso il basso.

3 Um die Blume zu stabilisieren, legt man beim letzten Blatt etwa einen Viertel auf das erste gespritzte Blatt.

3 Give the flower some extra strength by piping the ultimate petal approximately one quarter over the first.

3 Pour que la fleur soit solide, on pose à peu près un quart du dernier pétale sur le premier.

3 Per stabilizzare il fiore, bisogna sovrapporre circa un quarto dell'ultimo petalo al primo.

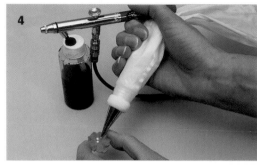

4 Die gespritzten Herzblumen im Wärmeschrank bei 40°C während drei bis sechs Stunden trocknen. Sobald sie fest sind, wird das Blütenzentrum mit der Lochtülle Nr. 1 gespritzt und mit Airbrush fein besprüht.

4 Allow the piped flowers to dry for three to six hours in an airing cupboard at 40°C. Once they are hard, pipe the centre of the flower using the no. 1 nozzle and colour delicately with the airbrush.

4 Mettre sécher les fleurs pendant trois à six heures dans l'armoire chauffante à 40°C. Dès qu'elles sont fermes, former le milieu de la fleur avec la douille n° 1 et les colorer délicatement à l'aérographe.

4 Essiccare i fiori nell'armadio riscaldante a 40°C per tre-sei ore. Quando sono duri, posarvi il centro del fiore con la bocchetta n° 1 per buchi e immergerli quindi nello zucchero cristallizzato.

5

5 Zum Schluss werden die Enden der Blütenblätter mit gelber Staubfarbe bepinselt.

5 Dust the tips of the petals in yellow powder to add the finishing touch.

5 Pour la touche finale, badigeonner les extrémités des pétales avec du colorant poudre jaune.

5 Per il tocco finale, spennellare l'estremità dei petali con la polvere gialla.

Osterglocke und Narzisse
Daffodil and Narcissus
Jonquilles et narcisses
Giunchiglie e narcisi

1 Das erste Blütenblatt mit der Blatttülle 58 R spritzen. Darauf achten, dass die linke Hand den Nagel gleichmässig rollt.

1 Pipe the first petal using flower tube 58 R. Ensure that the left hand rolls the icing nail steadily whilst piping.

1 Former le premier pétale avec la douille 58 R. S'assurer que la main gauche roule le clou régulièrement.

1 Formare il primo petalo con la bocchetta per petali 58 R. Assicurarsi che la mano sinistra faccia girare con regolarità il chiodo.

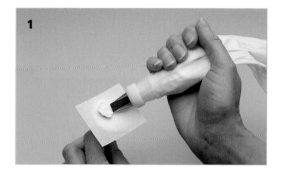

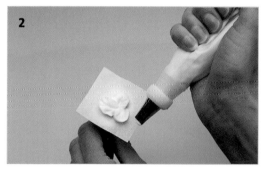

2 Sobald die drei gleichmässig verteilten Blütenblätter der ersten Reihe gespritzt sind,...

2 Once three evenly-spaced petals have been piped to form the first row,...

2 Dès que les trois pétales du premier rang sont formés et répartis régulièrement,...

2 Quando i tre petali della prima riga sono formati e suddivisi regolarmente,...

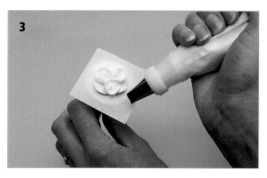

3 ...werden die Blütenblätter der zweiten Reihe gespritzt, jedoch leicht verschoben zur ersten.

3 ...the petals of the second row may be piped, positioned slightly alternating.

3 ...les pétales du deuxième rang seront formés, cependant légèrement décalés.

3 ...si formeranno i petali della seconda riga, posizionandoli leggermente scalati.

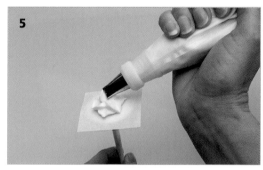

4 Mit einem feuchten Pinsel die Blattrundungen spitzig ziehen.

4 Work with a damp brush to pull the rounded petals to a point.

4 Etirer l'arrondi des pétales en pointe avec un pinceau humide.

4 Allungare l'arrotondamento dei petali, a punta, con un pennello.

5 Anschliessend mit der senkrecht geführten gleichen Blatttülle den Kelch rund spritzen.

5 And finally, pipe the trumpet in a circle using the same piping tube held vertically.

5 Et finalement former le calice rond avec la même douille.

5 Formare infine il calice rotondo, con la stessa bocchetta.

Zweifarbiges Blütenblatt; das Stiefmütterchen

6 Nochmals mit dem Pinsel den Kelchrand nach aussen ziehen.

6 Work the edges of the calyx outwards using the brush once again.

6 Tirer le bord du calice vers l'extérieur avec le pinceau.

6 Con il pennello tirare il bordo del calice verso l'esterno.

7 Die Blumen im Wärmeschrank bei 40°C während drei bis sechs Stunden trocknen. Sobald sie fest sind, wird das Blütenzentrum mit der Lochtülle Nr. 3 gespritzt, mit Airbrush fein besprüht und mit gelber Staubfarbe bepinselt.

7 Allow the piped flowers to dry for three to six hours in an airing cupboard at 40°C. Once they are hard, pipe the centre of the flower using the no. 3 nozzle, colour delicately with the airbrush and dust with yellow powder.

7 Sécher les fleurs pendant trois à six heures dans l'armoire chauffante à 40°C. Dès qu'elles sont fermes, former le milieu de la fleur avec la douille n° 3, fixer délicatement à l'aérographe et badigeonner avec du colorant poudre jaune.

7 Essiccare i fiori nell'armadio riscaldante a 40°C per 3-6 ore. Quando sono duri, formare il centro del fiore con la bocchetta n° 3, fissarli leggermente con l'airbrush e spennellarli con la polvere gialla.

8 Das gleiche Vorgehen gilt auch für die Narzisse, wobei die Farben ändern.

8 The narcissus is made in exactly the same manner, but using different colours.

8 Le même procédé est valable aussi pour les narcisses, mais les couleurs changent.

8 Per i narcisi vale lo stesso procedimento, cambiano naturalmente i colori.

1 Die Wandung des Spritzbeutels wird mit der violetten Spritzglasur rundum einen Zentimeter dick gleichmässig ausgekleidet.

1 Spread violet icing evenly around the walls of the piping bag approx. one centimetre thick.

1 Revêtir les parois du sac à dresser avec une couche de glace royale violette d'un centimètre d'épaisseur.

1 Spalmare le pareti della tasca con uno strato, dello spessore di un centimetro, di glassa reale violetta.

2 Mit gelber Spritzglasur füllen. Dabei muss exakt gearbeitet werden, damit die violette Umhüllung nicht durchbrochen wird!

2 Fill the piping-bag with yellow icing. Pay attention to work with precision, making sure the violet edging remains intact!

2 Remplir avec de la glace royale jaune. Pour cela, il faut travailler exactement afin de ne pas rompre l'enveloppe violette!

2 Quindi riempire le tasca con la glassa reale gialla. Lavorare con cautela, per non rovinare lo strato violetto!

Two-tone petal; the Pansy
Pétales bicolores; la pensée
Petali bicolori; la viola del pensiero

3 Die ersten zwei Blütenblätter mit der Blatttülle Nr. 58 R wie auf Seite 117 spritzen.

3 Pipe the first two petals using flower nozzle no. 58 R as described on page 117.

3 Former les deux premiers pétales avec la douille n° 58 R comme page 117.

3 Formare i primi due petali con la bocchetta per petali n° 58 R, come spiegato a pagina 117.

5 Nach dem Aufsetzen des vierten Blütenblattes wird sofort das fünfte angesetzt, das die Blätter drei und vier verbindet.

5 After the fourth petal has been added, continue immediately with the fifth, to bring petals three and four together.

5 Après la pose du quatrième pétale, ajuster tout de suite le cinquième, qui relie les pétales trois et quatre.

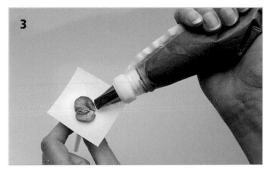

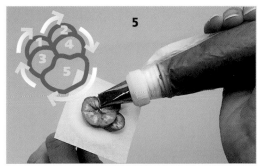

5 Dopo la posa del quarto petalo, sistemare subito il quinto, che collegherà il terzo petalo al quarto.

4 Die zweite Reihe Blütenblätter wird parallel, jedoch fünf Millimeter weiter unten aufgespritzt. Es werden nochmals zwei Blütenblätter gespritzt.

4 The second row of petals is piped parallel to, but, five millimetres below the first row. A further two petals are required.

4 Le deuxième rang de pétales est formé parallèlement, cependant cinq millimètres plus bas. Deux pétales sont encore formés.

4 La seconda riga di petali viene formata parallelamente, però 5 millimetri più in basso. Si formeranno altri due petali.

Mr. Fabilo sagt:
Beim fünften Blütenblatt bleibt die rechte Hand immer am gleichen Ort. Die Finger der linken Hand müssen den Spritzennagel mit der entsprechenden Geschwindigkeit drehen.

Mr. Fabilo says:
When piping the fifth petal keep your right hand perfectly still. The left hand should twist the icing nail at the speed required.

Mr. Fabilo dit:
Pour le cinquième pétale la main droite reste toujours au même endroit. Les doigts de la main gauche doivent tourner le clou à la vitesse convenable.

Consiglio del sig. Fabilo:
Per il quinto petalo la mano destra resta sempre allo stesso posto. Sono le dita della mano sinistra che devono far girare il chiodo alla giusta velocità.

6 Die gespritzten Stiefmütterchen im Wärmeschrank bei 40°C während sechs Stunden trocknen. Sobald sie fest sind, wird das Blütenzentrum mit der Blatttülle Nr. 58 R betupft und mit schwarzen Strichen bemalt.

6 Allow the piped pansies to dry in an airing cupboard at 40°C for six hours. Once they are hard, dot the centre using flower nozzle no. 58 R and paint black stripes.

6 Sécher les pensées dans l'armoire chauffante à 40°C pendant six heures. Dès qu'elles sont fermes, moucheter le centre de la fleur avec la douille n° 58 R et peindre des traits noirs.

6 Essiccare i fiori nell'armadio riscaldante a 40°C per 3-6 ore. Quando sono duri, picchiettare il centro del fiore con la bocchetta per petali n° 58 R e colorare a striscioline nere.

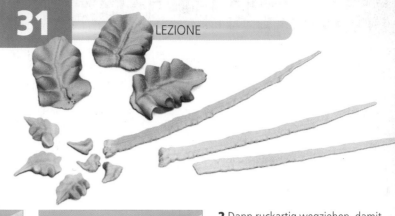

Die Blätter

Für die grünen Blätter benötigen wir spezielle Blatttüllen. Es gibt zwei Möglichkeiten sie zu spritzen: entweder direkt auf die Torte oder zuerst auf das Pergamentpapier. Anschliessend trocknen lassen, bemalen und erst dann aufsetzten. Die zweite Methode gibt dem Arrangement mehr Volumen.

Leaves

Special leaf nozzles are required to pipe green leaves. There are two possibilities open to us when piping leaves; either they are piped directly onto the cake or onto greaseproof paper, left to dry, painted and then brought into position. The second method gives the arrangement more volume.

Les feuilles

Pour les feuilles vertes nous avons besoin de douilles spéciales. Il y a deux possibilités pour les former; ou directement sur le gâteau ou d'abord sur le papier parchemin, ensuite laisser sécher, les peindre et ensuite les poser. La deuxième méthode donne plus de volume à l'arrangement.

Le foglie

Per le foglie verdi occorrono bocchette particolari. Le foglie possono essere formate in due modi: direttamente sulla torta oppure sulla carta da cottura, fatte seccare e dipinte prima di posarle sul dolce. Il secondo metodo permette un arrangiamento più voluminoso.

1 Während des Spritzens mit der Hand leicht nach vorne und hinten wippen.

1 Rock your hand gently to and fro when piping.

1 En formant, basculer légèrement la main en avant et en arrière.

1 Durante il lavoro, oscillare leggermente la mano avanti e indietro.

4 Für lange Blätter verwendet man eine Blütenblatttülle, zum Beispiel Nr. 57 S. Je zweimal gegen das Ende auslaufend spritzen, indem der Handdruck reduziert und die Geschwindigkeit des Ziehens erhöht wird.

4 Longer leaves require a leaf nozzle, for example no. 57 S. Pipe two lines, reducing the pressure on the icing bag and simultaneously increasing your speed towards the end of each line to fade out.

4 Pour des feuilles allongées on utilise la douille n° 57 S. Former deux lignes en réduisant la pression de la main sur le sac à douille et en augmentant la rapidité du tirage vers la fin.

4 Per foglie allungate si utilizza una bocchetta per fiori come la n° 57 S. Formare due strisce, diminuendo la pressione sulla bocchetta e aumentando la velocità della ritirata finale.

2 Dann ruckartig wegziehen, damit eine Spitze entsteht.

2 Pull off abruptly to give the leaf a point.

2 Ensuite retirer brusquement, pour qu'une pointe se forme.

2 Quindi toglierla bruscamente, per poter formare una punta.

3 Blätter können sehr gut auf mise en place produziert werden.

3 Leaves may perfectly well be prepared in advance.

3 Les feuilles peuvent très bien être préparées à l'avance.

3 Naturalmente le foglie possono essere preparate precedentemente.

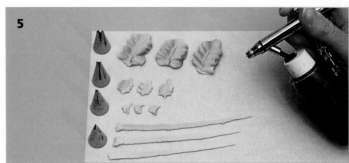

5 Zum Schluss mit Airbrush besprühen.

5 Airbrush delicately to finish off.

5 Finalement colorer à l'aérographe.

5 Fissarle infine con l'airbrush.

Lektion Lesson Leçon Lezione

Die Rose

Sie gehört zu den beliebtesten Blumen, die zu jedem fröhlichen Anlass passt. Wenn auch die einzelnen Blütenblätter nicht so fein und dünn wie bei einer modellierten Rose sind, die gespritzte Methode überzeugt ebenso sehr. Anstatt mit Spritzglasur könnte auch mit Rahm, Butter, Margarine oder Hartfett gespritzt werden, allerdings ist sie dann eher für die kalte Küche geeignet.

The Rose

Certainly one of the most popular flowers, and suitable for every festive occasion. Even if the individual petals are not quite so fine and delicate as those of a modelled rose, the piped method is equally satisfying. Instead of Royal Icing, one may also work with cream, butter, margarine or solid fat, particularly for use in the cold kitchen.

La rose

Elle fait partie des fleurs préférées et convient à chaque occasion de fête. La méthode formée convient tout aussi bien, même si les pétales formés un à un ne sont pas aussi fins et minces que ceux d'une rose modelée. A la place de glace royale, on pourrait aussi la former avec de la crème, du beurre, de la margarine ou de la graisse ferme, alors on l'utilisera en particulier dans la cuisine froide.

La rosa

Si adatta a ogni occasione di festa ed è uno dei fiori preferiti. Il metodo con la tasca per dolci è molto soddisfacente, anche se i petali risultano meno sottili e meno fini di quelli della rosa modellata. Al posto della glassa reale si può benissimo utilzzare panna, burro, margarina o grasso solido, se si lavora in cucina fredda.

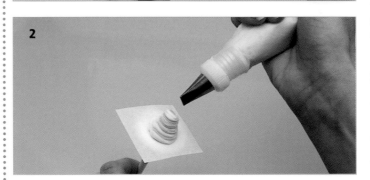

1 Mit der Blatttülle Nr. 57 R einen zwei Zentimeter breiten Kegel spritzen.

1 Pipe a ball of two centimetres diameter using petal tube no. 57 R.

1 Former une boule de deux centimètres de large avec la douille à pétale nr. 57 R.

1 Formare una pallina dal diametro di due centimetri con la bocchetta da petali n° 57 R.

2 Die Höhe beträgt drei Zentimeter und verläuft nach oben in eine Spitze.

2 Pipe to a height of three centimetres, reducing to a point at the top.

2 La hauteur est de trois centimètres et se termine vers le haut en pointe.

2 L'altezza è di tre centimetri e termina a punta.

3 Die Spitze des Blütenblattes muss nach aussen (oben) zeigen. Es wird ein Band von mehr als 360° gespritzt. Während die rechte Hand sich nicht bewegt, drehen die Finger der linken Hand den Spritznagel.

3 The tip of the petal should be directed outwards (upwards). Pipe a ribbon of more than 360°. Whilst keeping your right hand completely still, twist the icing nail between the fingers of your left hand.

3 La pointe du pétale doit être tournée vers l'extérieur (vers le haut). Former une bande de plus de 360°. Pendant que la main droite ne bouge pas, les doigts de la main gauche tournent le clou.

3 La punta del petalo deve essere girata verso l'esterno (verso l'alto). Formare una striscia di più di 360°. Mentre la mano destra resta ferma, le dita della sinistra fanno girare il chiodo.

4 Fünf Millimeter unterhalb der Rosenknospe ansetzen und das Blütenblatt spritzen.

4 Attach the icing tube five millimetres below the rose-bud and pipe the first petal.

4 Fixer la douille cinq millimètres sous le bouton de rose et former le premier pétale.

4 Sistemare la bocchetta cinque millimetri sotto il bocciolo della rosa e partire con il primo petalo.

5 Das Rosenzentrum besteht aus drei gleichmässig verteilten Blütenblättern.

5 The centre of the rose is composed of three equally-spaced petals.

5 Le centre de la rose est composé de trois pétales répartis régulièrement.

5 Il centro della rosa è composto da tre petali formati e suddivisi regolarmente.

6 Für die zweite Reihe werden wiederum drei Blütenblätter gespritzt. Der dritte Kreis besteht nochmals aus fünf Blütenblättern.

6 The second row, likewise, is composed of three petals, whereas the third circle is made up of five petals.

6 Pour la deuxième rangée, on formera à nouveau trois pétales. Le troisième cercle est composé encore une fois de cinq pétales.

6 Per la seconda riga si formeranno altri tre petali. Il terzo cerchio sarà nuovamente formato da cinque petali.

7 Die gespritzten Rosen im Wärmeschrank bei 40°C während acht Stunden trocknen. Sobald sie fest sind, mit Airbrush besprühen und mit Staubfarbe bepinseln.

7 Allow the piped roses to dry in an airing-cupboard at 40°C for eight hours. Once they are hard, spray delicately with the airbrush and dust with powder.

7 Sécher les roses pendant huit heures dans l'armoire chauffante à 40°C. Dès qu'elles sont fermes, les fixer à l'aérographe et les badigeonner avec du colorant poudre.

7 Essiccare le rose nell'armadio riscaldante a 40°C per otto ore. Quando sono dure, fissarle con l'airbrush e spennellarle con la polvere colorata.

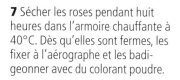

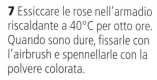

Die Minirose

Für das filigrane Tortendekor sind die Minirosen bestens geeignet. Eine sieben- bis achtblätterige Rose hat einen Durchmesser von zwei Zentimetern und kann beim Dekor, ohne dominierend zu wirken, als Blumenschmuck integriert werden. Um eine rationelle Herstellung zu garantieren, wird direkt auf einen Zahnstocher gespritzt.

The Mini-Rose

For filigree cake decorations mini-roses are just right. A rose with seven to eight petals measuring two centimetres in diameter can be perfectly integrated as part of the floral décor without appearing dominant. We guarantee your roses will be produced in a reasonable amount of time if you work directly on a toothpick.

La mini-rose

Les mini-roses conviennent le mieux pour les décors des tourtes en filigrane. Une rose de sept ou huit pétales a un diamètre de deux centimètres et peut, sans dominer le décor, être intégrée comme parure florale. Pour assurer une fabrication rationnelle, former directement sur un cure-dent.

La rosellina

Le più adatte alla decorazione di torte in filigrana sono certamente le roselline. Una rosa di sette o otto petali ha un diametro di due centimetri e può essere integrata come arrangiamento floreale, senza appesantire la decorazione. Per eseguire un lavoro razionale, formarle direttamente su uno stuzzicadenti.

2 Die Spitze des Blütenblattes muss nach aussen (oben) zeigen. Mit der Blatttülle Nr. 57 R wird ein 360° Band gespritzt. Während die rechte Hand nicht bewegt wird, drehen die Finger der linken Hand den Zahnstocher.

2 The tip of the petal should be directed outwards (upwards). Pipe a ribbon of 360° using the petal nozzle no. 57 R. Whilst keeping your right hand completely still, twist the toothpick between the fingers of your left hand.

2 La pointe du pétale doit être tournée vers l'extérieur (vers le haut). Former une bande à 360° avec la douille n° 57 R. Pendant que la main droite ne bouge pas, les doigts de la main gauche tournent le clou.

2 La punta del petalo deve essere girata verso l'esterno (verso l'alto). Formare una striscia di 360° con la bocchetta n° 57 R. Mentre la mano destra resta ferma, le dita della sinistra fanno girare il chiodo.

1 Zum Spritzen der Rosen eignen sich am besten Zahnstocher.

1 Toothpicks are ideal for piping roses on.

1 Les cure-dents conviennent le mieux pour former les roses.

1 Gli stuzzicadenti sono l'ideale per la costruzione delle rose.

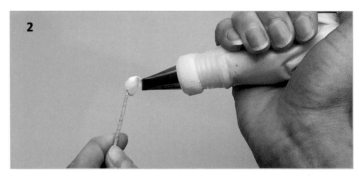

3 Eine Knospe ist entstanden.

3 A bud is formed.

3 Un bouton est né.

3 Un bocciolo è nato.

4 Benötigt man nur Rosen-knospen, können sie bereits auf eine plastifizierte Unterlage abgesetzt werden.

4 Should you only require rose-buds, place these on a plastic surface.

4 On a seulement besoin de bou-tons de roses, les déposer déjà sur une surface plastique.

4 Ci occorrono solo i boccioli, sistemarli su una superficie plasti-ficata.

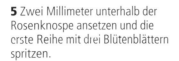

5 Zwei Millimeter unterhalb der Rosenknospe ansetzen und die erste Reihe mit drei Blütenblättern spritzen.

5 Attach the icing tube two millimetres below the rose bud and pipe the first row of three petals.

5 Fixer la douille deux millimètres sous le bouton de rose et former la première rangée de trois pétales.

5 Sistemare la bocchetta due millimetri sotto il bocciolo e formare la prima riga di tre petali.

6 Der dritte Kreis besteht aus fünf Blütenblättern.

6 The third circle is composed of five petals.

6 Le troisième cercle est composé de cinq pétales.

6 Il terzo cerchio è formato da cinque petali.

8 Die gespritzten Minirosen im Wärmeschrank bei 40 °C während zwei Stunden trocknen. Sobald sie fest sind, mit Staubfarbe bepinseln.

8 Allow the piped mini-roses to dry in an airing-cupboard at 40°C for two hours. Once they are hard, dust lightly with powder.

8 Sécher les mini-roses dans l'armoire chauffante pendant deux heures à 40°C. Dès qu'elles sont fermes, les badigeonner avec du colorant poudre.

8 Essiccare le roselline nell'armadio riscaldante a 40°C per due ore. Quando sono dure, spennellarle con la polvere colorata.

Mr. Fabilo sagt:
Je nach Verwendungszweck können nur Knospen, Minirosen mit drei Blütenblättern oder ganze Minirosen mit acht Blütenblättern gespritzt werden.

Mr. Fabilo says:
According to your requirements, you may produce simple buds, mini-roses with three petals or full mini-roses with eight petals.

Mr. Fabilo dit:
Selon les besoins, des boutons, des mini-roses à trois pétales ou des toutes petites mini-roses à huit pétales peuvent être formées.

Consiglio del sig. Fabilo:
All'occorrenza si possono formare sia boccioli che roselline a tre petali o roselline piccolissime a otto petali.

7 Die gespritzten Minirosen auf eine plastifizierte Unterlage absetzen.

7 Place the mini-roses on a plastic surface.

7 Poser les mini-roses formées sur une surface plastique.

7 Posare le roselline finite su una superficie plastificata.

Pinseltechnik

Brush embroidery

Technique au pinceau

Tecnica a pennello

Die folgende Pinseltechnik ermöglicht eine Dekoration, die auf jedes Thema individuell angepasst werden kann. Die hergestellten Plexiglasschablonen können unbeschränkte Zeit aufbewahrt werden und stehen somit jederzeit wieder zur Verfügung. Da sie selbst kreiert werden müssen, sind die Motive dementsprechend vielfältig.

The brush embroidery technique which follows makes it possible to create a decoration suitable for absolutely any theme. The plexiglass stencils may be stored indefinitely and used again and again. As they must firstly be created, the range of motives is accordingly wide.

La technique au pinceau qui suit, rend possible une décoration qui peut s'adapter individuellement à chaque thème. Les pochoirs fabriqués en plexiglas peuvent être conservés indéfiniment et sont ainsi toujours à disposition. Comme ils doivent même être créés, ces motifs ont donc une variété indéfinie.

La tecnica a pennello che segue rende possibili decorazioni individuali adatte a qualsiasi tema. I modelli fabbricati in plexiglas possono essere conservati a piacere e rimangono quindi sempre a disposizione. Siccome gli stessi devono essere creati, si può avere la varietà che si desidera.

1 Als Motivvorlage eignen sich Glückwunschkarten ausgezeichnet.

1 Greetings cards are an excellent source of inspiration for motives.

1 Les cartes de voeux se prêtent à merveille comme modèle.

1 Modelli ideali sono i biglietti augurali.

2 Die Plexiglasscheibe über das Motiv legen und die Konturen mit Spritzglasur umfahren. Je nach Dicke und Tiefe der Prägung verwendet man eine Lochtülle Nr. 1, 1.5, 2 oder sogar Nr. 3. Für 12 Stunden trocknen lassen.

3 Nun wird die Plexiglasscheibe mit dem festen Spritzglasurrelief auf der frisch ausgerollten Überzugsmasse oder in der Praxis auf der frisch überzogenen Torte gleichmässig und sanft angedrückt.

3 Now press the plexiglass disc with the hardened piped relief evenly and with gentle pressure either onto freshly rolled-out covering paste or, in practice, onto a freshly covered cake.

3 Maintenant la rondelle de plexiglas, dont le relief de glace royale a durci, est pressée régulièrement et délicatement sur la pâte à recouvrir, fraîchement abaissée, ou en pratique, sur le gâteau fraîchement recouvert.

3 Premere regolarmente e delicatamente il disco di plexiglas, il cui rilievo in glassa reale è nel frattempo indurito, sulla pasta da copertura appena spalmata in modo uniforme sulla torta.

2 Place the plexiglass disc on the motive and pipe around the contours. According to the desired thickness and depth of the impression, use piping tube no. 1, 1.5, 2 or even a no. 3. Allow to dry for 12 hours.

2 Poser la rondelle de plexiglas sur le motif et relever les contours avec de la glace royale. Selon l'épaisseur et la profondeur du sujet, on utilise une douille ronde n° 1, 1.5, 2 ou même n° 3. Laisser sécher 12 heures.

2 Posare il disco di plexiglas sul motivo e segnarne i contorni con la glassa reale. A dipendenza dello spessore e della profondità del soggetto, utilizzare la bocchetta rotonda n°1, 1.5, 2 o anche 3. Lasciar seccare per 12 ore.

Mr. Fabilo sagt:
Der Abdruck muss auf Anhieb perfekt sein. Bei einem zweiten Versuch verschiebt sich das Relief oft.

Mr. Fabilo says:
The impression must be perfect at the first attempt. The relief often becomes displaced when making second attempts.

Mr. Fabilo dit:
L'impression doit être d'emblée parfaite. Le relief se déplace souvent lors d'un deuxième essai.

Consiglio del sig.Fabilo:
La prima esecuzione deve essere perfetta. Il rilievo si sposta spesso se si prova una seconda volta.

4 Die Prägung bleibt. Die gleiche Scheibe kann unzählige Male verwendet werden. Je nach Grösse und Fläche der Torte können auch kleinere Plexiglasscheiben verwendet werden.

4 The impression is permanent. The same disc may be used on innumerable occasions. Alternatively smaller plexigass discs may be used to suit the size and surface area of the cake.

4 L'impression reste. La même rondelle peut être utilisée maintes fois. Selon la grandeur et la surface du gâteau, on peut aussi utiliser des rondelles de plexiglas plus petites.

4 L'esecuzione resta. Lo stesso disco può essere utilizzato svariate volte. Secondo la grandezza e la superficie della torta, è possibile utilizzare anche dischi di plexiglas più piccoli.

5 Die Spritzglasur mit Wasser verdünnen, bis sie eine weiche Struktur aufweist.

5 Water down the Royal Icing until it has a soft structure.

5 Diluer la glace royale avec de l'eau, jusqu'à ce qu'elle obtienne un aspect moelleux.

5 Diluire la glassa reale con acqua, fino ad ottenere un aspetto soffice.

6 Nun werden die Konturen mit dem Spritzbeutel und mit der Lochtülle Nr. 1 umfahren.

6 Now follow the contours with piping bag and no. 1 tube.

6 Ensuite marquer les contours avec le sac à douille et la douille ronde n° 1.

6 Quindi segnare i contorni con la tasca per dolci e la bocchetta rotonda n° 1.

7 Die Spritzglasur sofort mit einem feuchten Pinsel ins Zentrum ziehen. Nach innen sollte sie feiner werden.

7 Using a damp brush draw the Royal Icing towards the centre, where it should be fainter.

7 Etirer tout de suite la glace royale vers le centre à l'aide d'un pinceau humide. Elle doit devenir plus fine à l'intérieur.

7 Con l'aiuto di un pennello umido, tirare la glassa reale verso il centro.

8 Sobald sämtliche Blütenblätter und Knospen dressiert sind, die Blütenstempel mit Gelb auffüllen.

8 Once all the petals and buds have been piped, fill in the yellow centres.

8 Dès que tous les pétales et bourgeons sont dressés, remplir le milieu des fleurs avec le jaune.

8 Quando tutti i petali e i boccioli sono pronti, segnare il centro dei fiori con il giallo.

9 Die Blätter werden auf die gleiche Art und Weise wie die Blütenblätter gespritzt und mit dem Pinsel gezogen.

9 Pipe the green leaves in the same manner as the petals, drawing towards the centre with a brush.

9 Les feuilles se feront de la même manière que les fleurs et aussi étirées au pinceau.

9 Le foglie verranno eseguite e anche tirate col pennello, come i fiori.

10 Mit Lebensmittelfarbe und Staubfarbe bepinseln.

10 Dust with food colourings and dusting powder.

10 Badigeonner avec des colorants alimentaires et du colorant poudre.

10 Spennellare con polvere colorante alimentare e polvere colorata.

11 Kombiniert mit gespritzten Blumen aus der Lektion 31, erhöhen sie den Präsentationseffekt.

11 When combined with piped flowers as shown in lesson 31, the presentation becomes even more effective.

11 L'effet de présentation est augmenté si on les assemble aux fleurs de la leçon 31.

11 L'effetto della presentazione è migliore se viene combinata con i fiori della lezione 31.

Die Möglichkeiten der Dekoration, die dem Tortenartisten zur Verfügung stehen, sind sehr zahlreich. Doch nicht jede Technik erfüllt Bedürfnisse wie rationelles Umsetzen und handwerkliche Meisterleistung.

Integriert man die Zuckerartistik, öffnen sich neue Türen. Auf eine schnelle und einfache Art können bewundernswerte, individuelle «cake-tops» kreiert werden, welche die Torten extrem aufwerten. Diese neue Dimension bringt nicht nur Farbe, sondern auch Volumen in ihrer Torten, die man sonst nur mühsam und nach langen Trocknungsphasen mit Modelliermasse erreicht.

Plötzlich kennen wir keine Grenzen mehr – und dies erst noch in Zucker! Die Plastik- und Porzellanfiguren haben endlich ausgedient!

There are numerous possibilities of how to decorate a cake open to the cake-decorator. However, not all techniques fulfil requirements such as working in an efficient manner or demonstrating master skills.

By incorporating sugar artistic we can reach new horizons. Admirable, individual cake-tops can then be created quickly and simply, to upgrade any cake considerably. This new dimension not only brings colour into your cake, but also volume, otherwise only possible in a tedious manner using modelling paste, which demands lengthy drying periods.

We immediately break down all barriers – and all this in sugar! Plastic and porcelain figures have fortunately had their day.

De nombreuses possibilités de décoration sont à la disposition des décorateurs de gâteaux. Cependant pas toutes les techniques répondent aux besoins tels que transposition rationnelle et dextérité manuelle de maître. En incorporant l'art du sucre, l'horizon s'élargit. Alors d'une façon rapide et simple, des «cake-tops» admirables et individuels peuvent être créés, lesquels revalorisent énormément les gâteaux. Cette nouvelle dimension apporte à votre gâteau, non seulement de la couleur mais aussi du volume, auquel on ne parviendrait qu'avec peine et après un temps de séchage long, en utilisant la pâte à modeler. Tout à coup nous ne connaissons plus de frontière - et tout cela en sucre! Les figurines en plastique et en porcelaine ont enfin servit!

A disposizione del decoratore di torte esistono numerose possibilità di decorazione. Naturalmente non tutte le tecniche corrispondono ai bisogni di trasposizione razionale e capacità manuale del maestro pasticciere.
Incorporando l'arte dello zucchero, l'orizzonte si allarga. In questo modo, rapido e semplice, si possono creare dei «cake-tops» che rivalutano enormemente le torte. Questa nuova dimensione apporta alla vostra torta non solo il colore ma anche quel volume che si raggiungerebbe solo con grande fatica e dopo un lungo tempo di essiccamento, se si utilizzasse la pasta da modellare.
Ad un tratto non ci sono più frontiere – e tutto questo con lo zucchero! Le figurine in plastica e in porcellana sono finalmente servite!

Mr. Fabilo sagt:
Die Zuckerartistik erlaubt dem Tortenartisten, auf sämtliche individuellen Wünsche des Kunden einzugehen und diese in einem vernünftigen Preis-Leistungs-Verhältnis umzusetzen.

Mr. Fabilo says:
Sugar artistic skills enable the cake-decorator to fulfil absolutely any request the customer should make at a reasonable price.

Mr. Fabilo dit:
L'art du sucre permet à l'artiste de réaliser tous les désirs du client et cela à un prix raisonnable.

Consiglio del sig.Fabilo:
L'arte dello zucchero permette all'artista di realizzare tutti i desideri del cliente, e questo a un prezzo ragionevole.

Haltbarkeit, Glanz und Verträglichkeit

Perishability, sheen and digestibility

Verträglichkeit von Perlen

Bei der Beurteilung der Verträglichkeit von Perlen muss darauf hingewiesen werden, dass bei allen Polyolen wie Maltit und Lactit sowie bei Sorbit und Mannit der übermässige Genuss abführend wirken kann. Das gleiche gilt für Produkte wie Milch, Kohl, Zwiebeln usw.

Dieser Effekt bedarf jedoch der ausdrücklichen Differenzierung. Nach einhelliger Meinung der Wissenschaftler beruht die abführende Wirkung von Polyolen auf einem reversiblen osmotischen Effekt, während Durchfall zumeist infektiös ist. Der Körper gewöhnt sich allerdings sehr schnell daran und die laxierende Wirkung tritt nicht mehr auf.

Digestibility of pearls

When assessing the digestibility of pearls, it should be noted that – as with all polysaccharides such as maltose and lactose, as well as with sorbitol and mannitol – excessive consumption can have a laxative effect. The same is true of products such as milk, cabbage, onions, etc. However, a distinction should be made: scientists agree unanimously that the laxative effect of polysaccharides is due to a reversible osmotic effect, whereas normally diarrhoea is infectious. The body quickly becomes accustomed to this laxative effect and the diarrhoea ceases.

Aus dem Diagramm ist deutlich die hervorragende Haltbarkeit bei hoher Luftfeuchtigkeit der Perlenschaustücke erkennbar.

The diagram shows quite plainly that pearl showpieces can be kept for very long periods when air humidity is high.

L'excellente conservation à un degré d'humidité élevé des pièces en perles est parfaitement reconnaissable sur le diagramme.

Dal diagramma risulta nettamente l'eccellente conservazione degli oggetti da esposizione conservati ad un alto grado di umidità dell'aria.

«Prof. Dr. P&S Fabilo» sagt:
Ob der seit über 160 Jahren verwendete Zucker für unser Handwerk bald ganz durch die Perlen verdrängt werden wird, wird die nahe Zukunft zeigen.

«Prof. Dr. P&S Fabilo» says:
The next few years will show whether these pearls are going to replace the sugar which we have been using in our craft for over 160 years.

«Prof. Dr. P&S Fabilo» dit:
Le proche avenir nous montrera si le sucre utilisé dans notre métier depuis plus de 160 ans sera bientôt remplacé complètement par les perles.

«Prof. Dr. P&S Fabilo» dice:
In un prossimo futuro si dimostrerà se lo zucchero, usato nel nostro mestiere da più di 160 anni, verrà presto sostituito completamente dalle perle.

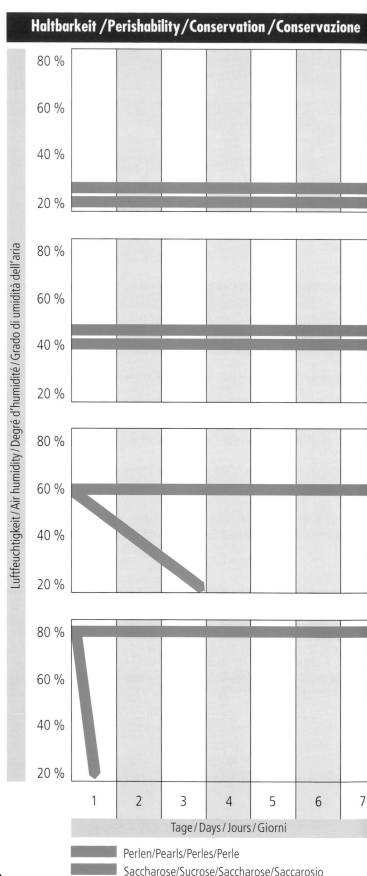

Haltbarkeit /Perishability /Conservation /Conservazione

Luftfeuchtigkeit / Air humidity / Degré d'humidité / Grado di umidità dell'aria

Tage / Days / Jours / Giorni

Perlen/Pearls/Perles/Perle

Saccharose/Sucrose/Saccharose/Saccarosio

Conservation, brillant et compatibilité

Conservazione, lucentezza e digeribilità

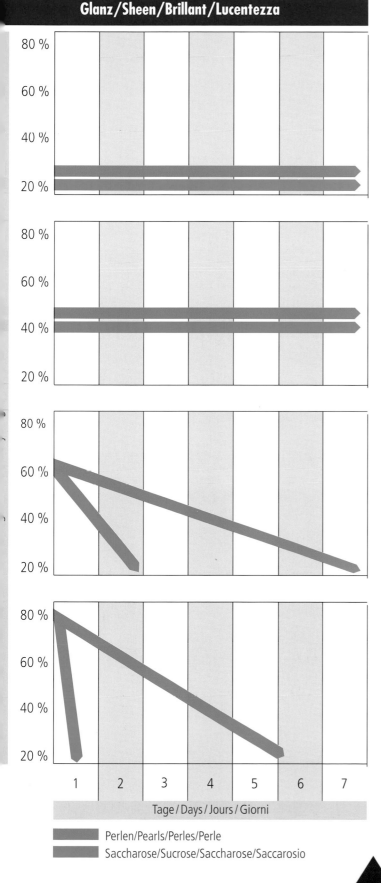

Glanz/Sheen/Brillant/Lucentezza

Tage / Days / Jours / Giorni

Perlen/Pearls/Perles/Perle
Saccharose/Sucrose/Saccharose/Saccarosio

Die Perlenschaustücke verlieren bei hoher Luftfeuchtigkeit an Glanz. Dank der geringen Hygroskopizität verlieren sie jedoch nie die Form und kollabieren nicht wie die Zuckerschaustücke.

Under conditions of high air humidity the pearl showpieces lose their sheen. However, thanks to the low hygroscopicity they never lose their shape or collapse like sugar showpieces.

Les pièces en perles perdent du brillant à un degré d'humidité élevé. Grâce à un faible degré d'hygrométrie, elles ne perdent toutefois jamais la forme et ne se brisent pas comme les pièces en sucre.

Gli oggetti da esposizione fatti di perle perdono la loro lucentezza se esposti ad un alto grado di umidità dell'aria. Grazie al basso grado di igroscopicità non perdono tuttavia mai la forma e non cadono come gli oggetti di zucchero.

Compatibilité des perles

Pour juger de la compatibilité des perles, il faut rendre attentif sur le fait que chez tous les polysaccharides comme le maltose et le lactose ainsi que pour le sorbitol et la mannite, une consommation excessive peut provoquer la diarrhée. Cela est vrai aussi pour le lait, le chou, les oignons, etc. Cet effet est toutefois soumis à des différences notoires. D'après les scientifiques, l'effet de diarrhée des polysaccharides repose sur un effet osmotique, tandis que la diarrhée est le plus souvent infectieuse. Le corps s'habitue néanmoins très vite et l'effet laxatif n'apparaît plus.

Digeribilità delle perle

Per giudicare la digeribilità delle perle bisogna richiamare l'attenzione sul fatto che tutti i polisaccaridi come il maltosio e il lattosio, nonché la sorbite e la mannite, possono essere lassativi se consumati in eccesso. Questo vale anche per i prodotti come il latte, il cavolo, le cipolle ecc; una distinzione deve, tuttavia, essere fatta. Secondo l'opinione degli scienziati, l'effetto purgativo dei polisaccaridi si basa su un effetto osmotico reversibile, mentre la diarrea è soprattutto infettiva. Il corpo si abitua tuttavia molto presto e l'effetto lassativo non si presenta più.

Zusammenfassung: Streifenartiges Ziehen

Das streifenartig gezogene Band gibt untrüglich Aufschluss darüber, wie gut jemand die Zuckerartistik beherrscht. Je gleichmässiger und feiner die einzelnen Streifen, desto extravaganter präsentiert sich die Arbeit.

Dabei ist auf folgende Punkte zu achten:

● Gleichmässige Temperatur der Zuckermasse
● Gleiche Temperatur der geschnittenen Stangen
● Zügiges Arbeiten
● Nur soviel Zucker ziehen, wie auch anschliessend verarbeitet werden kann

Summary: Pulling a striped band

The pulled striped band is a sure measure of the sugar artist's skill. The more evenly pulled and the finer the individual strips, the more sophisticated the creation will appear.

Please observe the following points:

● Even temperature of the sugar mass
● Even temperature of the cut strips
● Rapid working tempo
● Only pull as much sugar as you are able to work with

Résumé: tirage à rayures

La bande tirée à rayures renseigne sans faute sur le degré de maîtrise des arts du sucre. Plus les différentes rayures sont régulières et fines, plus le travail se présente de façon extravagante.

Pour cela, il faut tenir compte des points suivants:

● Température régulière de la masse de sucre
● Température régulière des barres coupées
● Travail rapide
● Tirer seulement le sucre nécessaire à l'emploi ultérieur

Riassunto: tiratura striata

Il nastro tirato a strisce fornisce la prova infallibile sulla bravura di una persona nell'arte dello zucchero. Più sono regolari e sottili i singoli nastri, più è stravagante il lavoro presentato.

Fate attenzione ai seguenti punti:

● temperatura regolare della massa di zucchero
● temperatura regolare delle bacchette
● lavoro rapido
● tirare solo lo zucchero necessario alla lavorazione successiva

1 Gleichmässige Stangen abschneiden und zusammensetzen. Die Naht immer nach unten auf das Seidenbett legen.

1 Cut off regular strips and place them alongside each other. The cut edges should always be placed face-downwards on the silk board.

1 Couper des barres régulières et les assembler. Poser toujours la soudure vers le bas sur le dessus en soie.

1 Tagliare barre regolari e unirle. Appoggiare la giuntura sempre verso il basso, sulla base di seta.

2 Handposition: Nur an den äussersten Enden halten!

2 Hand position: Hold only at the very ends!

2 Position des mains! Ne tenir qu'aux bords extérieurs.

2 Posizione delle mani! Tenere solo alle estremità.

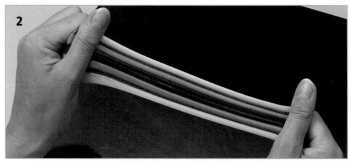

Zum Nachschlagen
Diese Technik finden Sie im Buch 1, Lektion 4, Seite 66, ausführlich Bild für Bild illustriert und erklärt.
For reference
This technique is illustrated and explained step-by-step in book 1, lesson 4, page 66.
Pour consulter
Vous trouvez cette technique illustrée et expliquée en détail, dans le livre 1, leçon 4, page 66.
Per consultare
Trovate questa tecnica, illustrata e spiegata immagine per immagine, nel libro 1, lezione 4, pagina 66.

3 Je gleichmässiger gezogen, desto effektvoller.

3 The more evenly pulled, the greater the effect.

3 Plus le tirage est régulier, plus l'effet est grand.

3 Più si tira regolarmente, più grande è l'effetto.

Zusammenfassung: Ziehen

Die Ausgangslage für sämtliche Blumen, Blätter, Bänder, Schleifen, Rüschen usw. bildet das gezogene Band. Je flinker gezogen wird, desto mehr Zeit bleibt zum Formen und Biegen des Bandes.

Dabei ist auf folgende Punkte zu achten:

- Gleichmässige Temperatur der Zuckermasse
- Stets scharfe Kante ziehen
- Je grösser und länger das Band, desto mehr Zuckermasse herausziehen
- Geschwindigkeit

Summary: Pulling

The pulled band is the basis for all flowers, leaves, bows, frills, etc. The faster you pull, the more time you will have to shape and bend the band.

Please observe the following points:

- Even temperature of the sugar mass
- Always pull a sharp edge
- Pull more sugar mass to obtain a wider or longer band
- Rapid working tempo

Résumé: tirage

La base pour les fleurs, feuilles, bandes, nœuds, ruches, etc., forme la bande tirée. Plus vite on tire, plus il reste de temps pour le formage et le pliage de la bande.

Pour cela, il faut tenir compte des points suivants:

- Température régulière de la masse de sucre
- Tirer toujours des arêtes aiguës
- Plus la bande est grande et longue, plus la masse de sucre tirée est importante
- Vitesse

Riassunto: tiratura

Il nastro tirato è la forma di base per creare fiori, foglie, nastri, fiocchi, gale ecc. Più si tira in fretta, più rimane tempo per formare e curvare il nastro.

Fate attenzione ai seguenti punti:

- temperatura regolare della massa di zucchero
- tirare sempre spigoli affilati
- per ottenere un nastro grande e lungo, tirate fuori più massa dallo zucchero
- velocità

1 Die aufwärts gestossene Zuckermasse ausgleichen.

1 Push the sugar mass outwards and even out.

1 Egaliser la masse de sucre poussée vers le haut.

1 Pareggiare la massa spinta verso l'alto.

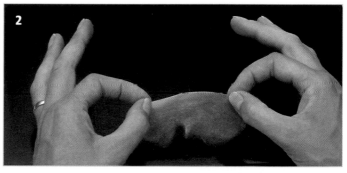

2 Mit Hilfe der Fingernägel eine scharfe Kante ziehen.

2 Form a sharp edge with your finger nails.

2 A l'aide des ongles, tirer une arête aiguë.

2 Formare uno spigolo affilato con l'aiuto delle unghie.

Zum Nachschlagen
Diese Technik finden Sie im Buch 1, Lektion 5, Seite 70, ausführlich Bild für Bild illustriert und erklärt.

For reference
This technique is illustrated and explained step-by-step in book 1, lesson 5, page 70.

Pour consulter
Vous trouvez cette technique illustrée et expliquée en détail, dans le livre 1, leçon 5, page 70.

Per consultare
Trovate questa tecnica, illustrata e spiegata immagine per immagine, nel libro 1, lezione 5, pagina 70.

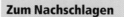

3 Zuerst nach links, dann ruckartig nach rechts drehen.

3 Twist first to the left, then sharply to the right.

3 D'abord vers la gauche, ensuite tourner brusquement vers la droite.

3 Girare prima a sinistra, poi a strappi, a destra.

Zusammenfassung: Spitziges Ziehen

Zur Vollendung eines Blattes gehört eine auslaufende Spitze, die jedoch nicht zwei Millimeter vor dem Abschluss abgebrochen sein darf. Die Technik besteht darin, am richtigen Ort und zum richtigen Zeitpunkt abzukneifen. Nur so entsteht eine perfekte Spitze.

Dabei ist auf folgende Punkte zu achten:

- Gleichmässige Temperatur der Zuckermasse
- Stets scharfe Kante ziehen
- Daumen und Zeigefinger ununterbrochen bewegen
- Für die Spitze beide Daumen und Zeigefinger aneinander drücken und abkneifen

Summary: Pulling a point

A leaf should taper off into an unbroken point. The secret of obtaining a perfectly pointed leaf lies in snipping off at the right time and place.

Please observe the following points:

- Even temperature of the sugar mass
- Always pull a sharp edge
- Keep your thumbs and index fingers continually in motion
- To form the point, the thumb and index finger on each hand must press together before snipping off

Résumé: tirage en pointe

Pour l'achèvement d'une feuille, il faut une finition en pointe qui ne doit toutefois pas se terminer à deux millimètres de la fin. La technique à employer consiste à couper au bon endroit et au bon moment. Ainsi seulement la pointe sera parfaite.

Pour cela, il faut tenir compte des points suivants:

- Température régulière de la masse de sucre
- Tirer toujours des arêtes aiguës
- Bouger sans interruption pouce et index
- Pour la pointe, pousser les deux pouces et index les uns contre les autres et couper

Riassunto: tiratura a punta

Una foglia perfetta finisce a punta. Ciò vuol dire che non deve essere spuntata due millimetri prima della fine. La tecnica per ottenere una punta perfetta consiste nello staccare al posto giusto ed al momento giusto.

Fate attenzione ai seguenti punti:

- temperatura regolare della massa dello zucchero
- tirare sempre degli spigoli affilati
- muovere continuamente i pollici e gli indici
- per formare la punta serrare i due pollici e gli indici l'uno contro l'altro e staccare

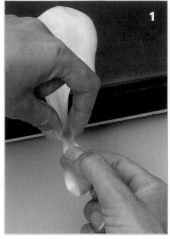

1 Daumen und Zeigefinger ununterbrochen bewegen, um unnötiges Abkühlen des Zuckers zu vermeiden.

1 Keep your thumbs and index fingers continually in motion to avoid unnecessary cooling of the sugar.

1 Bouger sans interruption pouce et index afin d'éviter un refroidissement du sucre inutile.

1 Muovere continuamente i pollici e gli indici per evitare il raffreddamento dello zucchero.

2 Blitzschnell beide Daumen und Zeigefinger aneinander drücken.

2 Quickly press together the thumb and index finger on each hand.

2 Pousser très rapidement les deux pouces et index les uns contre les autres.

2 Serrare molto velocemente i due pollici e gli indici l'uno contro l'altro.

Zum Nachschlagen
Diese Technik finden Sie im Buch 1, Lektion 5, Seite 72, ausführlich Bild für Bild illustriert und erklärt.

For reference
This technique is illustrated and explained step-by-step in book 1, lesson 5, page 72.

Pour consulter
Vous trouvez cette technique illustrée et expliquée en détail, dans le livre 1, leçon 5, page 72.

Per consultare
Trovate questa tecnica, illustrata e spiegata immagine per immagine, nel libro 1, lezione 5, pagina 72.

3 Ebenso schnell abkneifen, und die Spitze ist «geboren».

3 Snip off equally quickly: now you have a pointed leaf.

3 Couper aussi très rapidement et la pointe est née.

3 Staccare anche molto rapidamente ed ecco la punta della foglia.

Zusammenfassung: Zuckerblasen

Eine sich gleichmässig dehnende Kugel gehört zur wichtigsten Voraussetzung dieser Technik. Sie müssen das Blasen so beherrschen, dass sich die Kugel dort dehnt, wo Sie es beabsichtigen. Andernfalls dehnt sie sich irgendwo unkontrolliert.

Dabei ist auf folgende Punkte zu achten:

- Gleichmässige Temperatur der Zuckermasse
- Die Öffnung muss bis in die Mitte der Kugel reichen
- Vor einer Lichtquelle, die Handpumpe immer drehend, blasen
- Geblasene Objekte restlos abkühlen lassen, bevor sie von der Kanüle entfernt werden

Summary: Sugar blowing

An evenly inflated ball is a basic requirement for this technique. You must be able to blow so that the ball inflates as you wish, otherwise it will inflate in the wrong place and get out of control.

Please observe the following points:

- Even temperature of the sugar mass
- The indentation must reach the centre of the ball
- Always blow before a source of light, constantly turning the hand pump
- Blown objects must be completely cooled down before being removed from the tube

Résumé: soufflage du sucre

Une boule qui se dilate régulièrement est une des conditions essentielles de cette technique. Vous devez maîtriser le soufflage à un point tel que la boule se dilate là où vous le voulez. Sinon elle se dilate n'importe où sans contrôle.

Pour cela, il faut tenir compte des points suivants:

- Température régulière de la masse de sucre
- L'ouverture doit aller jusqu'au milieu de la boule
- Souffler devant une source de lumière, en tournant toujours la pompe à main
- Laisser refroidir complètement les objets soufflés avant de les éloigner de la canule

Riassunto: soffiatura dello zucchero

Una palla dilatata regolarmente è tra le premesse più importanti di questa tecnica. Dovete essere padroni della soffiatura in modo che la palla si dilati dove volete voi. Altrimenti la palla si dilata ovunque e senza controllo.

Fate attenzione ai seguenti punti:

- temperatura regolare della massa dello zucchero
- l'apertura deve andare fino al centro della palla
- soffiare davanti ad una sorgente luminosa girando sempre la pompa a mano
- far raffreddare completamente gli oggetti soffiati prima di staccarli dalla cannula

1 Mit dem Zeigefinger eine annähernd bis in die Mitte reichende Öffnung eindrücken.

1 Using your index finger, make an indentation to about the centre.

1 Avec l'index, enfoncer une ouverture qui doit aller à peu près jusqu'au milieu.

1 Con l'indice imprimere un'apertura che vada approssimativamente fino al centro.

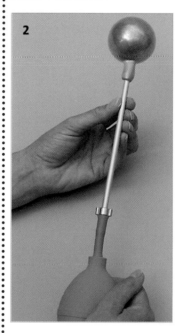

Zum Nachschlagen
Diese Technik finden Sie im Buch 1, Lektion 7, Seite 78, ausführlich Bild für Bild illustriert und erklärt.

For reference
This technique is illustrated and explained step-by-step in book 1, lesson 7, page 78.

Pour consulter
Vous trouvez cette technique illustrée et expliquée en détail, dans le livre 1, leçon 7, page 78.

Per consultare
Trovate questa tecnica, illustrata e spiegata immagine per immagine, nel libro 1, lezione 7, pagina 78.

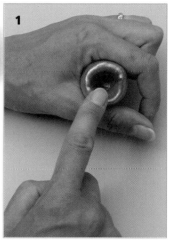

2 Beim Dehnen wird die Kugel nur berührt, um Änderungen anzubringen.

2 During inflation, only touch the ball if you want to modify the shape.

2 Au moment de la dilatation, la boule ne sera touchée que pour apporter des modifications.

2 Durante la dilatazione toccare la palla solamente per modificarla.

3 Komplett abkühlen lassen, bevor sie von der Kanüle entfernt wird.

3 Allow the object to cool down completely before you remove it from the tube.

3 Laisser refroidir complètement avant de l'éloigner de la canule.

3 Lasciar raffreddare la palla completamente prima di staccarla dalla cannula.

Torten für die Praxis – die Brautpaar-Torte

Practical cakes – The Bride and Groom Cake

1 Die Torte oder Tortenhaube gemäss Lektion 9 mit zarten Farben marmoriert überziehen.

1 Cover the cake or cake cover with delicate marble shades as shown in lesson 9.

1 Recouvrir le gâteau ou le couvercle à gâteaux avec des couleurs tendres, marbrées, selon leçon 9.

1 Ricoprire la torta o il coperchio per torte con colori pastello, marmorizzati, come alla lezione 9.

2 Die Rüschenmasse gemäss Lektion 15 vorbereiten, gemäss Lektion 16 ausrollen und mit Spitzbogenausstecher ausstechen.

2 Prepare the frilling paste according to lesson 15, roll out as shown in lesson 16 and cut out using the pointed scallop cutter.

2 Préparer la pâte à volants selon leçon 15, abaisser et découper avec le découpoir courbé selon leçon 16.

2 Preparare la pasta per decorazioni increspate come alla lezione 15, spianarla e tagliarla con la formina ad arco ogivale come alla lezione 16.

5 Die Rüschenmasse wie beim Arbeitsschritt 2 vorbereiten und mit dem Wellenausstecher ausstechen.

5 Prepare the frilling paste as for step 2 and cut out using the scalloped edge cutter.

5 Préparer la pâte à volants selon la photo 2 et découper avec le découpoir ondulé.

5 Preparare la pasta per decorazioni increspate come nell'immagine 2 e ritagliare con la formina ad arco.

6 Die wellige Seite mit dem Modellierwerkzeug «Bärentatzen» markieren. Die gerade Seite mit dem gekerbten Rüscheninstrument wie bei der Lektion 29 (Nelke) abrollen.

6 Mark along the scalloped edged with the «Bear's Paw» modelling tool. Fray along the straight edges with the frilling tool as explained in lesson 29 (Carnation).

6 Marquer la partie ondulée avec l'ébauchoir «Patte d'ours». Rouler le bord droit avec l'instrument à ruches selon leçon 29 (oeillet).

6 Segnare la parte ondulata con lo scalpello a «zampa d'orso». Arrotolare il bordo diritto con lo scalpello a ruches come alla lezione 29 (garofano).

3 Die inneren Teile des Stickerei-musters mit einem Zahnstocher entfernen. Die Umrandung mit dem Modellierwerkzeug «Bärentatzen» markieren.

3 Remove the holes with a toothpick to highlight the embroidered pattern. Mark the edges with the «Bear's Paw» modelling tool.

3 Enlever les parties intérieures du motif de dentelle avec un cure-dent. Marquer le bord courbé avec l'ébauchoir «Patte d'ours».

3 Togliere con uno stuzzicadenti le parti interne del motivo a pizzo. Segnare il bordo ondulato con lo scalpello a «zampa d'orso».

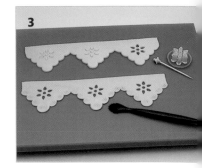

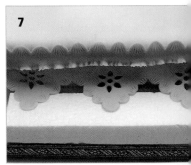

7 Mit Tyclose-Klebstoff gemäss Abbildung ansetzen.

7 Apply Tyclose-glue and position as shown.

7 Poser selon la photo, à l'aide de la colle-Tyclose.

7 Posare come nell'immagine, aiutandosi con la colla Tyclose.

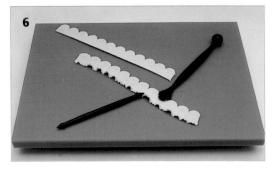

Gâteaux dans la pratique – le gâteau des mariés

Torte in pratica – la torta nuziale

4 Zwei Zentimeter der Seitendekoration oben mit Tyclose-Klebstoff bestreichen und ansetzen. Styroporscheibe unterlegen und bei einer Zimmertemperatur von 18 – 20°C und bei einer Luftfeuchtigkeit von 50% für zwei Stunden trocknen lassen.

4 Paste two centimetres of Tyclose glue along the top of the side decoration and stick in position. Support with polystyrene wedges and leave to dry at room temperature of 18 –20°C and ambient humidity of 50% for two hours.

4 Enduire deux centimètres du bord supérieur de la décoration avec de la colle-Tyclose et l'ajuster. Soutenir avec un morceau de sagex et laisser sécher à température ambiante de 18 – 20°C et une humidité de 50% pendant deux heures.

4 Inumidire due centimetri del bordo superiore della decorazione con colla Tyclose e posizionarla. Sostenere con un pezzetto di sagex e far seccare, a temperatura ambiente di 18 – 20°C e umidità al 50%, per due ore.

Mr. Fabilo sagt:
Die Trocknungszeit der Seitendekoration ist in erster Linie von der Höhe der Luftfeuchtigkeit abhängig. Je niedriger die Luftfeuchtigkeit, desto schneller verfestigt sich die Seitendekoration. Bei einer Luftfeuchtigkeit über 95% können gebogene Enden nicht ausgeführt werden.

Mr. Fabilo says:
*The drying time of the side decorations is primarily dependent on the level of humidity.
The lower the ambient humidity, the quicker the side decorations will become hard. If the ambient humidity is over 95% it is not possible to make stand-out curves.*

Mr. Fabilo dit:
Le temps de séchage de la décoration dépend en premier du degré d'humidité. Plus bas le degré d'humidité, plus rapidement se consolideront les décorations. Avec une humidité de plus de 95%, les fins recourbées ne peuvent être réalisées.

Consiglio del sig.Fabilo:
Il tempo per asciugare la decorazione dipende innanzitutto dall'umidità. Più basso è il grado di umidità e più rapidamente si consolideranno le decorazioni. Con umidità superiore al 95% le piccole sporgenze non possono essere realizzate.

8 Effektvoll und trotzdem sehr rationell und einfach.

8 Effective, yet quick and simple.

8 Plein d'effet et quand même rationnel et simple.

8 Di grande effetto e malgrado questo razionale e semplice.

9 Zucker-/Isomaltblätter leicht mit Airbrush besprühen und nach Erhitzen am Spiritusbrenner an den Ecken ansetzen.

9 Lightly airbrush the sugar/Isomalt leaves, heat and attach on the corners.

9 Gicler des feuilles en sucre-Isomalt à l'aérographe et après les avoir échauffé à la lampe à alcool, les appliquer dans les coins.

9 Spruzzare con l'airbrush i fogli di zucchero/Isomalt e, dopo averli riscaldati con la lampada ad alcool, applicarli negli angoli.

10 Die Knospen und Rosen ansetzen.

10 Add the buds and roses.

10 Ajouter les boutons et les roses.

10 Aggiungere i boccioli e le rose.

11 Beim zweiten Tortenstock setzen wir ein sternartiges Gerüst aus Holzzucker auf.

11 For the second tier we form a star-shaped support in wood sugar.

11 Sur le deuxième étage du gâteau nous posons un support en forme d'étoile composé bâtons de sucre.

11 Al secondo piano della torta posiamo un supporto a forma di stella fatto da bastoni di zucchero.

12 Bevor die Rosen platziert werden, sollten die Blätter angesetzt werden.

12 Affix the leaves before adding the roses.

12 Les feuilles seront posées avant de placer les roses.

12 Le foglie verranno posate prima delle rose.

13 Weniger ist mehr, denn von der Überzugsmasse sollte man auch noch etwas sehen!

13 Less is more, for the covering paste should still be visible!

13 Moins est plus, car on doit encore voir la pâte à recouvrir!

13 Più o meno, perchè la pasta da copertura deve essere ancora visibile!

Das Brautpaar   The Bride & Groom   Les mariés   Gli sposi

1 Einen Kegelstumpf von acht Zentimetern Höhe und sieben Zentimetern Breite blasen und auf einem durchsichtigen Boden befestigen.

1 Blow a cone measuring eight centimetres high and seven centimetres at the widest point and attach to a transparent base.

1 Souffler et fixer un cône tronqué de huit centimètres de haut et sept centimètres de large sur un fond transparent.

1 Soffiare e fissare un tronco di cono, alto otto centimetri e largo sette centimetri, su un fondo trasparente.

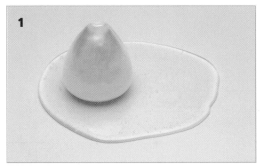

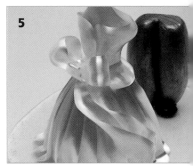

2 Mit gleichmässig gezogenen Bändern einfassen.

2 Overlap the evenly pulled bands.

2 Garnir avec des rubans tirés régulièrement.

2 Ornare con nastri tirati regolarmente.

3 Aus einer Kugel die Hosen des Bräutigams blasen und wie bei einem Pfirsich einkerben. Schuhe modellieren und gemäss Abbildung aufsetzen. Braut und Bräutigam sollten gleich gross sein.

3 Blow the Groom's trousers from one single ball, marking as for a peach. Model his shoes and position as illustrated. The Bride and Groom should be the same height.

3 A partir d'une boule, souffler les pantalons du marié et entailler comme pour une pêche. Modeler les chaussures et les placer selon la photo. Mariée et marié doivent être de même taille.

3 Partendo da una pallina, soffiare i pantaloni dello sposo e intagliare come per una pesca. Modellare le scarpe e sistemarle come nell'immagine. Lo sposo e la sposa devono essere della stessa misura.

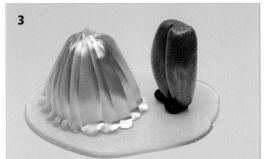

4 Den Oberkörper der Dame fünf Zentimeter hoch modellieren, abkühlen und sofort mit einem weiss eingefassten Band aufsetzen.

4 The upper part of the Bride's body is modelled to measure five centimetres, cooled down and covered with a white band before attaching.

4 Le buste de la dame est modelé à cinq centimètres de haut, refroidi et recouvert tout de suite d'un ruban blanc.

4 Il busto della signora viene modellato all'altezza di cinque centimetri, raffreddato e subito ricoperto da un nastro bianco.

5 Die Taille mit einem Band abdecken. Bänder mit Schlaufe ansetzen.

5 Cover the waist with a band. Add a ribbon and bows.

5 Mettre un ruban autour de la taille. Appliquer un nœud avec du ruban.

5 Ricoprire il giro-vita con un nastro. Applicare un nastro con fiocco.

6 Den Oberkörper des Bräutigams im direkten Verfahren aufsetzen und den Rücken noch im warmen Zustand nach vorne biegen. Rüsche ansetzen.

6 Blow the Groom's upper body directly onto the trousers and tilt the back slightly forwards whilst still warm. Add some frills.

6 Pratiquer de la même façon pour le buste du marié et pendant qu'il est encore chaud, incliner le dos vers l'avant. Appliquer des ruches.

6 Eseguire allo stesso modo il busto dello sposo e, fintanto che è ancora caldo, inclinare il dorso in avanti. Aggiungere delle pieghe.

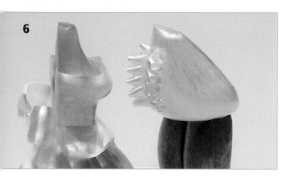

7 Den durch streifenartiges Ziehen fünfmal geschnittenen Frack ansetzen.

7 Add his tails made by pulling in stripes and cutting five times.

7 Appliquer le frac, formé d'une bande étirée, coupée cinq fois, qui forme des rayures.

7 Aggiungere il frac, con una striscia allungata tagliata cinque volte, che forma delle righe.

8 Der Braut die modellierten Arme ansetzen. Oberarme mit einem Band abdecken und die Schultern mit einer Rüsche verzieren.

9 Um die Stabilität der Figuren zu erhöhen, werden die Hände beider Figuren erwärmt.

10 Die Köpfe in der speziellen Brautpaarform ausdrücken, Braut ohne Hals, Bräutigam mit Hals. Nach dem Pressen sofort kühlen, damit der Seidenglanz erhalten bleibt.

10 Mould the heads in the special Bride and Groom face mould; the Bride without a neck, the Groom with. Cool down immediately to maintain the shine.

10 Presser les têtes dans la forme spéciale des mariés, mariée sans cou, marié avec cou. Refroidir tout de suite après avoir pressé, afin que le brillant satiné soit conservé.

10 Schiacciare le teste nella formina speciale per sposi, la sposa senza collo e lo sposo con il collo. Raffreddare subito, in modo che la brillantezza satinata si conservi.

8 Model the Bride's arms and attach them. Cover the upper arms with bands and add frills to the shoulders.

8 Appliquer les bras modelés à la mariée. Recouvrir le haut du bras avec un ruban et garnir les épaules avec un volant.

8 Aggiungere alla sposa le braccia modellate. Ricoprire la parte alta del braccio con un nastro e ornare le spalle con una gala.

9 Warm the hands of both figures and bring them together to give the piece added strength.

9 Pour augmenter la stabilité des personnages, on chauffera leurs mains et on les assemblera.

9 Riscaldare le mani dei personaggi per aumentarne la stabilità.

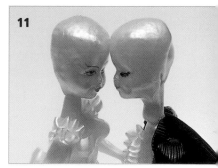

11 Die bemalten Köpfe werden leicht zum Betrachter gerichtet. An der Stirn zusammenschmelzen.

11 Position the painted heads to face the observer. Melt together at the foreheads.

11 Les têtes peintes se regardent. On les fond ensemble au niveau du front.

11 Le teste dipinte si guardano. Vengono fuse assieme all'altezza della fronte.

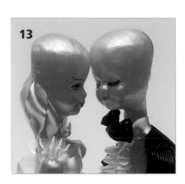

12 Die Übergangsstelle Hals-Kopf jeweils mit einer Halskette bzw. einem Hemdkragen abdecken. Dem Bräutigam die Fliege aufsetzen.

12 Cover the joint between neck and head with a necklace or shirt collar respectively. Give the Groom a bow-tie.

12 Cacher la liaison cou-tête avec un collier, resp. un col de chemise. Fixer le noeud papillon au marié.

12 Nascondere la giuntura tra il collo e la testa con una collana, rispettivamente con il collo della camicia. Aggiungere il farfallino allo sposo.

15 Für den Bräutigam werden die Bänder etwas schmäler gezogen und kürzer zugeschnitten.

15 The bands for the Groom's hair should not be as wide or long.

15 Pour le marié, les bandes seront étirées et coupées plus court.

15 Per lo sposo, le gale verranno allungate e tagliate più corte.

13 Je drei streifenartig gezogene Bänder, leicht gerollt, als erste Schicht links und rechts ansetzen.

13 Add three pulled striped bands, slightly rolled, for the first layer of hair left and right.

13 Appliquer trois rubans à la fois tirés, rayés, légèrement roulés, une première couche de gauche à droite.

13 Applicare sempre tre nastri tirati, rigati e leggermente arrotolati, il primo da sinistra verso destra.

14 Anschliessend die zweite und dritte Schicht jeweils von links und rechts aufsetzen. Am Schluss bildet sich in der Mitte ein Scheitel.

14 And finally, add the second and third layers left and right, to form a centre parting.

14 Puis la deuxième couche et la troisième, chaque fois de gauche à droite. A la fin une raie se forme au milieu.

14 Adesso il secondo e il terzo strato, sempre da sinistra verso destra. Alla fine in centro si forma una spartitura.

Mr. Fabilo sagt:
Weg vom Plastik, zurück zum Handwerk! Der Aufwand für dieses Brautpaar beträgt in der Produktion von Fabilo ® S R ww genau 90 Minuten.

Mr. Fabilo says:
Get away from plastic and back to handicraft! This Bride and Groom takes only 90 minutes to make in the Fabilo ® S R ww production.

16 Zum Schluss bekommt die süsse Braut noch einen Nackenschleier, wiederum durch streifenartiges Ziehen, ohne zu schneiden.

16 Crown the sweet Bride with a veil, again made by pulling in stripes, but without cutting.

16 Pour terminer mettre un voile sur la mariée en tirant à nouveau mais sans couper.

16 Per finire la sposa riceve ancora un velo, tirando nuovamente, ma senza tagliare.

Mr. Fabilo dit:
Loin le plastique, retour à l'artisanat! Le travail pour la production de ce couple de mariés est chez Fabilo ® S R ww exactement de 90 minutes.

Consiglio del sig. Fabilo:
Dimentichiamo la plastica e torniamo all'artigianato! Il lavoro per l'esecuzione di questa coppia di sposi dura, da Fabilo ® S R ww, esattamente 90 minuti.

Die gezogene Rose

Wir kennen bereits die modellierte Rose aus der Lektion 29, die gespritzte Rose aus der Lektion 31, und nun präsentieren wir Ihnen die Königsdisziplin: die aus Zucker oder Isomalt gezogene Rose! Der Aufwand ist, gemessen an der Aufmerksamkeit, die sie auf sich zieht, gerechtfertigt.

The pulled Rose

Already familiar with the modelled rose in lesson 29 and the piped rose from lesson 31, the time has now come to approach the queen of this discipline: the pulled sugar or Isomalt rose. The time it takes to make such a rose compared to the end result is absolutely justifiable.

La rose étirée

Nous connaissons déjà la rose modelée de la leçon 29, la rose au sac à douille de la leçon 31 et nous vous présentons maintenant la reine des disciplines: la rose étirée en sucre ou Isomalt! Le travail est justifié, mesuré à l'attention que vous vous attiré.

La rosa tirata

Conosciamo già la rosa modellata della lezione 29, la rosa con la tasca da pasticceria della lezione 31 e ora vi presentiamo la regina delle discipline: la rosa tirata di zucchero o Isomalt! Il lavoro è giustificato, commisurato all'attenzione che questo fiore attirerà.

1 Ein Band herausziehen und die linke Seite bis zur Mitte um 90° umschlagen.

1 Pull a band and fold the left side over at a 90° angle in the middle.

1 Etirer une bande et replier le côté gauche jusqu'au milieu de 90°.

1 Allungare una striscia e ripiegare al centro la parte sinistra con un angolo di 90°.

2 Einmal links umrollen und die rechte Seite nach unten biegen.

2 Roll around once and fold the right side down.

2 Enrouler à gauche et courber le côté droit vers le bas.

2 Arrotolare a sinistra e girare la parte destra verso il basso.

3 Von allen Seiten rund abschneiden.

3 Cut from all sides.

3 Couper rond de tous les côtés.

3 Ritagliare arrotondando da tutti i lati.

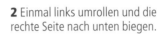

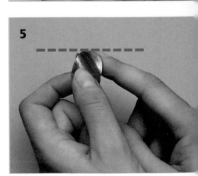

4 Für die Blütenblätter der ersten Reihe wird das gezogene Blatt unverzüglich an der rechten Seite nach hinten gebogen.

4 For the petals of the first row bend the right side back immediately.

4 Pour les pétales du premier rang, la feuille étirée est tout de suite courbée du côté droit vers l'arrière.

4 Per i petali della prima fila, la foglia tirata viene subito girata all'indietro dalla parte destra.

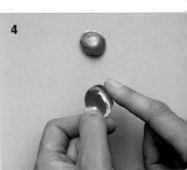

5 Auf der gleichen Höhe wie das Zentrum ansetzen und den hinteren Teil des Blattes andrücken.

5 Position at the same height as the centre by pressing on at the back of the petal.

5 A la même hauteur que le centre, appliquer et presser la partie postérieure du pétale.

5 Alla stessa altezza del centro, applicare e premere la parte posteriore del petalo.

6 Das zweite Blütenblatt wird 1/3 hinter dem ersten angesetzt.

6 Add the second petal 1/3 behind the first.

6 Le deuxième pétale est appliqué 1/3 derrière le premier.

6 Il secondo petalo viene applicato 1/3 dietro al primo.

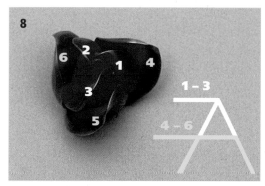

8 Die Blütenblätter der zweiten Reihe werden parallel zu denen der ersten Reihe gesetzt. Der höchste Punkt bildet das Zentrum.

8 The petals of the second row should be positioned parallel to the first row, with the centre remaining the highest point.

8 Les pétales du deuxième rang sont placés parallèle à ceux du premier rang. Le centre forme le point le plus haut.

8 I petali della seconda fila vengono sistemati parallelamente a quelli della prima fila. Il centro sarà il punto più alto.

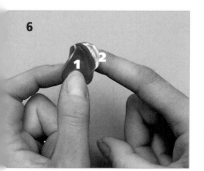

9 Die Blütenblättern der dritten Reihe werden im linken Daumen gehalten und mit den rechten Daumen je einmal rechts oben und rechts unten nach hinten umgebogen.

9 Hold the petals of the third row in the left thumb and bend back top right and bottom right.

9 Les pétales du troisième rang seront tenus avec le pouce gauche et avec le pouce droit recourbés vers l'arrière une fois à droite en haut et une fois à droite en bas.

9 Con il pollice sinistro si tengono i petali della terza fila, mentre il pollice destro li incurverà indietro una volta a destra in alto e una volta a destra in basso.

7 Für die zweite Reihe werden die Blütenblätter etwa 30% grösser gezogen als für die erste. Ausserdem werden die Blätter ausgekühlt, bevor sie angesetzt werden.

7 The petals of the second row should be approx. 30% bigger than those of the first. Furthermore, they must be cooled down before being attached.

7 Pour le deuxième rang, les pétales seront étirés env. 30% plus grands qu'au premier rang. De plus ils seront refroidis avant d'être ajustés.

7 Per la seconda fila, i petali verranno allungati circa il 30% in più, in confronto alla prima fila. Inoltre verranno raffreddati prima di essere sistemati.

11 Daumen wechseln, links oben (4), links unten (5), nach hinten umbiegen, (6) kneifen, (7) kneifen. Für die dritte Reihe werden fünf solche Blätter benötigt. Die abgekühlten Blätter im Uhrzeigersinn und etwas tiefer als die letzte Reihe ansetzen.

11 Swap thumbs, bend back top left(4), and bottom left (5), pinch together (6), and pinch again (7). Five petals are required for the third row. Position the cooled down petals in a clockwise direction and slightly lower than the last row.

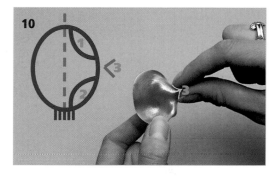

10 Anschliessend gemäss Abbildung, Arbeitsschritt 3, kneifen.

10 Pinch together as shown in step 3 of the illustration.

10 Pincer ensuite selon photo, marche à suivre 3.

10 Pizzicare come nell'immagine, tre movimenti.

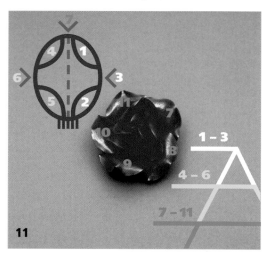

11 Changer les pouces, à gauche en haut (4), à gauche en bas (5), recourber vers l'arrière (6) pincer (7). On utilisera cinq pétales semblables pour le troisième rang. Les pétales refroidis seront ajustés dans le sens de la marche des aiguilles d'une montre et un peu plus bas que la dernière rangée.

11 Scambiare i pollici, a sinistra in alto (4), a sinistra in basso (5), incurvare all'indietro (6), pizzicare (7). Per la terza fila si utilizzeranno cinque petali simili. I petali raffreddati verranno sistemati, in senso orario, un po' in basso rispetto alla seconda fila.

Torten für die Praxis – die Clown-Torte

Practical cakes – the Clown Cake

1 Die Torte oder Tortenhaube gemäss Lektion 7 mit Überzugsmasse überziehen.

1 Cover the cake or cake cover with covering paste as described in lesson 7.

1 Recouvrir le gâteau ou le couvercle à gâteaux de pâte à recouvrir selon leçon 7.

1 Ricoprire la torta o il coperchio per torte con pasta da copertura, come alla lezione 7.

2 Eine Papierschablone mit einem Sternmotiv vorbereiten. Für den Tortenboden verwenden wir nur einen runden Ausstecher. Zuerst zart Rot airbrushen.

2 Prepare a paper stencil with a star motive. A round cutter is used for the base of the cake. Airbrush delicately in red.

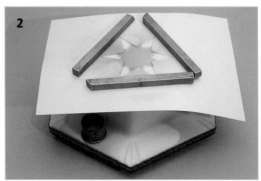

2 Préparer un pochoir en papier avec un motif en forme d'étoile. Pour le fond du gâteau nous utilisons seulement un découpoir rond. D'abord gicler au pistolet avec un rouge doux.

2 Preparare un modello di carta, con un motivo a forma di stella. Per il fondo della torta utilizziamo unicamente una formina rotonda. Spruzzare delicatamente con l'airbrush, in rosso.

3 Anschliessend die Sternschablone verschieben und mit Blau zart airbrushen. Beim Tortenboden Blau nur von links spritzen.

3 Then, reposition the star stencil and brush delicately in blue. Brush in blue only from the left on the base of the cake.

3 Ensuite déplacer le motif étoile et gicler au pistolet avec du bleu. Sur le fond du gâteau, gicler en bleu seulement depuis la gauche.

3 Quindi posare il motivo a stella e spruzzare in blu. Sul fondo della torta spruzzare in blu solo dalla parte sinistra.

Gâteaux dans la pratique – le gâteau avec clown

Torte in pratica – la torta-pagliaccio

4 Schlaufen und Bänder gemäss Lektion 12 vorbereiten und ansetzen.

4 Prepare ribbons and bows as shown in lesson 12 and attach.

4 Préparer et poser bandes et nœuds selon leçon 12.

4 Preparare e posare fiocchi e nastri come alla lezione 12.

5 Die Schuhe und Socken werden modelliert, die Hosen werden geblasen.

5 Model the shoes and socks and blow the trousers.

5 Les chaussures et les chaussettes seront modelées, le pantalon sera soufflé.

5 Le scarpe e le calze verranno modellate, i pantaloni verranno soffiati.

7 Den Oberkörper des Clowns im direkten Verfahren aufsetzen. Mit einem schwarzen Band die Hosenträger imitieren.

7 Blow the upper part of the clown's body directly onto his trousers. Imitate the braces from black bands.

7 Appliquer le buste du clown en procédé direct. Imiter les bretelles du pantalon avec un ruban noir.

7 Aggiungere direttamente il busto del pagliaccio. Riprodurre le bretelle dei pantaloni con un nastro nero.

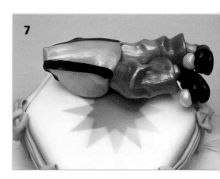

8 Jacke streifenartig ziehen und anfügen. Der Körper des Clowns wird erst jetzt auf der Torte festgemacht.

8 Pull a striped jacket and put it on him. The clown may now be definitely attached to the cake.

8 Tirer et ajuster une veste rayée. C'est seulement maintenant que le corps du clown est fixé sur le gâteau.

8 Allungare e sistemare una giacca a righe. Solo adesso il corpo del pagliaccio viene fissato sulla torta.

6 Schuhe, Socken und Hosen zusammensetzen und auf der Torte anpassen, jedoch noch nicht befestigen.

6 Stick the shoes, socks and trousers together and place on the cake. Do not stick on the cake at this stage.

6 Assembler chaussures, chaussettes et pantalon et les placer sur le gâteau, mais sans les fixer.

6 Mettere assieme scarpe, calze e pantaloni e sistemarli sulla torta, senza però fissarli.

11 Nun werden die Arme mit dem Seifenblaseninstrument angefügt. Körper und Haare leicht airbrushen.

11 Now add the arms and the bubble-blowing instrument. Airbrush both body and hair lightly.

11 Maintenant on ajoute les bras avec l'instrument pour les bulles de savons. Gicler légèrement le corps et les cheveux avec l'aérographe.

11 Adesso applichiamo le braccia con lo strumento per le bolle di sapone. Spruzzare leggermente sia il corpo che i capelli con l'airbrush.

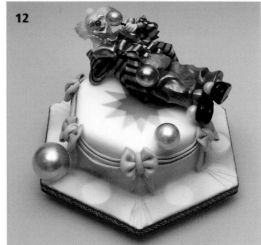

12 Zum Schluss ein paar Kugeln, auf Hochglanz poliert, als Seifenblasen verteilen.

12 And for the finishing touch, add a few highly polished balls as bubbles.

12 Pour la touche finale, répartir quelques boules bien lustrées comme bulles de savon.

12 Come tocco finale aggiungere alcune palline lucide, come bolle di sapone.

9 Den Kopf in der Silikonform Dawn & Larrie ausdrücken, kühlen und gemäss Abbildung schminken. Als Nase eine kleine Kugel ansetzen. Nach dem Aufsetzen des Kopfes wird der Hals mit einem weiteren Band verstärkt.

9 Mould the face using the Dawn & Larrie mould, press it out, cool down and paint as illustrated. Add a small ball for the nose. Once the head has been attached, strengthen it by adding another band.

9 Presser la tête dans le moule à visage Dawn & Larrie, laisser refroidir et maquiller selon l'image. Poser une petite boule rouge pour le nez. Après avoir fixé la tête, le cou sera renforcé par une bande supplémentaire.

9 Schiacciare la testa nella formina per faccia Dawn & Larrie, lasciarla raffreddare e truccarla come nell'immagine. Per il naso sistemare una pallina rossa. Dopo aver fissato la testa rinforzare il collo con una striscia supplementare.

10 Fliege mit gewellten Bändern und Haare, aus gesponnenem Zucker, aufsetzen.

10 Add a bow-tie with wavy bands and hair made from spun sugar.

10 Fixer le noeud papillon avec des rubans ondulés et des cheveux avec du sucre filé.

10 Fissare il farfallino con nastri arricciati i capelli con zucchero filato.

Mr. Fabilo sagt:
Bei der rationellen Herstellung einer Figur wird von unten nach oben, von der Mitte nach rechts und links gearbeitet. Die Gefahr, während des Arbeitens eine Form zu beschädigen, wird dadurch erheblich verkleinert.

Mr. Fabilo says:
In order to work efficiently, we work from bottom to top, and from the centre to left and right. This drastically reduces the danger of breakages whilst working.

Mr. Fabilo dit:
Lors de la fabrication rationnelle d'une figurine, le travail s'accomplit de bas en haut, du milieu à droite et à gauche. Le risque d'abîmer une forme pendant le travail et ainsi considérablement diminué.

Consiglio del sig. Fabilo:
Per costruire razionalmente una figurina, il lavoro viene eseguito dal basso verso l'alto e dal centro verso destra e verso sinistra. In questo modo il rischio di rovinarla durante l'esecuzione è molto minore.

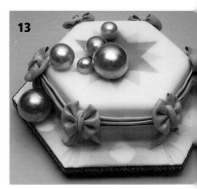

13 Das Dekor des zweiten Tortenstockes besteht nur noch aus Seifenblasenkugeln.

13 The decor of the second tier is composed simply of a few bubbles.

13 Le décor du deuxième étage du gâteau se compose seulement de bulles de savon.

13 La decorazione del secondo strato della torta é formata unicamente da bolle di sapone.

Torten für die Praxis – die Schwanentorte

Practical cakes – the Swan Cake

1 Die mit zarten Farben marmorierte Torte oder Tortenhaube gemäss Lektion 9 überziehen.

1 Cover the cake or cake cover in delicate marble shades as described in lesson 9.

1 Recouvrir le gâteau ou le couvercle à gâteaux marbré de couleurs pastelles selon leçon 9.

1 Ricoprire la torta o il coperchio per torte marmorizzato a colori pastello, come alla lezione 9.

2 Vom Breitbogenausstecher eine Papierschablone herstellen.

2 Prepare a paper template of the broad scallop cutter.

2 Confectionner à l'aide du découpoir à volant crinoline un patron en papier.

2 Con la formina ad arco largo confezionare un modello in carta.

3 Um die Schablonen herum mit der Siegelzange kneifen.

3 Crimp around the edges of the template with the crimpers.

3 Pincer autour du patron avec la pince à décor.

3 Applicare attorno al modello, con la pinza da decorazione.

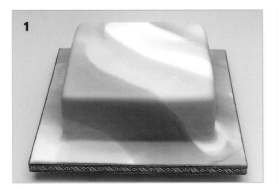

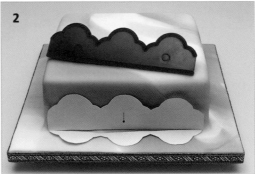

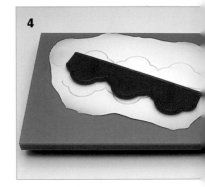

4 Die Rüschenmasse gemäss Lektion 15 vorbereiten und gemäss Lektion 16 ausrollen. Mit dem Breitbogenausstecher ausstechen.

4 Prepare the frilling paste according to lesson 15 and roll out as shown in lesson 16. Cut out with the broad scallop cutter.

4 Préparer la pâte à volants selon leçon 15 et l'étendre selon leçon 16. Découper avec le découpoir à volant crinoline.

4 Preparare la pasta per decorazioni increspate come alla lezione 15 e stenderla come alla lezione 16. Ritagliare con la formina ad arco largo.

Gâteaux dans la pratique – le gâteau avec cygnes

Torte in pratica – la torta-cigno

6 Mit dem Herzausstecher das Herzmuster platzieren.

6 Make the heart pattern using the heart plunger.

6 Faire le motif coeur avec le découpoir coeur.

6 Con la formina a cuore, eseguire i cuoricini.

7 Die Seitendekoration mit Tyclose-Klebstoff befestigen.

7 Stick the side decorations on using Tyclose glue.

7 Fixer la décoration des côtés avec de la colle-Tyclose.

7 Fissare la decorazione laterale con la colla Tyclose.

5 Die Randung mit dem gekerbten Rüscheninstrument wie bei der Nelke der Lektion 29 abrollen.

5 Fray along the edges with the frilling tool as explained for the Carnation in lesson 29.

5 Effilocher le bord avec l'ébauchoir à ruches entaillé, comme pour l'oeillet de la leçon 29.

5 Sfilacciare il bordo con lo scalpello a ruches come per il garofano della lezione 29.

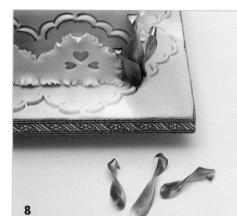

8 An jeder Ecke werden drei gezogene Schilfblätter angesetzt. Das mittlere Schilfblatt ist jeweils etwas länger.

8 Position three pulled reeds at each corner. The middle reed should be a little taller.

8 A chaque coin seront fixées trois feuilles de roseau tirées. La feuille du milieu sera un peu plus grande.

8 Fissare ad ogni angolo tre foglie di bambù. La foglia centrale sarà un po' più grande.

9 Anschliessend kommen jeweils zwei Seerosenblätter und eine Seerose ins Zentrum.

9 Place two water-lily leaves with one water-lily in the centre for each.

9 Placer ensuite au centre deux feuilles de nénuphars et un nénuphar.

9 Sistemare quindi al centro due foglie di ninfea e una ninfea.

10 Auf dem obersten Tortenstock sitzt das geblasene Schwanenpaar.

10 The blown pair of swans sits on the top tier.

10 Sur le gâteau du haut trône un couple de cygnes soufflés.

10 Sullo strato superiore della torta troneggia una coppia di cigni soffiata.

11 Bei der Dekoration des zweiten Tortenstocks werden zuerst die Seerosenblätter angesetzt.

11 Bring the water-lily leaves in position first for the decoration on the second tier.

11 Sur le deuxième gâteau seront d'abord placés les feuilles de nénuphars.

11 Sulla seconda torta verranno dapprima sistemate le foglie di ninfea.

12 Nachdem die Seerosen platziert worden sind, werden die Lücken mit weiteren Blättern aufgefüllt.

12 Once the water-lilies have been positioned fill out any gaps with more leaves.

12 Une fois les nénuphars placés, les trous seront remplis avec d'autres feuilles.

12 Una volta sistemate le ninfee, si colmeranno i buchi con altre foglie.

13 Der zweite Tortenstock mit seiner Seitendekoration.

13 The second tier with it's side decorations.

13 Le deuxième gâteau avec sa décoration des côtés.

13 La seconda torta con la sua decorazione laterale.

14 Der unterste Tortenstock mit seiner Seitendekoration.

14 The third tier with side decorations showing.

14 Le troisième gâteau avec sa décoration des côtés.

14 La terza torta con la sua decorazione laterale.

Der geblasene Schwan

The blown Swan

Le cygne soufflé

1 Kugel blasen, bis sie sich in alle Richtungen gleichmässig dehnt.

1 Blow a ball until it inflates evenly in all directions.

1 Souffler une boule jusqu'à ce qu'elle se dilate régulièrement en toutes directions.

1 Soffiare una boccia dilatandola regolarmente da tutte le parti.

2 Das obere Drittel kurz über der Flamme erwärmen und zu einer zweiten Kugel formen. Die abgebildete Handposition ist dabei entscheidend.

2 Hold the upper third briefly over a flame and form a second ball from it. The position of the hand is imperative.

3 Mit kraulenden Fingern den Kopf in die Länge ziehen. Um den schmalen Hals zu formen, von einem Punkt aus nach unten und oben ziehen.

3 With fingers clenched, extend the head. Stretch both upwards and downwards from one point to form a slender neck.

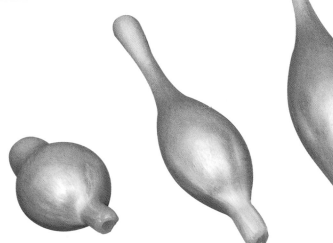

2 Chauffer brièvement le tiers supérieur sur la flamme et former une deuxième boule. La position de la main, comme représenté, est très décisive.

2 Riscaldare brevemente il terzo superiore sulla fiamma e formare quindi una seconda boccia. La posizione della mano, come illustrato, è molto importante.

4 Die Grundform des Schwanes so weit abkühlen, dass er noch biegbar bleibt, sich jedoch nicht selbständig verformen kann.

4 Cool the basic swan shape down sufficiently that it may still be formed, and yet does not do so on it's own.

4 Laisser refroidir la base du cygne, jusqu'à ce qu'elle reste encore flexible, mais sans pouvoir se déformer d'elle-même.

4 Lasciar raffreddare la base del cigno, fino a quando sia ancora flessibile ma non possa più deformarsi da sola.

3 En serrant avec les doigts, étirer la tête. Pour former le cou étroit, tirer d'un point, vers le bas et vers le haut.

3 Stringendo con le dita, allungare la testa. Per formare lo stretto collo, tirare, da una parte, verso il basso e verso l'alto.

Il cigno soffiato

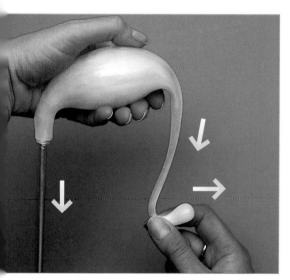

6 Luft zupumpen. Der Boden des Schwanes sollte rund sein.

6 Pump in some air. The base of the swan should be rounded.

6 Pomper de l'air. Le fond du cygne doit être arrondi.

6 Pompare aria. Il fondo del cigno deve essere arrotondato.

7 Um den Rücken etwas ausgeprägter zu formen, drückt man mit der Schere beim Hals leicht nach unten.

7 Press gently downwards with the scissors at the base of the neck to accentuate the swan's back.

7 Pour rendre la forme du dos plus marquée, on presse le cou légèrement vers le bas avec les ciseaux.

5 Beim Biegen laufen Metallkanüle und Hals parallel nach unten. Der Kopf wird im 90°-Winkel nach rechts gebogen.

5 When bending the neck the metal tube and neck run parallel. Bend the head at a 90° angle to the right.

5 En courbant, la canule de métal et le cou vont parallèlement vers le bas. La tête est courbée vers la droite, dans un angle de 90°.

5 Incurvando, la cannuccia di metallo e il collo scendono parallelamente verso il basso. La testa è girata verso destra, con un angolo di 90°.

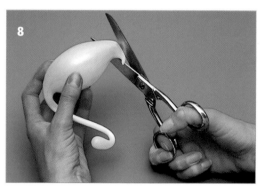

7 Per marcare meglio la forma del dorso si preme il collo leggermente verso il basso, con le forbici.

8 Nachdem der Schwan abgekühlt ist, von der Metallkanüle entfernen und den Schwanz rund zuschneiden.

8 Once the swan has been cooled down, remove it from the metal tube and round off the tail with the scissors.

8 Une fois le cygne refroidi, retirer la canule de métal et couper la queue ronde.

8 Una volta raffreddato il cigno, togliere la cannuccia di metallo e tagliare la coda rotonda.

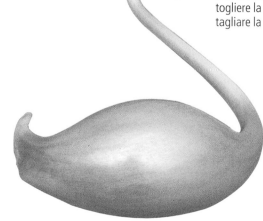

Das Schwanenpaar

The Pair of Swans

Le couple de cygnes

1 Für die Wasserimitation wird blauer Zucker 20 mal etwa 50 cm streifenartig gezogen und sofort auf einem gegossenen Boden befestigt.

1 To imitate the water pull blue sugar in stripes 20 times approx. 50 cm apart and stick onto a cast base.

1 Pour l'imitation de l'eau tirer 20 fois 50 cm environ de sucre bleu en bande rayée et fixer tout de suite sur un fond coulé.

1 Formare la finta acqua tirando per 20 volte 50 cm circa di zucchero blu a nastro, rigato, e fissarlo subito su un fondo fuso.

2 Die geblasenen Schwäne auf die noch warme Wasserimitation setzen, Köpfe ausrichten und kühlen.

2 Position the swans on the water imitation whilst it is still warm. Adjust the position of the heads and cool down.

2 Poser les cygnes soufflés sur l'imitation d'eau encore chaude. Ajuster la position des têtes et refroidir.

2 Sistemare i cigni soffiati sulla finta acqua ancora calda. Sistemare la posizione delle teste e raffreddare.

5 Zirka 15 kleine Federn bilden den Flügel. Das runde Ende der einzelnen Federn wird beim warmen Ansetzen leicht nach aussen umgebogen. Eine Feder als Schwanzfeder platzieren.

5 Approx. 15 small feathers are required per wing. The rounded ends of each feather are brought slightly forward when warmed to attach. Position one feather for the tail feathers.

3 Augen, Schnäbel mit Nasenaufsatz anfügen.

3 Add the eyes, beak and nose strip.

3 Ajouter les yeux, le bec et le dessus du nez.

3 Aggiungere gli occhi, il becco e il sopra del naso.

5 Environ 15 petites plumes forment l'aile. Lors de la pose en chauffant, la fin arrondie de chaque plume est légèrement pliée vers l'extérieur. Placer une plume sur la queue.

5 L'ala è formata da circa 15 piccole piume. Durante la posa, riscaldando, la cima arrotondata di ogni piuma viene leggermente piegata verso l'esterno. Sistemare una piuma sulla coda.

4 Spitz gezogene Blätter dienen als Stütze des Flügels. Gegen das Ende nach innen biegen.

4 Pointed leaves serve as a support for the wings. Bend inwards towards the point.

4 Des feuilles tirées en sucre servent de soutien aux ailes. Vers la fin, les recourber vers l'arrière.

4 Foglie tirate di zucchero servono da supporto per le ali. Verso la fine ripiegarle all'indietro.

La coppia di cigni

6 Zuerst die mit Airbrush bespritzten Blätter ansetzen, anschliessend die Seerosen.

6 Firstly add the airbrushed leaves and then the water-lilies.

6 Poser d'abord les feuilles giclées à l'aèrographe, ensuite les nénuphars.

6 Posare prima le foglie spruzzate con l'airbrush, poi le ninfee.

7 Die Schilfgräser werden mit weissem und grünem Zucker/Isomalt gezogen, mit Airbrush bespritzt und pyramidenartig arrangiert.

7 Pull the reeds in stripes from white and green sugar/Isomalt, spray with the airbrush and arrange in a pyramid shape.

7 Les roseaux seront tirés avec du sucre/Isomalt blanc et vert, giclés à l'aèrographe et arrangés en forme de pyramide.

7 Le foglie di bambù verranno tirate nello zucchero/Isomalt bianco e verde, spruzzate con l'airbrush e sistemate a piramide.

Mr. Fabilo sagt:
Der Zeitaufwand für ein derartiges Schwanenpaar darf 45 Minuten nicht überschreiten.

Mr. Fabilo says:
The time limit required to make a pair of swans like these should not exceed 45 minutes.

Mr. Fabilo dit:
Pour un couple de cygnes faits de cette façon-là, le temps de préparation ne doit pas dépasser 45 minutes.

Consiglio del sig.Fabilo:
Per una coppia di cigni costruita in questo modo, il tempo d'esecuzione non deve superare i 45 minuti.

Die Seerose   The Water-Lily   Le nénuphar   La ninfea

1 Auf einer kalten Kugel, von einem Punkt ausgehend, sieben Keile ansetzen.

1 Attach seven small wedges of sugar to a cold ball, working from the centre outwards.

1 Ajuster sept petites pointes sur une boule froide en partant du même endroit.

1 Su una boccia fredda, partendo dallo stesso punto, formare sette piccole punte.

2 Blütenblätter ziehen. Mit dem Daumen eine Vertiefung formen.

2 Pull the petals, making an indent with your thumb.

2 Tirer les pétales. Former un creux avec les pouces.

2 Tirare i petali. Formare un incavo con i pollici.

4 Die erste Reihe besteht aus fünf Blütenblättern.

4 The first row consists of five petals.

4 Le premier rang est composé de cinq pétales.

4 La prima fila è formata da cinque petali.

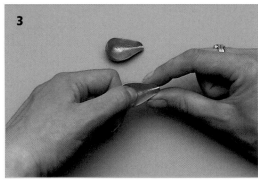

3 Den vorderen Teil spitz zusammendrücken.

3 Work the foremost part to a point.

3 Presser la partie de devant en pointe.

3 Premere a punta la parte davanti.

5 Für die zweite Reihe werden weitere sieben Blütenblätter angesetzt, allerdings etwas grösser herausgezogen als bei der ersten Reihe.

5 Seven petals are required for the second row, pulled in the same way, but slightly larger than for the first row.

5 Sept pétales seront appliqués pour le second rang, tirés bien entendu légèrement plus grands que ceux du premier rang.

5 Per la seconda fila verranno applicati sette petali, naturalmente un po' più allungati che quelli della prima fila.

6 Bei der letzten Reihe werden weitere neun Blütenblätter angesetzt.

6 For the last row pull nine further petals.

6 Neuf pétales seront encore appliqués pour le dernier rang.

6 Altri nove petali verranno applicati per la terza fila.

8 …gleich anschliessend eines links.

8 …and subsequently on the left.

8 …puis une vers la gauche.

8 …poi verso sinistra.

9 Bis in die Mitte nachfassen und wie ein Band abnehmen.

9 Reach back to the centre and remove as for a band.

9 Puis arriver jusqu'au centre et enlever comme pour une bande.

9 Quindi raggiungere il centro e togliere, come per un nastro.

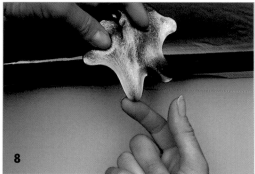

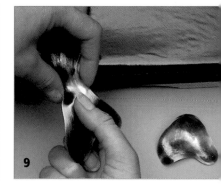

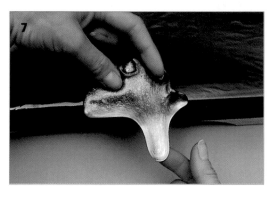

7 Für das grüne Seerosenblatt wird zuerst rechts ein Band herausgezogen…

7 To make the green water-lily leaves, begin by pulling out a band on the right…

7 Pour la feuille verte du nénuphar, une bande sera d'abord tirée vers la droite…

7 Per la foglia verde della ninfea, un nastro verrà dapprima tirato verso destra…

Torten für die Praxis – die Weihnachtstorte

Practical cakes – The Christmas Cake

1 Die Torte oder Tortenhaube gemäss Lektion 7 überziehen.

1 Cover the cake or cake cover as shown in lesson 7.

1 Recouvrir le gâteau ou le couvercle à gâteaux selon leçon 7.

1 Ricoprire la torta o il coperchio per torte, come alla lezione 7.

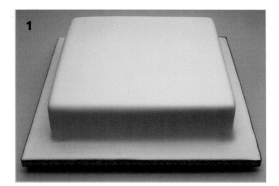

2 Mit dem Metallstab die Paketstruktur einkerben.

2 Mark the parcel structure using the metal rod.

2 Entailler les structures du paquet avec la baguette en métal.

2 Marcare la struttura del pacchetto con la bacchetta metallica.

3 Um den Paketeffekt zu verstärken, werden die Kanten mit Airbrush betont. Flächen, die nicht bespritzt werden sollten, mit Pergamentpapier abdecken.

3 To accentuate the parcel effect emphasize the edges with the airbrush. Areas not to be brushed should be covered with greaseproof paper.

3 Pour renforcer l'effet du paquet, les crêtes seront soutenues à l'aèrographe. Les surfaces qui ne doivent pas être giclées seront recouvertes avec le papier parchemin.

3 Per accentuare l'effetto del pacchetto, i bordi verranno rinforzati con l'airbrush. Ricoprire con carta da cottura le superfici che non devono essere spruzzate.

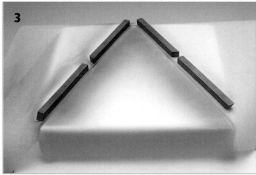

4 Die Hälfte der Nadeln eines Föhrenzweiges entfernen und als Abdeckschablone verwenden.

4 Remove half the needles from the branch of a Scots pine tree and use as a shading template.

4 Enlever la moitié des aiguilles d'une branche de pin et l'utiliser comme patron.

4 Togliere la metà degli aghi a un rametto di pino e utilizzarlo come modello.

5 Zuerst mit gelber, dann mit blauer Farbe airbrushen.

5 Brush firstly with yellow and then with blue colour.

5 Gicler à l'aérographe d'abord avec la couleur jaune, puis la bleue.

5 Colorare dapprima con il giallo, poi con il blu.

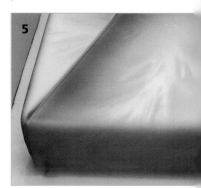

6 Streifenartig gezogenes Band mit drei gewellten Bändern aufsetzen.

6 Add a striped pulled band with three wavy ribbons.

6 Poser un ruban rayé tiré avec trois bandes ondulées.

6 Aggiungere un nastro rigato tirato, con tre fiocchi ondulati.

Gâteaux dans la pratique – le gâteau de Noël

Torte in pratica – la torta di Natale

7 Für die Masche zuerst sechs breite Schlaufen ansetzen.

7 Position six wide bows initially to make up the rosette.

7 Pour faire le noeud, poser d'abord six boucles larges.

7 Per il nodo, posare dapprima sei fiocchi larghi.

9 Von einem Punkt aus die rund gezogenen Äste positionieren.

9 Arrange the pulled rounded twigs from one focal point.

9 En partant d'un même point placer les branches étirées en arrondi.

9 Partendo da uno stesso punto, sistemare i rametti allungati e arrotondati.

11 Die Christrosen mit gesponnenem Zucker/Isomalt als Blütenzentrum füllen, leicht mit Airbrush bespritzen und arrangieren.

11 Complete the centres of the Christmas roses with spun sugar/Isomalt, airbrush delicately and arrange.

11 Remplir le centre avec les roses de Noël en sucre/Isomalt filé, gicler légèrement à l'aérographe et arranger.

11 Riempire il centro con le rose di Natale di zucchero/Isomalt tirato, spruzzare leggermente con l'airbrush e sistemare.

8 Gegen oben werden die Schlaufen immer kleiner. Satt zusammenfügen, damit nicht zu grosse Hohlräume entstehen.

8 The bows decrease in size towards the top. Fit together tightly to avoid large gaps.

8 Les boucles deviennent toujours plus petites vers le haut. Bien les serrer l'une contre l'autre pour ne pas avoir de creux.

8 Verso l'alto i fiocchi diventano sempre più piccoli. Chiuderli bene l'uno contro l'altro per non avere buchi.

10 Blätter und Tannennadel-Imitationen gemäss Abbildung anfügen.

10 Add leaves and imitation pine leaves as illustrated.

10 Ajouter selon la photo les feuilles et les imitations d'aiguilles de sapin.

10 Come nell'immagine, aggiungere le foglie e gli aghi di pino finti.

13 Dafür werden zwanzig Blüten-blätter benötigt. Die grünen Griffel im Kristallzucker wenden und kugelförmig ansetzen.

13 Twenty petals are required. The green stamens are tossed in crystal sugar and arranged in a ball shape.

13 Pour cela il faudra vingt pétales. Tourner les pistils dans du sucre cristallisé et les appliquer en forme de boule.

12 Der Weihnachtsstern wird Blütenblatt für Blütenblatt direkt angesetzt.

12 The poinsettia is formed by adding petal for petal directly onto the cake.

12 Le poinsettia est posé directe-ment pétale par pétale.

12 La stella di Natale viene posata direttamente, petalo dopo petalo.

13 Occorreranno venti petali. Immergere i pistilli nello zucchero cristallizzato e applicarli a forma di boccia.

14 Zum Schluss leicht mit Staubzucker bestäuben.

14 Lightly dust with icing sugar to give that finishing touch.

14 Pour terminer, saupoudrer légèrement avec du sucre glace.

14 Infine, cospargere leggermente con lo zucchero a velo.

Torte für die Praxis –
die Taubentorte

Practical cakes –
the Dove Cake

Gâteau dans la pratique –
le gâteau avec colombes

Torte in pratica –
la torta con le colombe

1 Farbenpaste wird direkt mit dem Zahnstocher auf der vorbereiteten Überzugsmasse verteilt.

1 Spread the paste colour directly onto the prepared covering paste with a toothpick.

2 Die Torte oder Tortenhaube gemäss Lektion 9 überziehen.

2 Cover the cake or cake cover as shown in lesson 9.

2 Recouvrir le gâteau ou le couvercle à gâteaux selon leçon 9.

2 Ricoprire la torta o il coperchio per torte, come alla lezione 9.

4 Die oberen Herzformkonturen mit der Siegelzange kneifen. Das Tuchende mit der Lochtülle Nr. 2 umspritzen.

4 Crimp the contours of the upper heart with crimpers. Pipe around the edges of the tablecloth with no. 2 piping tube.

4 Pincer les contours supérieurs de la forme coeur avec la pince à décor. Dresser un liséré au bord de la nappe avec la douille n° 2.

4 Arricciare i contorni superiori della forma a cuore, con la pinza da decorazione. Sistemare un bordino all'orlo della tovaglia con la bocchetta n° 2.

1 Le colorant pâte est réparti directement à l'aide d'un cure-dent, sur la pâte à recouvrir préparée.

1 La pasta colorata viene ripartita, direttamente con uno stuzzicadenti, sulla pasta da copertura preparata in precedenza.

3 Mit Überzugsmasse die Tuchtechnik gemäss Lektion 13 ausführen.

3 Use covering paste to carry out the tablecloth technique described in lesson 13.

3 Avec la pâte à recouvrir exécuter la technique de la nappe selon leçon 13.

3 Con la pasta da copertura eseguire la tecnica della tovaglia, come alla lezione 13.

5 Auf den obersten Tortenstock wird ein Taubenpaar auf aufgestellten Herzen hingesetzt.

5 The upper tier is decorated with a pair of doves set on upright hearts.

5 Un couple de colombes posé sur des cœurs dressés sera placé sur le gâteau supérieur.

5 Una coppia di colombe, posate su un cuore, verrà piazzata sulla torta superiore.

6 Beim zweiten und untersten Tortenstock werden die gegossenen Herzen hingelegt.

6 For the second and third tiers lie the cast hearts flat.

6 Les coeurs coulés seront couchés sur le deuxième et le troisième étage.

6 I cuori fusi verranno piazzati sulla seconda e sulla terza torta.

7 Die Tauben gemäss Abbildung aufsetzen.

7 Position the doves as shown.

7 Placer les colombes selon la photo.

7 Sistemare le colombe, come nell'immagine.

8 Zum Schluss mit Holzzucker, Blättern und Blümchen dekorieren.

8 To round off, decorate with wood sugar, leaves and small flowers.

8 Pour terminer, décorer avec des bâtons de sucre, des feuilles et des petites fleurs.

8 Per finire, decorare con bastoncini di zucchero, foglie e fiorellini.

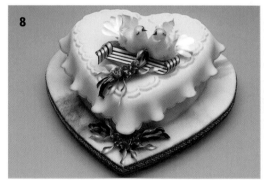

Mr. Fabilo sagt:
Für die Wirkung einer Torte ist nicht das Volumen ausschlaggebend, sondern die Eleganz der Dekoration.

Mr. Fabilo says:
Volume is not of prime importance for the effect of a cake, but moreover the degree of elegance in the decoration.

Mr. Fabilo dit:
Ce n'est pas le volume du gâteau qui fait de l'effet, mais l'élégance de la décoration.

Consiglio del sig.Fabilo:
Non è il volume della torta che conta, bensì l'eleganza della decorazione.

Die geblasene Taube   The blown Dove   La colombe soufflée

1 Kugel blasen, bis sie sich in alle Richtungen gleichmässig dehnt.

1 Blow a ball until it inflates evenly in all directions.

1 Souffler une boule jusqu'à ce qu'elle se dilate régulièrement en toutes directions.

1 Soffiare una boccia dilatandola regolarmente da tutte le parti.

2 Das obere Drittel kurz über der Flamme erwärmen und zu einer zweiten Kugel formen. Die abgebildete Handposition ist dabei entscheidend.

2 Hold the upper third briefly over a flame and form a second ball from it. The position of the hand is imperative.

3 Die Metallkanüle nach unten drehen.

3 Bend the metal tube downwards.

3 Diriger la canule en métal vers le bas.

3 Spingere la cannuccia metallica verso il basso.

5 Luft zupumpen. Der Boden der Taube sollte rund sein.

5 Pump in some air. The base of the dove should be rounded.

5 Pomper de l'air. Le fond de la colombe doit être arrondi.

5 Pompare aria. Il fondo della colomba deve essere arrotondato.

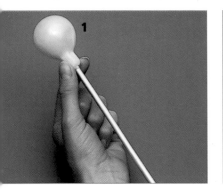
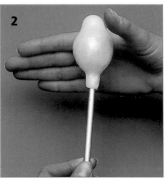
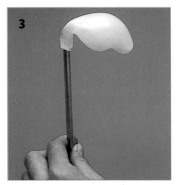
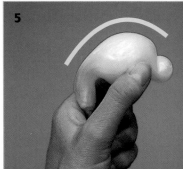

2 Chauffer brièvement le tiers supérieur sur la flamme et former une deuxième boule. La position de la main, comme représentée, est très décisive.

2 Riscaldare brevemente il terzo superiore sulla fiamma e formare quindi una seconda boccia.
La posizione della mano, come illustrato, è molto importante.

4 Mit dem linken Daumen und dem Zeigefinger vorsichtig halten, während mit dem Ausstecher der Kopf eingekerbt wird. Die Form der Taube darf bei diesem Handgriff nicht ausser Kontrolle geraten.

4 Hold carefully between the left thumb and index finger whilst a mark is made with a ring to form the head. Be sure not to lose control over the shape of the dove when doing so.

4 Tenir avec précaution entre le pouce gauche et l'index, pendant que la tête est entaillée avec le découpoir. Lors de cette manipulation la forme de la colombe doit rester sous contrôle.

4 Tenere con precauzione tra il pollice destro e l'indice, mentre si intaglia la testa con la formina. Durante questa operazione la forma della colomba deve restare sotto controllo.

La colomba soffiata

6 Um den Rücken etwas ausge-prägter zu formen, drückt man den Ausstecher beim Hals leicht nach unten.

6 Press gently downwards with the ring at the base of the neck to accentuate the dove's back.

6 Pour rendre la forme du dos plus marquée, on presse légèrement vers le cou avec le découpoir, contre le bas.

6 Per marcare meglio la forma del dorso si preme leggermente il collo verso il basso con la formina.

7 Den Ansatz bei der Metallkanüle erwärmen und flach drücken.

7 Warm the attachment point of the metal tube well and press flat.

7 Chauffer et applatir à la jointure de la canule en métal.

7 Alla giuntura della cannuccia metallica, riscaldare e appiattire.

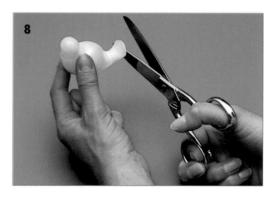

8 Das Ende rund zuschneiden.

8 Round off the tail.

8 Couper la fin en rond.

8 Tagliare la fine, arrotondandola.

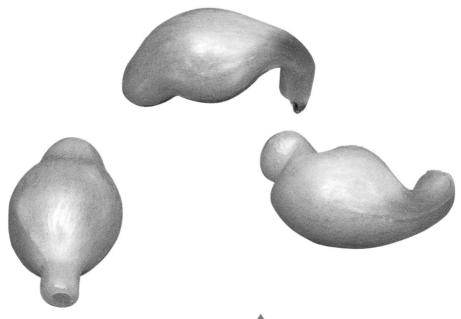

Das Taubenpaar

The Pair of doves

Le couple de colombes

1 Die gegossenen Herzteile gemäss Abbildung zusammensetzen.

1 Assemble the cast hearts as depicted.

1 Assembler les coeurs coulés selon photo.

1 Sistemare i cuori fusi, come nell' immagine.

2 Um die Stabilität der Tauben zu garantieren, werden sie bei den Brüsten leicht erwärmt, um sie zusammenzusetzen zu können.

2 In order to guarantee a certain degree of stability, gently heat the doves' breasts to arrange them together.

3 Von hinten nochmals mit einer zusätzlichen Kugel verstärken.

3 Strengthen with an additional ball on the reverse.

3 Renforcer derrière avec une boule supplémentaire.

3 Rinforzarle dietro con un'ulteriore boccia.

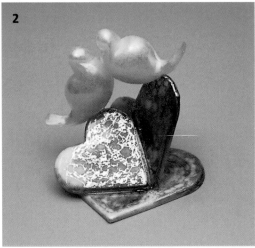

2 Pour garantir la stabilité des colombes, elles seront légèrement chauffées à la poitrine pour pouvoir les assembler.

2 Per garantire la stabilità delle colombe, riscaldare leggermente il petto per unirle.

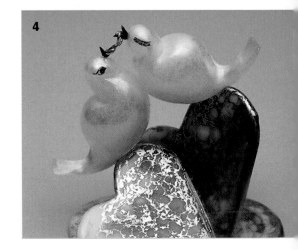

4 Augen, Schnäbel und Ringe anfügen.

4 Add eyes, beaks and rings.

4 Ajouter yeux, becs et anneaux.

4 Aggiungere gli occhi, il becco e gli anelli.

La coppia di colombe

5 Für die Schwanzfeder werden fünf abgekühlte Blätter fächerartig angesetzt. Die Flügel werden unten eingeschnitten.

5 The tail feathers are made up of five pulled leaves cooled down and arranged like a fan. Make small slits in the wings along the lower edge.

6 Die Ansatzstellen der Herzen mit Holzzucker abdecken.

6 Hide the connecting point of the hearts with wood sugar.

6 Masquer le point d'assemblage des coeurs avec des bâtons de sucre.

6 Nascondere la giuntura dei cuori con bastoncini di zucchero.

5 Pour les plumes de la queue, cinq feuilles refroidies seront ajoutées en forme d'éventail. Les ailes seront coupées en bas.

5 Per le piume della coda si aggiungono cinque foglie raffreddate, a ventaglio. Le ali saranno tagliate in basso.

7 Mit streifenartig gezogenem Band, Blättern und Blümchen dekorieren.

7 Decorate with a striped pulled band, leaves and small flowers.

7 Décorer avec du ruban tiré rayé, des feuilles et des petites fleurs.

7 Decorare con nastro rigato tirato, foglie e fiorellini.

Torten für die Praxis – die Tulpentorte

Practical cakes – the Tulip Cake

1 Die Torte oder Tortenhaube gemäss Lektion 7 überziehen.

1 Cover the cake or cake cover as shown in lesson 7.

1 Recouvrir le gâteau ou le couvercle à gâteaux selon leçon 7.

1 Ricoprire la torta o il coperchio per torte, come alla lezione 7.

3 Anschliessend mit der Siegelzange kneifen.

3 And then crimp.

3 Ensuite pincer avec la pince à décor.

3 Quindi arricciare con la pinza da decorazione.

5 Mit dem Schneideinstrument einen Zentimeter entfernen. Blumenmuster ausstechen.

5 Cut off a strip one centimetre wide using the cutting instrument. Make the flower pattern with the plung

5 Enlever un centimètre avec l'ébauch découper. Découper le motif à fleur.

5 Togliere un centimetro con lo scalpello. Ritagliare il motivo a fiori.

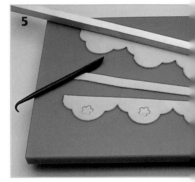

2 Um die Herzschablone mit einem Bandeisenbogen markieren.

2 Mark around the heart shape top and bottom with a metal hoop.

2 Marquer la forme du coeur avec une bande de métal courbée.

2 Ripassare la forma del cuore con un nastro metallico curvo.

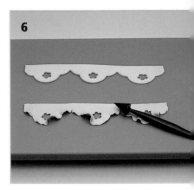

4 Die Rüschenmasse gemäss Lektion 15 vorbereiten und gemäss Lektion 16 ausrollen. Mit dem Breitbogenausstecher ausstechen.

4 Prepare the frilling paste according to lesson 15, roll out as shown in lesson 16 and cut out using the broad scallop cutter.

4 Préparer la pâte à volant selon leçon 15 et l'étaller selon leçon 16. Découper avec le découpoir à volant crinoline.

4 Preparare la pasta per decorazioni increspate come alla lezione 15 e stenderla come alla lezione 16. Ritagliare con la formina ad arco largo.

6 Die Bögen mit dem Rüscheninstrument abrollen.

6 Fray along the scalloped edges with the frilling tool.

6 Rouler les courbes avec l'instrument à ruches.

6 Arrotolare le balze con lo scalpello per ruches.

Gâteau dans la pratique – le gâteau avec tulipes

Torte in pratica – la torta con i tulipani

7 Die Seitendekoration mit Tyclose-Klebstoff befestigen.

7 Stick on the side decorations with Tyclose glue.

7 Coller les décorations des côtés avec la colle-Tyclose.

7 Incollare le decorazioni dei bordi, con la colla Tyclose.

9 Die vorbereitete Rüschenmasse gemäss Bild 4 ausrollen und mit dem Wellenausstecher ausstechen. Die Breite der Rüsche verkürzen.

9 Roll out the prepared frilling paste as shown in picture 4 and cut out with the scalloped edge cutter. Reduce the width of the frills.

9 Etendre la pâte à volants, préparée selon photo 4 et découper avec le découpoir ondulé. Raccourcir la largeur du volant.

11 Die Rüschenbänder über der Seidendekoration mit Tyclose-Klebstoff befestigen.

11 Affix the frilled bands on top of the side decoration with Tyclose glue.

11 Coller les bandes de volant sur la décoration des côtés avec la colle-Tyclose.

11 Incollare i nastri ondulati alla decorazione dei bordi, con la colla Tyclose.

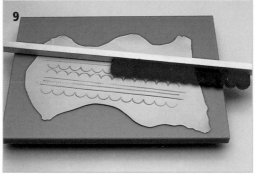

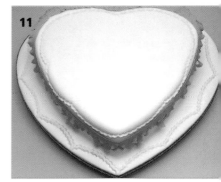

9 Spianare la pasta per decorazioni increspate, preparata come nell'immagine 4, e ritagliare con la formina ondulata. Accorciare la larghezza della balza.

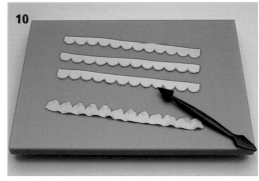

8 Am oberen Teil des Herzens überquert die Seitendekoration die Tortenoberfläche.

8 The side decoration crosses over the heart along the upper edge of the cake's surface.

8 Sur le haut du coeur, la décoration rejoint la surface du gâteau.

8 Nella parte superiore del cuore, la decorazione raggiunge la superficie della torta.

10 Die Bögen mit dem Rüscheninstrument abrollen.

10 Fray along the scalloped edges with the frilling tool.

10 Rouler les courbes avec l'ébauchoir à ruches.

10 Arrotolare le balze con lo scalpello a ruches.

12 Nach eigener Fantasie mit ausgestochenen Blumen dekorieren.

12 Decorate with plunger flowers according to your own imagination.

12 Décorer à son goût avec des fleurs découpées.

12 Decorare a proprio gusto, con fiori ritagliati.

13 Die ersten zwei Tulpen mit den Stielen gemäss Abbildung befestigen.

13 Attach the first two tulips with stalks as shown.

13 Fixer les deux premières tulipes par la tige, selon la photo.

13 Fissare i primi due tulipani sul gambo, come nell'immagine.

15 Beim Arrangieren des Tulpenstrausses beginnt man oben. Die Blätter werden auch gleich angesetzt.

15 Arrange your bunch of tulips beginning at the top. The leaves, too, are added straight away.

15 Pour arranger le bouquet de tulipes, on commence en haut. Les feuilles sont fixées en même temps.

15 Per sistemare il mazzo di tulipani si comincia dall'alto. Contemporaneamente si sistemano pure le foglie.

17 Die Blätter über die Teekanne fallend arrangieren.

17 Arrange leaves falling out of the teapot.

17 Arranger les feuilles en les faisant tomber sur la théière.

17 Sistemare le foglie facendole ricadere sulla teiera.

14 Tulpenblätter möglichst naturgetreu anfügen.

14 Add tulip leaves, falling as naturally as possible.

14 Ajouter les feuilles de tulipes aussi naturellement que possible.

14 Aggiungere le foglie di tulipano, nel modo più naturale possibile.

16 Von oben nach unten arrangieren. Vorne wie hinten, eine Tulpe nach der andern ansetzen.

16 Arrange from top to bottom. Add one tulip after another, front and back.

16 Arranger de haut en bas. Ajouter une tulipe après l'autre devant comme derrière.

16 Sistemare dall'alto verso il basso. Aggiungere un tulipano sia davanti che dietro.

18 Zwei zusätzliche Tulpen mit Blättern auf der Seite hinsetzen.

18 Add two extra tulips with leaves on the side.

18 Poser deux tulipes en plus à côté.

18 Ai lati aggiungere ancora due tulipani.

Die Teekanne

The Teapot

La théière

1 Kugel blasen, bis sie sich in alle Richtungen gleichmässig dehnt.

1 Blow a ball until it inflates evenly in all directions.

1 Souffler une boule jusqu'à ce qu'elle se dilate régulièrement en toutes directions.

1 Soffiare una boccia dilatandola regolarmente da tutte le parti.

3 Den Henkel auf die gleiche Art und Weise wie in Bild 2 heraus-modellieren.

3 Model the handle in the same manner as picture 2.

3 Modeler l'anse de la même façon que photo 2.

3 Modellare il manico, come nell'immagine 2.

5 Teekanne mit Aufsatzstütze aus einer Kugel geblasen.

5 The teapot and mounting support are blown from a single ball.

5 Théière avec support soufflé d'une boule.

5 Teiera con supporto soffiata da una boccia.

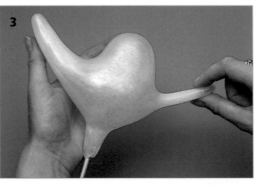

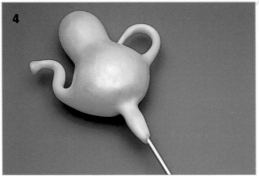

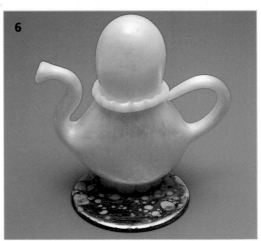

2 Einen Teil erwärmen, rund modellieren und sogleich in die Länge ziehen.

2 Heat one section, model it round, pulling it at the same time lengthwise.

2 Chauffer une partie, modeler en arrondi et en même temps allonger.

2 Riscaldare una parte, arrotondarla e allungarla.

4 Den unteren Teil abkühlen und oben zur gewünschten Grösse dehnen.

4 Cool down the lower part and inflate the upper part to obtain the desired size.

4 Laisser refroidir la partie inférieu-re et étendre le haut à la grandeur désirée.

4 Lasciar raffreddare la parte inferiore e allungare a piacimento la parte superiore.

6 Auf einen gegossenen Boden setzen. Die Höhe der Teekanne mit einer Stange abgrenzen.

6 Affix onto a cast base. Divide off the height of the teapot with a cord.

6 Poser sur un fond coulé. Délimiter la hauteur de la théière avec une baguette.

6 Posare su un fondo fuso. Segnare l'altezza della teiera con un bordino.

La teiera

7 Verzierungen nach eigener Fantasie ansetzen.

7 Use your imagination to create a decorative relief pattern.

7 Garnir selon sa propre imagination.

7 Ornare a proprio piacimento.

8 Den Boden abdecken und die Kanne mit Goldfarbe bemalen.

8 Cover up the base and paint the teapot with gold colour.

8 Couvrir le fond et peindre la théière avec de la couleur dorée.

8 Coprire il fondo e pitturare la teiera con colori dorati.

STARTER KIT FÜR TORTENDEKORATION • STARTER CAKING KIT • EQUIPEMENT DE DÉPART POUR DÉCORATION DE GÂTEAUX • EQUIPAGGIAMENTO DI PARTENZA PER LA DECORAZIONE DI TORTE

60002

Verpackung: Koffer 320x230x75mm, weiss, Weichschaum Einlage
Packaging: Case 320x230x75mm, white, soft foam enclosure
Emballage: Mallette 320x230x75mm, blanche, intérieur avec mousse protectrice
Imballaggio: Valigetta 320x230x75mm, bianca, interno protettivo in schiuma sintetica

bestehend aus:
2er Set Modellierstäbe, Rollholz, nichtklebend 22.5 cm, Ausrollbrett, grün,
Siegelzange V offen, Siegelzange Wellenform, Durchstossausstecher Blume,
Garrett-Rüschenset, Ausstecher Stickerei, Spitzbogenausstecher,
*Das Grosse Lehrbuch der Tortenartistik (D, E, F, I)

including:
set of 2 modelling tools, rolling pin, non-stick 22.5 cm, green work-board,
open-V crimpers, wavy line crimpers, blossom plunger set, Garrett-Frill set,
Broderie-anglaise cutter, Pointed scallop cutter,
*The Complete Manual to Cake Artistik (D, E, F, I)

comprenant:
jeu de 2 ébauchoirs, rouleau en polyéthylène, 22.5 cm, planche de travail verte,
pinces à décors V ouvert, pinces à décors forme ondulée, découpoir éjecteur fleur,
découpoir à volant Garrett, découpoir broderie-anglaise, découpoir à volant courbé,
*Le grand manuel de Gâteaux Artistik (D, E, F, I)

comprendente:
set di 2 scalpelli, matterello anti-aderente, 22.5 cm, spianatoia verde,
pinza da decorazione a V aperto, pinza da decorazione a forma ondulata,
formina a espulsione, fiore, set «Garrett-ruches», formina per ricamo inglese,
taglierino curvo,
*Il grande manuale delle Torte Artistik (D, E, F, I)

*Art. 60002 inkl. Buch/incl. book/livre incl./Libro incluso
Art. 60005 exkl. Buch/excl. book/livre excl./Libro escluso

PROFESSIONELLE WERKAUSRÜSTUNG FÜR TORTENARTISTIK • PROFESSIONAL CAKING KIT • EQUIPEM

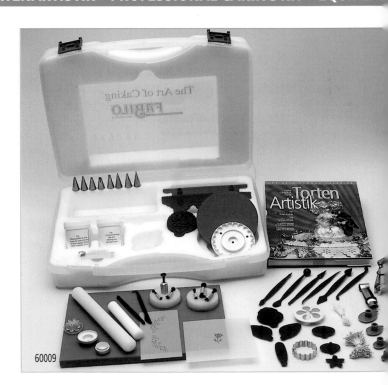

60009

Verpackung: Koffer 437x295x132 mm, Transparent, Einlage mit 12 Aussparungen
Packaging: Case 437x295x132 mm, transparent, enclosure with 12 spaces
Emballage: Mallette 437x295x132 mm, transparente, gaînée avec 12 espaces
Imballaggio: Valigetta 437x295x132 mm, trasparente, suddivisa in 12 spazi

ULTIMATE CAKING KIT • ULTIMATE CAKING KIT • ÉQUIPEMENT SUPRÊME POUR GÂTEAUX ARTISTIK

EQUIPAGGIAMENTO DEFINITIVO PER TORTE ARTISTIK

Inhalt: Sämtliche mit * gekennzeichnete Produkte von Seite 186 bis Seite 189
Content: all items marked with * listed on pages 186 to 189
Contenu: tous les produits marqués avec * de la page 186 à la page 189
Contenuto: tutti i prodotti segnati con * da pagina 186 a pagina 189

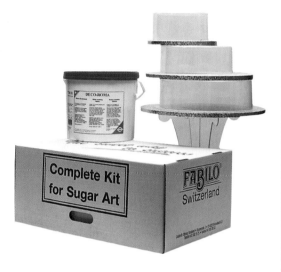

60000

Verpackung: Hartkartonschachtel, 500x310x200 mm
Packaging: strong cardboard box, 500x310x200 mm
Emballage: boîte en carton fort, 500x310x200 mm
Imballaggio: scatola in cartone duro, 500x310x200 mm

Art. 60000

FESSIONNEL POUR GÂTEAUX ARTISTIK • EQUIPAGGIAMENTO PROFESSIONALE PER TORTE ARTISTIK

bestehend aus:
6er Set Modellierstäbe, 2-er Set Rüschen- und Schneideinstrument, 50 g Pflanzenstär-ke Tyclose, 50 g Trockenmischung für Spritzglasur, Rollholz, nichtklebend 22.5 cm, Blattroller, blaue Schaumunterlage, Ausrollbrett, grün, mittlere Rosen Schablone, Spitzborte Schablone, Siegelzange Bogen offen, Siegelzange Wellenform, Blumenausstechset (Nelkenausstecher klein, Gartenwicke, Rosenausstecher, Rosen-blätter-Ausstecher, Orchideen-Ausstecher, Silikon-Blattstempel) Durchstossausstecher Herz, Durchstossausstecher Blume, Floristenbandschneider, Staubfadenset, 2 Bündel, Garrett-Rüschenset, Ausstecher Stickerei, Spitzbogenausstecher, Wellenausstecher, 8-teiliges Set von Schreib- und Decortüllen,
*Das Grosse Lehrbuch der Tortenartistik (D, E, F, I)

comprenant:
jeu de 6 ébauchoirs, jeu de 2 ébauchoirs à ruches et à découper, 50 g d'amidon végétal Tyclose, 50 g de mélange sec pour glace royale, rouleau en polyéthylène, 22.5 cm, rouleau à feuilles, mousse bleue, planche de travail verte, pochoir à rose moyen, pochoir à dentelle, pinces à décors arcs ouverts, pinces à décors forme ondulée, set de découpoirs pour fleurs (œillet petit, pois de senteur, rose, feuilles de rose, orchidée, empreinte feuille en silicone), découpoir éjecteur coeur, découpoir éjecteur fleur, couperet pour ruban de fleuriste, set de 2 bouquets de pistils, découpoir à volant Garrett, découpoir broderie anglaise, découpoir à volant courbé, découpoir ondulé, 8 douilles pour l'écriture et le décor,
*Le grand manuel de Gâteaux Artistik (D, E, F, I)

including:
set of 6 modelling tools, set of 2, frilling tool and cutting instrument, 50 g vegetable starch, Tyclose, 50 g dry mix for Royal Icing, rolling pin, non-stick 22.5 cm, leaf roller, blue foam pad, green work-board, medium rose stencil, lace stencil, open curve crimpers, wavy line crimpers, flower-cutter set (small Carnation, Sweet Pea, Rose cutter, Rose-leaf cutter, Orchid cutter, silicone leaf stamp), heart plunger set, blossom plunger set, florists' tape cutters, set of 2 sheaves of stamens, Garrett-Frill set, Broderie-anglaise cutter, Pointed scallop cutter, Scalloped edge cutter, 8-part piping tubes for writing and decor,
*The Complete Manual to Cake Artistik (D, E, F, I)

comprendente:
set di 6 scalpelli, set di 2 scalpelli a ruches e per tagliare, 50 g di amido vegetale Tyclose, 50 g di miscela secca per glassa reale, matterello anti-aderente, 22.5 cm, matterello per foglie, spugna blu, spianatoia verde, tasca per rosa media, tasca per pizzo, pinza da decorazione ad arco aperto, pinza da decorazione, forma ondulata, set di formine-fiori (garofano piccolo, frumento, rose, petali di rosa, orchidee, stampino di silicone a foglia), formina a espulsione cuore, formina a espulsione fiore, tagliatrice di nastri per fioristi, set di filamenti costituito da 2 mazzetti, set «Garrett-ruches», formina per ricamo inglese, taglierino curvo, taglierino ondulato, 8 bocchette per scrittura e decorazione
*Il grande manuale delle Torte Artistik (D, E, F, I)

*Art. 60009 inkl. Buch/incl. book/livre incl./Libro incluso
Art. 60010 exkl. Buch/excl. book/livre excl./Libro escluso

Werkutensilien   Equipment   Equipement   Attrezzatura

Aktuelle Preise unter **www.fabilo.ch**
Prix courrants sous   **www.fabilo.ch**

Current price-list under **www.fabilo.ch**
Prezzi di listino presso   **www.fabilo.ch**

11100

* = Artikel, die im «Ultimate Kit», Seite 185 enthalten sind
* = Articles, inclus dans «Equipement suprême», page 185

* = items, included in «Ultimate Kit» page 185
* = Articoli, inclusi in «Equipaggiamento definitivo», pagina 185

1. Arbeitsgeräte / Equipment / Ustensiles / Attrezzi

*11100   Verstellbarer Drehteller / Adjustable turntable / Plateau tournant réglable / Piatto girevole regolabile

*11101   6er Set Modellierstäbe / Set of 6 modelling tools / Jeu de 6 ébauchoirs / Set di 6 scalpelli

*11102   2er Set, Rüschen- und Schneideinstrumente / Set of 2, frilling tool and cutting instrument
         Set de 2, ébauchoirs à ruches et à découper / Set di 2 scalpelli per ruches e per tagliare

2. Zutaten / Ingredients / Ingrédients / Ingredienti

*11109   6.5 kg Decormasse / 6.5 kg Decorating paste / 6.5 kg Masse à decor / 6.5 kg Massa da decorazione

11110   Pflanzenstärke Tyclose, 50 g / Vegetable starch, Tyclose, 50 g / Amidon végétal Tyclose, 50 g
        Amido vegetale Tyclose, 50 g

*11115   Pflanzenstärke Tyclose, 250 g / Vegetable starch, Tyclose, 250 g / Amidon végétal Tyclose, 250 g
        Amido vegetale Tyclose, 250 g

11116   Trockenmischung für Spritzglasur, 50 g / Dry mix for Royal Icing, 50 g
        Mélange sec pour glace royale, 50 g / Miscela secca per glassa reale, 50 g

*111165   Trockenmischung für Spritzglasur, 250 g / Dry mix for Royal Icing, 250 g
        Mélange sec pour glace royale, 250 g / Miscela secca per glassa reale, 250 g

3. Zum Ausrollen / For rolling out / pour rouler la pâte / Per spianare la pasta

*11121   Rollholz, nichtklebend 50 cm / Rolling pin, non-stick, 50 cm / Rouleau à pâte en polyéthylène, 50 cm
        Matterello anti-aderente, 50 cm

*11122   Rollholz, nichtklebend 22.5 cm / Rolling pin, non-stick 22.5 cm
        Rouleau à pâte en polyéthylène, 22.5 cm / Matterello anti-aderente, 22.5 cm

*11123   Blattroller, nichtklebend, 12 cm / Leaf roller, non-stick, 12 cm
        Rouleau à feuilles en polyéthylène, 12 cm / Matterello per foglie, anti-aderente, 12 cm

*11124   Blaue Schaumunterlage / Blue foam pad / Mousse bleue / Spugna blu

*11125   Ausrollbrett, grün / Work board green / Planche de travail verte / Spianatoia verde

*11126   Paar Glätter / Pair Cake-Smoothers / Une paire de lisseurs / 2 levigatori

4. Schablonen / Stencils / Pochoirs / Tasche

*11130   Kleine Rose / Small rose / Petite rose / Rosa piccola
*11131   Mittlere Rose / Medium rose / Rose moyenne / Rosa media
*11132   Glocken mit Herzen / Bells and Hearts / Cloches avec coeurs / Campane con cuori
*11133   Spitzborte / Lace / Dentelle / Pizzo
*11134   Herz mit Liebesvögeln / Heart and Lovebird / Coeur avec tourtereaux / Cuore con uccelli in amore

5. Tortenhauben / Cake-covers / Couvercles à gâteaux / Coperchi per torte

*11142   3er Set, Tortenhauben, Ø 16.7/21.5/26.5 cm, Tortenböden Silber / Set of 3 cake-covers, Ø 16.7/21.5/26.5 cm,
        cake boards silver / Set de 3, couvercles à gâteaux, Ø 16.7/21.5/26.5 cm, fonds à gâteaux argent / Set di 3 coperchi
        per torte, Ø 16.7/21.5/26.5 cm, fondo per torta argento

11145   3er Set, Tortenhauben, Ø 16.7/21.5/26.5 cm, Tortenböden Gold / Set of 3 cake-covers, Ø 16.7/21.5/26.5 cm,
        cake boards gold / Set de 3, couvercles à gâteaux Ø 16.7/21.5/26.5 cm, fonds à gâteaux or / Set di 3 coperchi per
        torte, Ø 16.7/21.5/26.5 cm, fondo per torta dorato

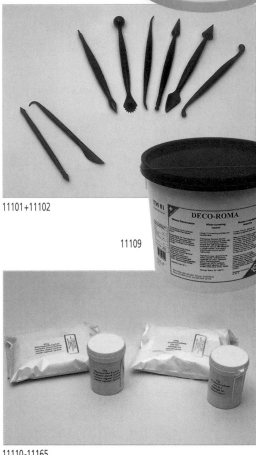

11101 + 11102

11109

11110 - 11165

11121 - 11123

11124 - 11126

11130 - 11134

11142

11145

6. Siegelzangen / Crimpers / Pinces à décor / Pinze da decorazione

*11150	Doppelbogen offen/Plain open scallop/Doubles arcs ouverts/Arco doppio aperto	
*11151	Doppelbogen geschlossen/Plain closed scallop/Doubles arcs fermés/Arco doppio chiuso	
*11152	Bogen offen/Open curve/Arcs ouverts/Arco aperto	
*11153	Bogen geschlossen/Closed curve/Arcs fermés/Arco chiuso	
*11154	V offen/Open V/V ouvert/V aperto	
*11155	V geschlossen/Closed V/V fermé/V chiuso	
*11157	Wellenform/Wavy line/Forme ondulée/Forma ondulata	
*11158	Stechpalmenform/Holly/Forme houx/Forma agrifoglio	
*11156	Herzformset (gross + klein)/Heart shape set (large + small) Set de formes à coeur (grand + petit)/Set di forme a cuore (grande e piccolo)	

11150-11156

7. Ausstecher / Cutters / Découpoirs / Formine

*11170 Blumenausstechset, bestehend aus:
Nelkenausstecher klein, mittel und gross, Gartenwicke (3), Weizen-Stempel (3), Rosenausstecher (1), Rosen blätter-Ausstecher (4), Orchideen-Ausstecher (4), Orchideen-Stempel (3), Silikon-Blattstempel (1)

*11170 Flower-cutter set composed of:
Carnation small, medium and large, Sweet Pea (3), Corn-Veiner (3), Rose cutter (1), Rose-leaf cutter (4) Orchid cutter (4), Orchid veiner (3), silicone leaf stamp (1)

*11170 Set de découpoirs pour fleurs constitué de:
Découpoir d'oeillets, petit, moyen et grand, pois de senteur (3), empreinte blé (3), découpoir de roses (1), découpoir de feuilles de roses (4), découpoir d'orchidées (4), empreinte orchidée (3), empreinte feuille en silicone (1)

*11170 Set di formine-fiori costituito da:
Formina-garofano, piccola, media e grande, pisello odoroso (3), stampino-frumento (3), formina-rose (1), formina-petali di rosa (4) formina-orchidee (4), stampino-orchidee (3), stampino di silicone a foglia (1)

11170

*11181	Durchstossausstecher Herz/Heart plunger Set/Découpoir éjecteur coeur/Formina a espulsione a cuore
*11182	Durchstossausstecher Blume/Blossom plunger Set/Découpoir éjecteur fleur/Formina a espulsione a fiore
*34001	Durchstossausstecher Blumen, 4 Stück/Blossom plunger set of 4/Découpoir éjecteur pour fleurs, 4 pièces Formine a espulsione, fiori, 4 pezzi
*34002	Durchstossausstecher Rosenblätter, 3 Stück/Rose leaf plunger set of 3/Découpoir éjecteur pour feuilles de roses, 3 pièces/Formine a espulsione, foglie di rosa, 3 pezzi

11181+11182

8. Zum Binden/For binding/Pour nouer les bouquets/Per composizioni floreali

*11183 Komplettes Bindeset, bestehend aus:
Draht grün 24, Draht grün 26, Draht neutral 20, Floristenbandschneider, grünes Floristenband, weisses Floristenband, Greifzange

*11183 Complete binding set, composed of:
Green wire 24, green wire 26, neutral wire 20, florists' tape cutters, green florists' band, white florists' band, flower grippers

*11183 Set complet pour bouquets, constitué de:
Fil de fer vert 24, fil de fer vert 26, fil de fer neutre 20, couperet pour ruban de fleuriste, ruban de fleuriste vert, ruban de fleuriste blanc, ciseau-pince

*11183 Set per composizioni, completo, costituito da:
Filo verde 24, filo verde 26, filo neutro 20, tagliatrice di nastro per fioristi, nastro per fioristi verde, nastro per fioristi bianco, pinza a forbice

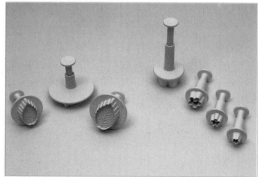

34001+34002

11183

*11193   Staubfadenset, bestehend aus 7 Bündeln/Set of stamens, composed of 7 sheaves/Set de pistils, constitué de 7 bouquets0/Set di filamenti costituito da 7 mazzetti

11193

9. Tortenseitendekoration / Cake-side decoration / Pour la décoration des côtés / Decorazione dei bordi delle torte

*11200   Garrett-Rüschenset/Garrett-Frill set/Découpoir à volant Garrett/Set «Garrett-ruches»

*11201   Ausstecher Stickerei/Broderie-anglaise cutter/Découpoir broderie-anglaise/Formina per ricamo inglese

*11202   Spitzbogenausstecher/Pointed scallop/Découpoir à volant courbé/Taglierino curvo

*11203   Breitbogenausstecher/Broad scallop/Découpoir à volant crinoline/Taglierino ad arco largo

*11204   Wellenausstecher/Scalloped edge/Découpoir ondulé /Taglierino ondulato

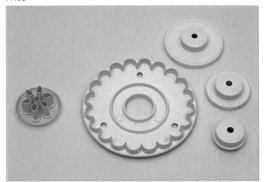

11200+11201

10. Farben / Colours / Colorants / Coloranti

*11300   6er Set Farbstaub/Set of 6 dusting powder/Set de 6 colorants poudre/Set di 6 polveri coloranti

*11301   2 Farbstifte/2 colour pens/2 feutres/2 pennarelli colorate

*11302   4er Set Pastefarbe/Set of 4 paste colours/Set de 4 colorants pâtes/Set di 4 paste coloranti

11. Spritzglasur spritzen / Piping with Royal-Icing / Glace royale / Glassa reale

*11400   4-teilig, Schreibetüllen (0, 1, 1.5, 2),/4 nozzles (0, 1, 1.5, 2)/4 douilles écriture (0, 1, 1.5, 2)
Bocchette per scrittura-decorazione, 4 pezzi (0, 1, 1.5, 2)

11202-11204

*11401   20-teilig, Tüllensatz für Torten- und Blumendecor in Box/20-part piping set for cake decoration and piped flowers in box/Assortiment de 20 pièces de douilles pour décoration de gâteaux et fleurs en boîte Assortimento di bocchette per decorazione di torte e fiori, in box, 20 pezzi

*11402   7-teilig, Tüllensatz für Rüschen/7-part nozzle friller set/Assortiment de 7 pièces de douilles pour volants Assortimento di bocchette per ruches, 7 pezzi

*11403   Aufsatz (Adaptor) für Decortüllen/Adaptor for piping nozzles/Adaptateur pour douilles de décoration Adattatore di bocchette per decorazione

*11404   7-teilig, Blumennägel/7-part icing flower nails/Clous à fleurs, 7 pièces/Chiodi per fiori, 7 pezzi

*11405   Spritzbeutelhalter/Royal-Icing bag stand/Support pour sacs à douilles/Sostegno per sacchetti

12. Tortenständer / Cake supports / Supports à gâteaux / Supporti per torte

115001   Tortenständer, klein, H= 8 cm, demontierbar, 3 mm Acrylglas klar, schlagfest
Cake support, small, H= 8 cm, dismantable, , 3 mm clear acrylic, drop-resistant
Supports à gâteaux, petit, H=8 cm, démontable, verre acrylique clair 3mm, incassable
Supporto per torte, piccolo,h=8 cm, smontabile, vetro acrilico chiaro di 3 mm, infrangibile

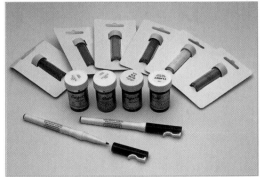

11300 -11302

115002   Tortenständer, mittel, H=19 cm, demontierbar, 3 mm Acrylglas klar, schlagfest
Cake support, medium, H=19 cm, dismantable, 3 mm clear acrylic, drop-resistant
Supports à gâteaux, moyen, H= 19 cm, démontable, verre acrylique clair 3 mm, incassable
Supporto per torte, medio, h=19 cm, smontabile, vetro acrilico chiaro di 3 mm, infrangibile

115003   Tortenständer gross, H=30 cm, demontierbar, 3 mm Acrylglas klar, schlagfest
Cake support, large, H=30 cm, dismantable, 3 mm clear acrylic
Supports à gâteaux, grand, H=30 cm, démontable, verre acrylique clair 3 mm, incassable
Supporto per torte, grande, h=30 cm, smontabile, vetro acrilico chiaro di 3 mm, infrangibile

113001-119011

119020

119021

119022

11400

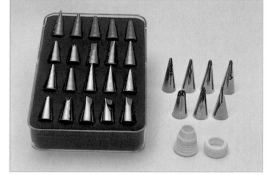

11401-11403

*115004   3er Set, bestehend aus: Art. 115001, 115002 und 115003/Set of 3 including, art. no. 115001, 115002 and 115003/Set de 3, comprenant: Art. n° 115001, 115002 et 115003/Set di 3, comprendente: Art. 115001, 115002 e 115003

13. Handgezogene Isomaltrosen und Blätter / Hand-pulled Isomalt roses and leaves / Roses et feuilles tirées à la main en Isomalt / Rose e fiori in Isomalt tirate a mano

113001	Handgezogenelsomaltrosen, rosa, 50 Stück/Hand-pulled Isomalt roses, pink, 50 pieces Roses en Isomalt tirées à la main, rose, 50 pièces/Rose in Isomalt tirate a mano, color rosa, 50 pezzi
114002	Handgezogene Isomaltrrosen, lemon, 50 Stück/Hand-pulled Isomalt roses, lemon, 50 pieces Roses en Isomalt tirées à la main, jaune citron, 50 pièces/Rose in Isomalt tirate a mano, color limone, 50 pezzi
115003	Handgezogene Isomaltrrosen, perlweiss, 50 Stück/Hand-pulled Isomalt roses, pearl white, 50 pieces Roses en Isomalt tirées à la main, blanc perle, 50 pièces/Rose in Isomalt tirate a mano, bianco-perla, 50 pezzi
119011	Handgezogene Isomaltblätter, 200 Stück/Hand-pulled Isomalt leaves, 200 pieces Feuilles en Isomalt tirées à la main, 200 pièces/Foglie in Isomalt tirate a mano, 200 pezzi

11404 +11405

14. Cake-tops aus Isomalt / Cake-tops in Isomalt / Cake-tops en Isomalt / Cake-tops in Isomalt
Kein Versand / No postal delivery / Pas d`expédition / Nessuna spedizione

119020	Taubenpaar mit Schutzcontainer, 100x150 mm/Pair of lovebirds, in protective container, 150x150 mm Couple de colombes, avec bac de protection/Coppia di colombi, con container di protezione, 100x150 mm
119021	Schwanenpaar mit Schutzcontainer, 150x150 mm/Pair of swans, in protective container, 150x150 mm Couple de cygnes, avec bac de protection/Coppia di cigni, con container di protezione, 150x150 mm
119022	Brautpaar küssend, mit Schutzcontainer, 130x180 mm/Kissing bride and groom, with protective container, 130x180 mm/Couple de mariés s`embrassant, avec bac de protection, 130x180 mm /Coppia di sposi che si bacia, con container di protezione,130x180 mm

15. Bücher / Books / Livres / Libri

08100	Das grosse Lehrbuch der Zuckerartistik (D, E, F, S) The Complete Manual to Sugar Art (D, E, F, S) Le grand manuel des arts du sucre (D, E, F, S) Il grande manuale dell'arte dello zucchero (D, E, F, S)
08101	Das grosse Lehrbuch der Zuckerartistik für Fortgeschrittene (D, E, F, I) The Complete Manual to sugar Art for Advanced Students (D, E, F, I) Le grand manuel des arts du sucre pour avancés (D, E, F, I) Il grande manuale dell'arte dello zucchero per avanzati (D, E, F, I)
*08102	Das grosse Lehrbuch der Tortenartistik (D, E, F, I) The Complete Manual to Cake Artistik (D, E, F, I) Le grand manuel de Gâteaux Artistik (D, E, F, I) Il grande manuale delle Torte Artistik (D, E, F, I)

115001-115004

Alle Preise verstehen sich exklusiv Mehrwertsteuer
All prices exclusive of VAT
Prix indicatifs, TVA exclue
Prezzi indicati, IVA esclusa

Bestellen bei:
Send your order to:
A commander chez:
Da ordinare presso:

Louise & Othmar Fassbind
Sonnenrain 2
CH-6221 Rickenbach bei Luzern
Switzerland
Tel. (41-41) 930 15 75
Fax (41-41) 930 36 63
Internet: www.fabilo.ch
E-Mail: fassbind@fabilo.ch

www.fabilo.ch

08100

08101

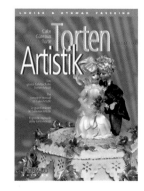

08102

Louise & Othmar Fassbind

Die richtige Wahl...

...kann Ihr Leben positiv beeinflussen.
Mit Fabilo haben Sie allerdings die richtige Wahl bereits getroffen. Egal ob Isomalt, Kuvertüre, Zucker, Früchte oder Gemüse die Rohstoffe Ihres Handwerkes bilden, die Beherrschung der Grundtechniken entscheidet immer über den Erfolg Ihrer Werke. Selbstsicherheit, Kreativität und Motivation folgen dank der richtigen Wahl automatisch!
Wir vermitteln Ihnen jeden Schritt ausführlich und verständlich. Beim Anwenden verwirklichen Sie eigene Ideen – eine Unterrichtsphilosophie, die nicht nur fabulös tönt, sondern auch in der Praxis vorbildlich Schule macht.
Wir danken Ihnen für Ihre Wahl und freuen uns, Sie auf den süssen Weg zum Erfolg begleiten zu dürfen.

Bei uns oder bei Ihnen...
Ob national oder international, unsere Kurse lassen sich auch in Ihrem Betrieb durchführen. Kleingruppen- oder Privatunterricht, wir haben immer die passende Lösung. Für ausführliche Informationen stehen wir Ihnen jederzeit sehr gerne zur Verfügung.

At our place or yours...
Our courses may be held nationally or internationally at the venue of your choice. We always find an amicable solution for small groups or private tuition. For detailed information please do not hesitate to contact us.

The right choice ...

... can influence your whole life in a positive manner.
You have most certainly made the right choice with Fabilo. Whether Isomalt, couverture, sugar, a fruit or a vegetable is the basis of your handicraft, mastering the basic techniques is of uppermost importance in the success of your work. Confidence, creativity and motivation consequently follow thanks to the right choice!
Our step-by-step teaching methods are both thorough and easily-comprehendible. And in applying what you've learnt, you will be able to realise your own ideas – a teaching philosophy, which not only sounds fabulous, but has proven itself in practise.
We thank you for making this choice and look forward to accompanying you on the sweet way to success.

Le bon choix ...

... peut influencer positivement le cours de votre existance.
De toute manière avec Fabilo vous avez fait votre bon choix. Que ce soit avec l'Isomalt, la couverture, le sucre, un fruit ou légume de base que vous exercez votre profession, ce sera toujours avec une maîtrise parfaite des techniques de base que vous surpasserez votre réussite naissante. Oeuvrer avec une confiance en soi, la motivation et l'esprit créatif auront raison de votre bon choix. Nous vous formerons pas à pas avec une méthode de parfaite compréhension.
En employant nos diverses techniques vous réaliserez vos propres idées, une philosophie d'enseignement qui ne résonera pas seulement Fabilo, mais qui donnera une belle image d'une école.
Nous vous remercions de votre choix et nous nous réjouissons de pouvoir vous accompagner vers le doux chemin du succès.

La scelta giusta...

... può influenzare in modo positivo la Sua vita.
In verità, con Fabilo Lei ha già fatto la scelta giusta. Poco importa se Isomalt, copertura, zucchero, frutta o verdura costituiscono la materia prima del Suo mestiere, la padronanza delle tecniche di base è sempre determinante per il successo della Sua opera. Sicurezza, creatività e motivazione vengono da sé come importanti effetti secondari, grazie alla scelta giusta!
Noi La formiamo passo dopo passo in modo dettagliato e comprensibile. Lei potrà realizzare le proprie idee mettendole in pratica – una filosofia d'insegnamento che non solo suona favolosa, ma che costituisce una scuola esemplare anche nella pratica. La ringraziamo per la Sua scelta e ci rallegriamo di porterLa accompagnare nel dolce cammino verso il successo.

Chez nous ou bien chez vous...
National ou international, nos cours peuvent être dispenser dans votre entreprise. Par petits groupes ou en cours privé, nous aurons toujours la solution. Pour tous renseignements complémentaires nous sommes toujours à votre disposition.

Da noi o da Lei...
Nazionali o internazionali i nostri corsi possono aver luogo anche nella Sua azienda. Piccoli gruppi o insegnamento privato, abbiamo sempre la soluzione adatta. Siamo in ogni momento e volentieri a Sua disposizione per informazioni dettagliate.

FAssBInd Louise & Othmar

Eidg. dipl. Hôtelier-Restaurateur HF/SHL ●Künstler & Unternehmer
State-recognised Hôtelier-Restaurateur ● Artists and Entrepreneurs
Hôtelier-restaurateur HF/SHL reconnu par la Conféderation ●
Artistes et Chefs d'entreprise
Dipl. Feder. Albergatori e Ristoratori ●Artisti & Imprenditori

FABILO, Sonnenrain 2, CH-6221 Rickenbach / Luzern, Switzerland

urs/Course/Cours/Corso I-IV

Zucker-/Isomaltartistik
Sugar and Isomalt Artistik
L'art du sucre et de l'Isomalt
Arte dello zucchero e dell'Isomalt

Zucker-/Isomaltartistik
Sugar and Isomalt Artistik
L'art du sucre et de l'Isomalt
Arte dello zucchero e dell'Isomalt

Zucker-/Isomaltartistik
Sugar and Isomalt Artistik
L'art du sucre et de l'Isomalt
Arte dello zucchero e dell'Isomalt

Zucker-/Isomaltartistik
Sugar and Isomalt Artistik
L'art du sucre et de l'Isomalt
Arte dello zucchero e dell'Isomalt

Spezial-Konditorei
Special-Confectionery
Spécial-Confiserie
Special-Pasticceria

Spezial-Gastrobranche
Special-Gastronomy
Spécial-Gastronomie
Special-Gastronomia

Sonderanfertigungen
Special orders
Commandes spéciales
Finiture speciali

Pralinenkurs
Praline Course
Cours de pralinés
Corso praline

Schokoladenartistik
Chocolate Artistik
L'art du chocolat
Arte della cioccolata

Schokoladenartistik
Chocolate Artistik
L'art du chocolat
Arte della cioccolata

Englische Tortendekoration
English cake-decorating
Décoration anglaise de gâteau
Decorazione inglese di torte

Englische Tortendekoration
English cake-decorating
Décoration anglaise de gâteau
Decorazione inglese di torte

urs/Course/Cours/Corso I+II

Früchte- und Gemüse Artistik
Fruit and Vegetable Artistik
Sculpture des fruits et des légumes
Intaglio della frutta e della verdura

Fett-Artistik
Fat sculpting
Graisse-Artistik
Sculture con grassi

KARRIEREPLANUNG

PLANNING A CAREER

PLANIFICATION DE CARRIÈRE

PIANIFICAZIONE DELLA CARRIERA

Der süsse Weg zum Erfolg...

Fabilo International ist die einzige Berufsfachschule für Zucker-/Isomaltartistik weltweit, die Fachleute zum selbständigen Unternehmer in einem äusserst süssen und kreativen Bereich ausbildet.
Die Karriereplanung sieht wie folgt aus:

The sweet way to success...

Fabilo International is the only professional school for sugar/Isomalt artistik worldwide, to train tradesmen and women in this extremely sweet and creative field to become independent.
The career-plan presents itself as follows:

Le doux chemin du succès...

Fabilo International est la seule école professionnelle de sucre artistique au monde à former des professionnels souhaitant faire carrière, voire créer leur propre entreprise dans ce domaine extrêmement doux et créatif. La planification de carrière se présente de la façon suivante:

Il dolce cammino verso il successo...

Fabilo International è la sola scuola professionale al mondo che formi specialisti in un campo dolcissimo e creativo atti a diventare imprenditori in proprio.
La pianificazione della carriera avviene come segue:

Unterricht
Teaching
Enseignement
Insegnamento

Esther

FABILO® by special request WORLD

Fabilo® S R ww

Fabilo® S R ww steht als internationales Markenzeichen für handgefertigte Qualitätsprodukte aus Zucker und Isomalt. Diese Produkte werden regional von qualifizierten Artisten liebevoll hergestellt. Um die Qualität stets garantieren zu können, steht eine ununterbrochene Weiterbildung und ein internationaler Erfahrungsaustausch am Hauptsitz in der Schweiz auf dem Programm.

Fabilo® S R ww, an international brand name, stands for hand-made quality products made from sugar and Isomalt. These products are lovingly created regionally by qualified artists. In order to maintain this guarantee of quality, the artists continuously undergo further training and exchange ideas on an international level at our head-quarters in Switzerland.

Fabilo® S R ww, est une marque internationale de produits de qualité en sucre et en Isomalt réalisés à la main. Ces produits sont fabriqués dans la région par des artistes qualifiés et appliqués. Pour pouvoir garantir une qualité constante, une formation ininterrompue et un échange d'expériences à l'échelle internationale au siège principal en Suisse sont prévus au programme.

Fabilo® S R ww, significa marchio di fabbrica internazionale per prodotti di qualità in zucchero ed in Isomalt realizzati a mano. Questi prodotti vengono fabbricati regionalmente con grande cura da artigiani qualificati. Per poter garantire in ogni momento la qualità, presso la sede principale in Svizzera ci sono in programma, ininterrottamente, corsi di perfezionamento e scambi di esperienze.

Qualifikation und Produktion

Voraussetzung für die Ausbildung ist eine echte Beziehung zu diesem Handwerk. Eine Portion Ehrgeiz, ein Prise Durchhaltewillen und Unternehmerflair sind weitere wichtige Anforderungen auf dem süssen Weg zum Erfolg. Die potentiellen Kandidatinnen und Kandidaten qualifizieren sich im Diplomkurs durch vorbildliche Leistung und erhalten daraufhin von Louise & Othmar Fassbind den persönlichen Vorschlag, die erarbeiteten Fähigkeiten einem grossen Publikum zugänglich zu machen.

Durch intensive und marketing-orientierte Vorbereitung produzieren die Fabilo® S R ww regional und unabhängig.

Qualifying and Producing

The most important requirement for training is a true affinity for this handicraft. A portion of ambition, pinch of stamina and flair for business are further qualities to help you on the sweet way to success. Potential candidates qualify in the Diploma Course by demonstrating exemplary results. They are subsequently personally advised by Louise & Othmar Fassbind to open their skills to a wider public.

The intensive and marketing-orientated preparation enables Fabilo® S R ww, members to produce regionally and independently.

Qualification et production

Etablir une relation profonde avec l'œuvre est la condition pour cette formation. Une portion d'ambition, une prise d'endurance et un certain flair d'entreprise sont autant de facteurs importants qui mènent vers la douce voie du succès. Les candidats et candidates en question, qui obtiendront le diplôme par leur travail exemplaire, recevront de Louise & Othmar Fassbind la proposition personnelle de pouvoir transmettre leurs connaissances acquises à un public plus vaste.

Les Fabilo® S R ww, travaillent de manière autonome et à l'échelle régionale grâce à une préparation intensive et orientée vers le marketing.

Qualifica e produzione

Un rapporto sincero verso questo mestiere è la premessa per la formazione. Una porzione di ambizione, la capacità di resistenza ed un certo «flair» per l'imprenditoria sono ulteriori esigenze importanti sul dolce cammino verso il successo. Virtuali candidate e candidati si qualificano nel corso di diploma per il loro esemplare rendimento ed in base a ciò ricevono da Louise & Othmar Fassbind la proposta di offrire le loro conoscenze e capacità ad un pubblico più vasto.

Attraverso una preparazione intensa e di indirizzo «marketing» i membri di Fabilo® S R ww, producono in modo regionale ed indipendente.

Qualifikationen:
Fabilo® S R ww qualifizieren sich nach Erfahrung und durch das intensive und anspruchsvolle Ausbildungsprogramm bei Fabilo International. Die aktuelle Praxistauglichkeit gliedert sich in fünf Kristalle, die sich wie folgt erklären:

- unabhängiger Produzent auf Serieproduktion
- Konditorei- und Gastronomieangebot
- Sonderanfertigungen
- Schaustückverleih
- Show-Artistik

Die Fachlehrer (Instruktoren) im Fabileasing qualifizieren sich wie folgt:

- Instruktor im Nebenamt
- Instuktor im Vollamt
- Instuktor im Vollamt mit Autorentätigkeit

Qualifications:
Fabilo® S R ww qualify according to experience and through our intensive and demanding training programme at Fabilo International. The current practice-suitability scale is represented by five crystals, explained as below:

- independent producer of serial products
- confectioners and restaurants range
- special orders
- hiring of show-pieces
- Show-Artistik

The teachers (instructors) in Fabileasing are qualified as below:

- Part-time instructor
- Full-time instructor
- Full-time instructor with publishing experience

Qualifications:
Fabilo® S R ww se qualifient d'après l'expérience et par un programme de formation intensif et exigeant chez Fabilo International. L'aptitude actuelle en pratique se compose de cinq cristaux, qui s'expliquent comme suit:

- Producteur autonome pour production en série
- Offre pour confiserie et gastronomie
- Finitions spéciales
- Prêt de pièces d'exposition
- Présentation artistique

Les instructeurs spécialisés en Fabileasing sont qualifiés comme suit:

- Instructeur dans le cadre d'une activité secondaire
- Instructeur dans le cadre d'une activité principale
- Instructeur dans le cadre d'une activité principale et auteur.

Qualifiche:
I membri Fabilo® S R ww vengono qualificati in base all'esperienza ed attraverso un intensivo ed esigente programma di formazione presso Fabilo International. L'attuale idoneità alla prassi si articola in cinque cristalli, da interpretare come segue:

- produttore indipendente per la produzione di serie
- offerta pasticceria e gastronomia
- finiture speciali
- noleggio di pezzi da esposizione
- presentazione artistica

Gli insegnanti specializzati (istruttori) in Fabileasing sono qualificati come segue:

- istruttore con incarico parziale
- istruttore con incarico completo
- istruttore con incarico completo ed attività di autore

FABILO®

70736 Fellbach / Stuttgart
Goethestrasse 42

Tel.   0711 - 51 65 30
Fax   0711 - 51 65 30
Handy 0172 - 71 23 149
E-Mail: fabilod@aol.com

STUTTGART

Martina Ziegler	Joachim Habiger
19. 06. 1962	01. 04. 1963

Bankfachwirt	Koch und Konditor
Banking expert	Zuckerartist
Expert bancaire	Chef and Confectioner
Esperta bancaria	Sugar Artist
	Cuisinier et confiseur
seit 2000 hauptberuflich bei	Artiste du sucre
FABILO Deutschland	Cuoco e pasticciere
since 2000 full-time	Artista dello zucchero
FABILO Germany	
depuis l'an 2000 à plein temps	seit 1998 hauptberuflich
chez FABILO Allemagne	FABILO-Partner Deutschland
dall'anno 2000 impiegata a	since 1998 full-time
tempo pieno presso	FABILO partner for Germany
FABILO Germania	depuis 1998 à plein temps
	FABILO partenaire pour
Schwerpunkte:	l'Allemagne
Vertrieb / Marketing	dal 1998 partner a tempo
Kundenbetreuung	pieno di FABILO Germania
Main activities:	
Distribution/Marketing	Schwerpunkte:
Customer relations	Schulung / Instruktion
Activités principales:	Fachpräsentationen
Distribution / Marketing	Sonderanfertigungen
Service clients	Main activities:
Attività principali:	Schooling / Instructing
Distribuzione / Marketing	Professional demonstrations
Servizio clienti	Commissioned work
	Activités principales:
	Enseignement / Instruction
	Démonstrations professionnelles
	Fabrications spéciales
	Attività principali:
	Insegnamento / Istruzione
	Dimostrazioni professionali
	Lavori su commissione

Schulungsatelier:
Teaching atelier:
Atelier d'étude:
Atelier di studio:

Kaiserbacherstrasse 4
70736 Fellbach-Oeffingen

**Abends bieten wir freies
Üben ohne Mehrkosten.**

Zur Übernachtung und Verpflegung
stehen zahlreiche Hotels und
Gasthöfe in der nahen Umgebung
zur Auswahl.

Unsere Ziele in Deutschland:
- Handwerkliche Arbeit und
  Qualität fördern, ohne betriebs-
  wirtschaftliche Aspekte zu
  vernachlässigen.
- Innovative Fort- und Weiterbildung für die Praxis zu
  erschwinglichen Preisen er-
  möglichen.

**Was uns besonders
am Herzen liegt:**
Die Förderung des Berufnach-
wuchses. Deshalb offerieren wir
Auszubildenden unsere Fachkurse
zu reduzierten Preisen.

In unserem hellen, grosszügigen Schulungsatelier arbeiten und trainieren Sie in angenehmer Atmosphäre. Im Unterricht gewährleisten Kleingruppen eine optimale Betreuung jedes Einzelnen.

Our bright, spacious teaching atelier makes sure for a pleasant atmosphere when working and practising. Teaching in small groups guarantees our full attention for every individual.

Dans notre atelier d'étude, clair et spacieux, vous vous entraînez dans une atmosphère agréable. L'instruction en petits groupes garantit notre pleine attention pour chacun.

Nel nostro atelier di studio, luminoso e spazioso, potrete esercitarvi in un'atmosfera gradevole. L'istruzione a piccoli gruppi garantisce a ognuno la nostra massima attenzione.

Die freundliche Betreuung lässt Sie entspannen...

Friendly teaching allows you to relax...

L'enseignement amical vous laisse vous détendre...

L'insegnamento amichevole vi permette di rilassarvi...

...um tolle Sachen umzusetzen.

... and create wonderful things.

... et créer des choses magnifiques.

... e di creare cose magnifiche.

You may practise in the evenings at no extra cost.

A wide selection of hotels and guesthouses in the neighbourhood are available for lodging or eating out.

Our aims in Germany:
• To promote manual skills and improve quality, without neglecting the economical aspect.
• To offer innovative further and continued education for the practice at affordable prices.

Our interests at heart:
We are particularly keen to support young professionals. For this reason we offer our courses to apprentices at reduced prices.

Vous pouvez vous exercer le soir librement, sans frais supplémentaires.

Pour l'hébergement et le ravitaillement, plusieurs hôtels et pensions sont à disposition dans un environ proche.

Nos buts en allemagne:
• Encourager le travail manuel et la qualité, sans négliger l'aspect économique.
• Proposer des cours complémentaires et des perfectionnements innovateurs pour la pratique à des prix abordables.

Ce qui nous tient principalement à coeur:
L'encouragement de la nouvelle génération professionnelle. C'est pourquoi nous offrons aux apprentis nos cours à prix réduits.

La sera potete esercitarvi liberamente, senza costi supplementari.

Per il vitto e l'alloggio, nei dintorni sono a disposizione svariati alberghi e pensioni.

I nostri scopi in Germania:
• Incoraggiare il lavoro manuale e la qualità, senza dimenticare l'aspetto economico.
• Proporre corsi complementari e di perfezionamento innovativi, per la pratica, a prezzi abbordabili.

Ciò che ci sta maggiormente a cuore:
L'incoraggiamento della nuova generazione professionale. Per questo motivo offriamo agli apprendisti i nostri corsi, a prezzo ridotto.

Aus der gleichen Küche

Mit den vorliegenden Lehrbüchern möchten wir dem kreativen Handwerk in der Konditorei und Gastrobranche zu einem neuen Stellenwert verhelfen. Wir sind überzeugt, mit den Werken für Sie unentbehrliche Arbeitsinstrumente und Nachschlagewerke geschaffen zu haben und wünschen Ihnen viel Freude und Anerkennung beim Umsetzen Ihrer Ideen.

From the same kitchen

These manuals are our contribution to an exciting revival of creative art in the field of confectionery and gastronomy. We are convinced that these books will become your indispensable tools and learning aids. We sincerely hope that your creative work will bring you many hours of pleasure, as well as admiration.

De la même cuisine

Avec les manuels présentés, nous voudrions donner une nouvelle chance à ce métier créatif de la branche confiserie et gastronomie. Nous sommes convaincus qu'avec les ouvrages, nous avons réalisé des instruments de travail et de référence indispensables et vous souhaitons beaucoup de joie et de reconnaissance dans la réalisation de vos idées.

Dalla stessa cucina

Con i presenti manuali vorremmo dare una nuova importanza a questo mestiere creativo nell'ambito della pasticceria e della gastronomia. Siamo convinti di aver realizzato con queste opere degli indispensabili strumenti di lavoro e opere di consultazione e in questo senso vi auguriamo tanta gioia e riconoscimento nella realizzazione delle vostre idee.

Zuckerartistik I
ISBN 3-9520530-0-7

200 Seiten, 650 Schritt-für-Schritt-Aufnahmen, 20 Lektionen, Deutsch – Englisch – Französisch – Spanisch

200 pages, 650 step-by-step photos, 20 lessons, German – English – French – Spanish

200 pages, 650 photos au pas à pas, 20 leçons, Allemand – Anglais – Français – Espagnol

200 pagine, 650 immagini passo dopo passo, 20 lezioni, Tedesco – Inglese – Francese – Spagnolo

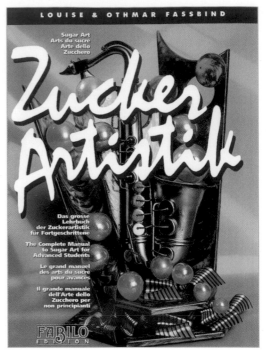

Zuckerartistik II
ISBN 3-9520530-2-3

176 Seiten, 400 Schritt-für-Schritt-Aufnahmen, 16 Lektionen, Deutsch – Englisch – Französisch – Italienisch

176 pages, 400 step-by-step photos, 16 lessons, German – English – French – Italian

176 pages, 400 photos au pas à pas, 16 leçons, Allemand – Anglais – Français – Italien

176 pagine, 400 immagini passo dopo passo, 16 lezioni, Tedesco – Inglese – Francese – Italiano

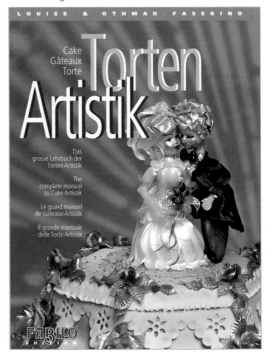

Tortenartistik
ISBN 3-9520530-3-1

200 Seiten, 550 Schritt-für-Schritt-Aufnahmen, 39 Lektionen, Deutsch – Englisch – Französisch – Italienisch

200 pages, 550 step-by-step photos, 39 lessons, German – English – French – Italian

200 pages, 550 photos au pas à pas, 39 leçons, Allemand – Anglais – Français – Italien

200 pagine, 550 immagini passo dopo passo, 39 lezioni, Tedesco – Inglese – Francese – Italiano

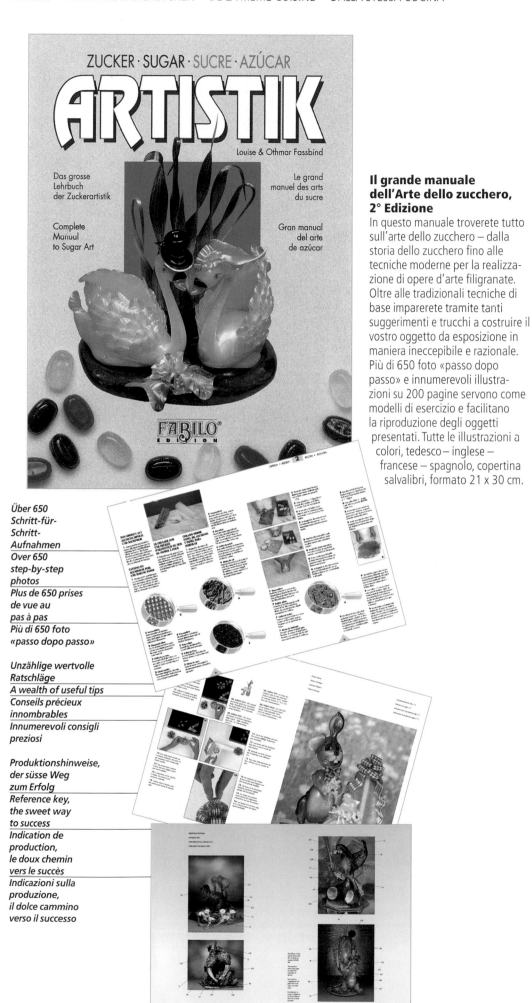

ZUCKER · SUGAR · SUCRE · AZÚCAR

ARTISTIK

Louise & Othmar Fassbind

Das grosse Lehrbuch der Zuckerartistik

Complete Manual to Sugar Art

Le grand manuel des arts du sucre

Gran manual del arte de azúcar

FABILO EDITION

Das grosse Lehrbuch der Zuckerartistik, 2. Auflage

In 20 Lektionen gegliedert. Hier finden Sie alles über Zuckerartistik - von der Geschichte des Zuckers bis zu modernen Herstellungstechniken filigraner Kunstwerke. Neben den traditionellen Grundtechniken erfahren Sie viele raffinierte Tipps und Tricks, um Ihr Schaustück einwandfrei und rationell herzustellen. Mehr als 650 Schritt-für-Schritt-Fotos und zahlreiche Illustrationen auf 200 Seiten dienen als Übungsvorlagen und erleichtern das Anfertigen der vorgestellten Schaustücke. Durchgehend farbig bebildert, Deutsch – Englisch – Französisch – Spanisch, Schutzumschlag, Format 21 x 30 cm.

Complete manual to sugar art, 2nd Edition

Everything you ever wanted to know about Sugar Art in 20 lessons - from the history of sugar to modern techniques of how to produce these filigree works of art. Alongside the traditional basic techniques you will discover numerous tips and tricks to quickly produce perfect works of art. Over 650 step-by-step photos and countless illustrations on 200 pages serve as practical exercises and assist you in producing the showpieces presented. All-colour throughout, English – German – French – Spanish, dust jacket, format 21 x 30 cm.

Le grand manuel des arts du sucre, 2ème èdition

Divisé en 20 leçons, vous trouverez ici tout sur les arts du sucre – de l'histoire du sucre aux techniques modernes de fabrication d'œuvres d'art filigrané. Outre les techniques de base traditionnelles, vous apprendrez, par des tuyaux et des trucs, à monter votre pièce de manière irréprochable et rationnelle. Plus de 650 prises de vue au pas à pas et de nombreuses illustrations sur 200 pages servent de modèles d'exercice et facilitent la reproduction des pièces présentées. Toutes les illustrations en couleurs, allemand – anglais – français – espagnol, couverture de protection, format 21 x 30 cm.

Il grande manuale dell'Arte dello zucchero, 2° Edizione

In questo manuale troverete tutto sull'arte dello zucchero – dalla storia dello zucchero fino alle tecniche moderne per la realizzazione di opere d'arte filigranate. Oltre alle tradizionali tecniche di base imparerete tramite tanti suggerimenti e trucchi a costruire il vostro oggetto da esposizione in maniera ineccepibile e razionale. Più di 650 foto «passo dopo passo» e innumerevoli illustrazioni su 200 pagine servono come modelli di esercizio e facilitano la riproduzione degli oggetti presentati. Tutte le illustrazioni a colori, tedesco – inglese – francese – spagnolo, copertina salvalibri, formato 21 x 30 cm.

Über 650 Schritt-für-Schritt-Aufnahmen
Over 650 step-by-step photos
Plus de 650 prises de vue au pas à pas
Più di 650 foto «passo dopo passo»

Unzählige wertvolle Ratschläge
A wealth of useful tips
Conseils précieux innombrables
Innumerevoli consigli preziosi

Produktionshinweise, der süsse Weg zum Erfolg
Reference key, the sweet way to success
Indication de production, le doux chemin vers le succès
Indicazioni sulla produzione, il dolce cammino verso il successo

Das grosse Lehrbuch der Zuckerartistik für Fortgeschrittene

In 16 Lektionen gegliedert. Hier finden Sie alles über die Zucker-artistik auf fortgeschrittenem Niveau – vom Dehnen einer gleich-mässigen Kugel bis zur modernen und rationellen Herstellung filigraner Kunstwerke. 176 Seiten, durchge-hend farbig bebildert, Deutsch – Englisch – Französisch – Italienisch, Schutzumschlag, Format 21 x 30 cm.

The complete manual to sugar art for advanced students

Everything the advanced student needs to know about Sugar Art in 16 lessons – from the inflation of a perfectly round ball to the skilful, up-to-the-minute creation of fili-gree works of art. 176 pages with colour illustrations throughout, German – English – French – Ita-lian, dust jacket, format 21 x 30 cm.

Le grand manuel des arts du sucre pour avancés

Divisé en 16 leçons, vous trouverez ici tout sur les arts du sucre pour avancés – de la dilatation d'une boule régulière jusqu'à la réalisation moderne et rationnelle de chefs-d'œuvre filigranés. 176 pages, tout en couleurs, allemand – anglais – français – italien, couverture de protection, format 21 x 30 cm.

Il grande manuale dell' Arte dello zucchero per non principianti

Questo manuale, destinato ad esperti, comprende tutto ciò che riguarda l'arte dello zucchero – dal dilatare regolarmente una palla fino al creare razionalmente opere d'arte filigranate, il tutto suddiviso in 16 lezioni, su 176 pagine, tutte con immagini a colori, in tedesco – inglese – francese – italiano, copertina salvalibri, formato 21 x 30 cm.

Über 400 Schritt-für-Schritt-Aufnahmen
Over 400 step-by-step photos
Plus de 400 prises de vue au pas à pas
Più di 400 foto «passo dopo passo»

Unzählige wertvolle Ratschläge
A wealth of useful tips
Conseils précieux innombrables
Innumerevoli consigli preziosi

Produktionshinweise, der süsse Weg zum Erfolg
Reference key, the sweet way to success
Indications de production, le doux chemin vers le succès
Indicazioni sulla produzione, il dolce cammino verso il successo

Walk the Fabilo way ...

Erscheint demnächst
Coming soon
A paraître prochainement
Disponibile prossimamente

Das ULTIMATE Lehrbuch für hervorragende Schaustücke.

The ULTIMATE teaching manual for amazing showpieces.

Le manuel SENSATIONNEL pour des pièces extraordinaires.

Il manuale INDISPENSABILE per pezzi da esposizione stupendi.

WELT-PREMIERE

Wir sind stolz, diese einmalige Kombination von Fett-Skulpturen und geschnitzten Früchten und Gemüse zu präsentieren. Ein Muss für die kalte Küche!

WORLDWIDE PREMIER

We are proud to present this unique combination of butter sculptures and carved fruits and vegetables. An absolute must for the cold kitchen!

PREMIERE MONDIALE

Nous sommes fiers de présenter cette alliance unique de sculptures de graisse végétale et de fruits et légumes sculptés. Un devoir pour la cuisine froide!

NOVITÀ MONDIALE

Siamo fieri di presentare questa eccezionale combinazione di sculture con grassi e con frutta e verdure intagliati. Una necessità assoluta per la cucina fredda!

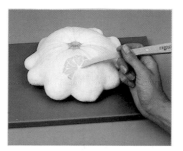

Innovative Gemüse-Schnitzartistik • Innovate carved vegetable artistic • Nouvelle sculpture artistique de légumes • Sculture innovatrici con verdure intagliate

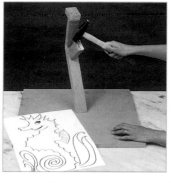

Fett-Artistik – rationell und effektvoll • Fat sculpting – rational and effective • Graisse-Artistik – rationnel et plein d'effet • Sculture con grassi – razionali ed efficaci

Eine tolle Kombination • A perfect match • Une alliance parfaite • Una perfetta combinazione

C.H.I.P.S.
10777 Mazoch Road
Weimar, TX 78962 U.S.A.
Tel: 979 263-5683
Fax: 979 263-5685
www.chipsbooks.com

INTERNA...   ...bilo.ch

DANKESCHÖN

Nur mit einem starken Team ist es überhaupt möglich, ein Buch dieser Art zu produzieren.

Man kann es mit einer Torte vergleichen; man braucht die essentiellen Zutaten wie die Künstler und Autoren Louise und Othmar Fassbind. So wie den Überzug bei der Torte, braucht es die süssen Wörter der Texter, bestehend aus Walter Portmann, Lektorat Originalfassung und die Übersetzer, Françoise Bucher und Daniele Moro. Für die hübsche Dekoration, vergleichbar mit der Präsentation des Buches, danken wir dem Grafiker Hannes Opitz, dem Illustrator Rolf Egger und der Aquarellkünstlerin, Dawn Hill. Und damit die Torte gerade steht, braucht es einen soliden Tortenständer, in diesem Falle, Martina Ziegler und Joachim Habiger, die uns durch dick und dünn unterstützt haben. Nicht zu vergessen unsere zwei leuchtenden Kerzen, Rachel und Alistair, die unser Leben Tag für Tag aufhellen.

THANKYOU

It is only possible to produce a book of this nature with a strong team. One could compare it with a cake: you need the essential ingredients, like the artists and authors, Louise and Othmar Fassbind. Just like the coating on the cake, you need the sweet words of the writers, in this case, Walter Portmann, editor of the original text and translators, Françoise Bucher and Daniele Moro. For the pretty decorations, comparable to the design of the book, we extend our sincere thanks to graphic-designer, Hannes Opitz, illustrator, Rolf Egger and water-colour artist, Dawn Hill. To make sure the cake stands sturdy you need a solid cake-stand, in this case, Martina Ziegler and Joachim Habiger, who have supported us through thick and thin. And not to forget our two burning candles, Rachel and Alistair, who light up our lives day after day.

MERCI

C'est seulement avec un groupe fort qu'il est possible de produire un livre de cette nature. On peut le comparer avec un gâteau: on a besoin des ingrédients essentiels comme les artistes et auteurs, Louise et Othmar Fassbind. Comme pour la couverture du gâteau, il faut les mots doux du texte, formés par, Walter Portmann, lecteur de la version originale et les traducteurs, Françoise Bucher et Daniele Moro. Pour la jolie décoration, comparable à la présentation du livre, nous remercions le dessinateur Hannes Opitz, l'illustrateur Rolf Egger et l'acquarelliste, Dawn Hill. Et pour que le gâteau se tienne bien droit, il faut un support solide, dans ce cas, Martina Ziegler et Joachim Habiger, qui nous ont soutenu toujours et partout. Ne pas oublier nos deux bougies brillantes, Rachel et Alistair, qui illuminent notre vie jour après jour.

RINGRAZIAMENTO

Solamente grazie a un forte gruppo è possibile produrre un libro di questa natura. Lo si può paragonare a una torta: sono necessari gli ingredienti essenziali come gli artisti e gli autori, Louise et Othmar Fassbind. Come per la copertura della torta, occorrono le parole dolci del testo, fornite da Walter Portmann, curatore della versione originale e dai traduttori Françoise Bucher e Daniele Moro. Per la bella decorazione, paragonabile alla presentazione del libro, ringraziamo il disegnatore Hannes Opitz, l'illustratore Rolf Egger e l'acquarellista Dawn Hill. E affinché la torta si regga in piedi, necessita un solido supporto, in questo caso Martina Ziegler e Joachim Habiger che ci hanno sostenuto sempre e dappertutto. Non dimentichiamo le nostre due brillanti candeline, Rachel e Alistair, che illuminano giorno dopo giorno la nostra vita.

1 Alistair Fassbind
2 Rachel Fassbind
3 Louise Fassbind
4 Othmar Fassbind
5 Hannes Opitz
6 Rolf Egger
7 Dawn Hill
8 Françoise Bucher
9 Daniele Moro
10 Walter Portmann
11 Martina Ziegler
12 Joachim Habiger